感悟井冈山

主　编　匡　胜
副主编　王旭宽

中央编译出版社
CCTP Central Compilation & Translation Press

图书在版编目 (CIP) 数据

感悟井冈山 / 匡胜主编 . —北京：中央编译出版社，2018.7
ISBN 978-7-5117-3411-2

Ⅰ. ①感…
Ⅱ. ①匡…
Ⅲ. ①井冈山精神
Ⅳ. ① D648.4

中国版本图书馆 CIP 数据核字 (2017) 第 243077 号

感悟井冈山

出 版 人：葛海彦
出版统筹：贾宇琰
责任编辑：谭 洁
责任印制：刘 慧
出版发行：中央编译出版社
地 址：北京西城区车公庄大街乙 5 号鸿儒大厦 B 座 (100044)
电 话：(010) 52612345（总编室） (010) 52612368（编辑室）
(010) 52612316（发行部） (010) 52612346（馆配部）
传 真：(010) 66515838
经 销：全国新华书店
印 刷：北京紫瑞利印刷有限公司
开 本：787 毫米 ×1092 毫米 1/16
字 数：245 千字
印 张：22.75
版 次：2018 年 7 月第 1 版
印 次：2018 年 7 月第 1 次印刷
定 价：68.00 元

网 址：www.cctphome.com 邮 箱：cctp@cctphome.com
新浪微博：@ 中央编译出版社 微 信：中央编译出版社（ID：cctphome）
淘宝店铺：中央编译出版社直销店 (http://shop108367160.taobao.com) (010) 55626985

目录 Contents

绪　言

世界上还没有哪座山，像井冈山一样，与一个民族、一个国家、一个政党、一支军队有着如此密切的联系。

1962 年 3 月，故地重游，朱德在井冈山挥笔写下：“天下第一山”。

1965 年 5 月，时隔 38 年，毛泽东重上井冈山，对身边工作人员说：“井冈山是中国革命的摇篮。”

1965 年六七月间，文坛泰斗郭沫若访问井冈山，饱含深情地赋诗：“风来桐木岭，人上井冈山。千曲萦公路，群峰卷巨澜。翻身根据地，革命母胎盘。阳光弥六合，红星万古丹。”

1987 年 4 月，时任全国人大常委会委员长彭真在井冈山视察题词：“中华人民共和国的第一块奠基石是井冈山。”

……

井冈山，是一座革命的山，战斗的山，也是英雄的山，光荣的山，是中国共产党人的圣山。

它是中国革命走向胜利正确道路的光辉起点，

它是人民军队的铸魂熔炉，

它是中国共产党建政的最早实验区，

它是马克思主义中国化的伟大开篇之处，

它是中国革命一代领导精英的崛起圣地，

它是中国共产党优良革命精神的重要源头。

历史不能忘却，也无法忘却。高度重视和倍加珍惜党的历史，注重从党的历史中汲取营养，善于运用历史经验指导和推动未来发展，是中国共产党的一个优良传统和政治优势。早在延安时期，毛泽东就指出："如果不把党的历史搞清楚，不把党在历史上所走的路搞清楚，便不能把事情办得更好。"进入改革开放历史新时期，邓小平指出："每个党、每个国家都有自己的历史，只有采取客观的实事求是的态度来分析和总结，才有好处。""总结历史是为了开辟未来。"江泽民多次号召全党都要学习历史，并强调："今天的中国是历史的中国的发展，作为当代中国的领导干部，如果不了解中国的历史，特别是中国的近代史、现代史和我们党的历史，就不可能认识和把握中国社会发展的客观规律，继承和发扬我们党在长期斗争中形成的光荣传统，也就不能胜任领导建设有中国特色社会主义的职责。"胡锦涛强调："正确地对待历史，善于总结经验，这是一个郑重的马克思主义政党成熟的重要标志。"新时代，习近平总书记在主持中央政治局第七次集体学习时更是强调指出："历史是最好的教科书"，"学习党史、国史，是坚持和发展中国特色社会主义，把党和国家各项事业继续推向前进的必修课"。2016 年 2 月，习近平总书记第三次来到井冈山，告诫全党："行程万里，不忘初心。"

90 多年过去，历史渐行渐远，井冈山斗争时期的战火、硝烟和艰难环境，也会从人们的记忆中慢慢淡去，但井冈山精神和培育这一精神的井冈山英烈们将永远是一面面鲜红的旗帜，飘扬在井冈山间，传承着历史，启迪着现在。今天，全国各地的共产党人和青年学生源源不断云集井冈山，缅怀革命先辈，锤炼党性修养，汲取精神力量，铸牢理想信念。井冈山已经成为一所开放的革命传统教育的大学校、大课堂，井冈山斗争时期留下的一处处红色遗迹旧址则成为了一本本加强党性修养和坚定理想信念的生动教材。

井冈山意味着一段历史，更蕴含了一种永恒的精神。

井冈山，是中国共产党人永远的精神家园，也是中华民族永远的精神家园。

近年来，井冈山成了红色旅游的胜地和红色教育的基地。关于井冈山斗争的影视艺术作品也不断涌现，如电视连续剧《井冈山》、大型情景歌舞《井冈山》、大型实景歌舞《井冈山》、革命舞蹈史诗《井冈山》等。这些艺术作品形象生动地再现了历史场景，具有理论作品无法比拟的冲击力和震撼力，宣传教育效果明显，不足之处是叙述不系统、逻辑欠严谨。为了帮助大家深入走进井冈山，全面了解那段历史，体验那段艰辛，感受井冈山精神的伟大，从井冈山斗争的历史中汲取无尽的营养和智慧，我们“立足以史为依据，坚持理论严谨性”，借用艺术作品的形象表述和情境交融再现手法，以新的视角解读井冈山斗争、井冈山精神、井冈山道路，组织编写了《感悟井冈山》一书。

本书在回顾井冈山斗争历史的基础上，启迪现在，重在感悟。感悟马克思主义的力量，感悟井冈山革命先辈对信仰的忠诚，感悟井冈山革命先辈开辟中国革命道路的艰辛、勇气和胆略，感悟理论的重要性与井冈山革命先辈理论创新的重大意义，感悟保持共产党员的先进性、纯洁性的重要性与必要性，进一步坚定中国特色社会主义的道路自信、理论自信、制度自信和文化自信。

第一章

热血：铸就忠魂

1927 年，国民党反动派发动四一二和七一五反革命政变，大革命失败，神州大地到处血雨腥风，一片白色恐怖。面对生死考验，有的人畏惧，有的人退缩，有的人投降。但是，大浪淘沙，真正的革命者始终坚守他们的信念，在困境中奋起，用热血和忠诚投入中国革命新道路的探索。在湘赣边界，在罗霄山脉中段，在井冈山山巅，无数英烈以鲜血为底色，高高举起了一面火红的镰刀斧头旗。从此，中国革命走上了农村包围城市、武装夺取政权的胜利之路……

茫茫九派流中国，沉沉一线穿南北。
烟雨莽苍苍，龟蛇锁大江。
黄鹤知何去？剩有游人处。
把酒酹滔滔，心潮逐浪高！

熟悉毛泽东诗词的同志都知道，这是毛泽东1927年春写就的一首词《菩萨蛮·黄鹤楼》。在注释中，作者写道："1927年，大革命失败的前夕，心情苍凉，一时不知如何是好，这是那年的春季。夏季，8月7号，党的紧急会议，决定武装反击，从此找到了出路。"[①]这首词，加上作者的自注，道出了毛泽东本人在四一二反革命政变之后四个月当中的真实心境，同时也从一个侧面映射出大革命失败后中国共产党人从血泊中奋起的艰难抗争历程。

一、教训：共产党人血洒大地

1923年6月，中国共产党第三次全国代表大会确定全体共产党员以个人名义加入国民党，与国民党建立革命统一战线。1924年1月，在中国共产党人的参加与帮助下，孙中山在广州召开了国民党第一次全国代表大会，重新解释了三民主义，确定了联俄、联共、扶助农工的"三大政策"，从而标志着第一次国共合作的建立。在中国共产党的积极参与和努力下，大革命风暴迅速席卷全国。

1926年7月9日，国民革命军的8个军约10万人，兵分三路，从广东正式出师北伐。北伐战争打击的对象是占据中国广大地区、受帝国主义支持的北洋军阀吴佩孚、张作霖和孙传芳。与此同时由中国共产党人领导的全国工农运动也迅猛发展，有力地

① 《毛泽东诗词集》，中央文献出版社1996年版，第12—13页。

支援了北伐战争。经过奋战，北伐军在不到半年时间里，就从珠江流域打到长江流域，锋芒直指黄河流域。北伐战争沉重打击了帝国主义在华势力，动摇了北洋军阀的统治，有力地推动了全国革命形势的发展。

但是，胜利的表象下却潜伏着严重的危机，一场大屠杀正在悄然逼近……

大革命失败后血雨腥风的大屠杀

当革命日益深入，与北洋军阀的矛盾即将解决之时，新矛盾上升并迅速激化，统一战线内国民党右翼分子与帝国主义、买办资产阶级相勾结，开始分裂、背叛革命。从广东出发的北伐战争，在打下武汉进入长江流域、特别是打垮孙传芳进占江西之后，形势发生了严峻变化。

首先是帝国主义加紧干涉中国革命。当 1926 年 9 月北伐军打到武汉时，英国军舰公然炮轰北伐军，并在四川万县炮轰和平居民，制造死伤中国军民五六千人的万县惨案。当北伐军进抵长江下游地区时，英、美、日、法成立“四国出兵协定”，公开叫嚣要以武力“保卫上海”。当时集结在上海的外国军队达 2 万多人，游弋在上海附近和长江中的外国军舰多达 90 余艘。在武力威胁的同时，帝国主义还采取分化革命统一战线的策略，竭力拉拢以蒋介石为首的国民党新右派。1927 年初，美国国务卿和英国外相先后声明，只要蒋介石和“极端派”决裂并保护英美在华利益，英美就准备支持他。日本政府的代表也曾在南昌、庐山等地频繁会见蒋介石，把蒋视为国民党内“稳健派”首领而寄予期望。

链接：万县英舰杀人之实况

外交部昨接吴佩孚来电，报告英国轮船在四川万县杀人之经过详情。觅录原文如下：百万急。北京外交部鉴：顷四川杨省长来电称，接刘代表电称，驻汉英领，派员到总部面称，森军在万主扣英国商轮，装运士兵情事，不胜骇异。任意驱驰，滇光轮于六月十三日撞沉木船一只。淹毙王张田、王素云、傅云生等五名。又万流轮于七月八日在丰都立石镇地方，撞沉划十一只，淹毙六师营长田雨亭及勤务长张复初、田云等三名。又嘉利轮于八月二日在涪滩地方撞沉木船一只，淹毙十师差遣张泽瀛一人、兵士谷迪良、崔英保二名，沉没公款四千六百六十元。同时又撞沉木船一只，淹毙差遣崔英瑞、船主秦大志一人，公款二千元等案，均在严重交涉中。又八月三十日，据四师师长杨淑身报告称，二十九日上尉夏云奇、刘作舟，中尉王连城，少尉良明，传令兵吴治平、阎傅祥等，于午前十点在云阳登万流轮。时小船方至河心，该轮忽开快车，木船登时撞沉，淹毙六人。同时据宪兵司令杨汉忠报称，接云阳电话，第二大队奉命派员赴云阳县守提盐款及粮税各款，已经提得现洋余八万五千元，于艳日领士兵及所提款项，押至江干待轮运万。即于是日午前十点万流商船适到云阳，该轮已开慢车，以为照例停驶候客，即命该队士兵，押款上轮。殊疑该轮于小船接近时，突开快车上驶，将所载士兵款项之木船二只，登时撞沉。计损失八万五千元，连长、排长各一员，士兵五十六名，枪支五十六支，子弹五千六百发，具报前来。适该轮到万当派本检查长率兵数十，前往该轮讯明情形，以使交涉。乃英国兵舰派兵多名到该轮，复将本部所派官兵、枪支子弹、一并提去，又开枪伤士兵二名。旋一巨炮直向陈家坝南津街西岸民房，势欲轰击。居民惶骇，莫知所措。夫英舰如此横行，罔恤人命，其侮辱我国国体已达极点，只得暂将该公司万通、万县两轮扣留在万，以便严重交涉，并求赔偿损失，以顾国体，而慰舆情，不胜待命之至等语。特达，即希严重交涉，向英政府要求赔偿损失，以慰舆情为盼。吴佩孚歌印。

——1926 年 9 月 9 日天津《大公报》

制造万县惨案的英舰“万流”号

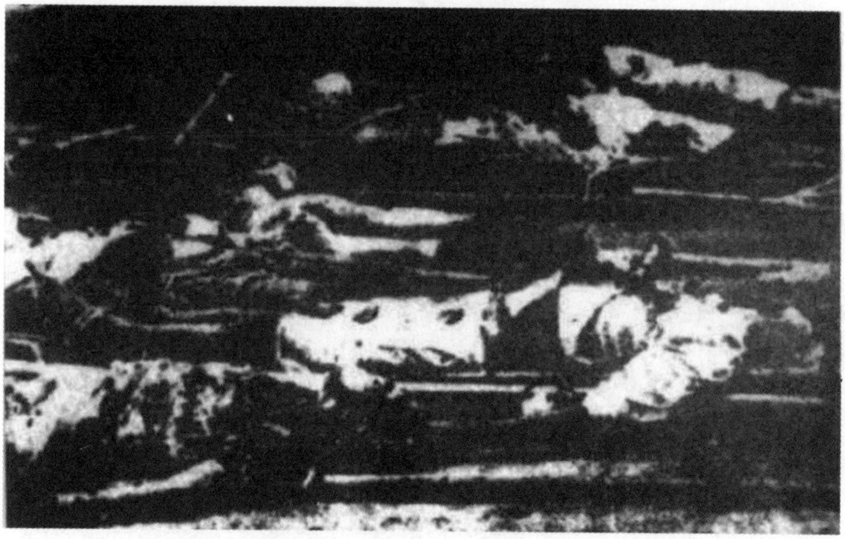

万县惨案中被炸死的中国民众

其次是统一战线内部的矛盾进一步激化。以蒋介石为首的国民党新右派的夺权野心更加膨胀、更加露骨，革命势力与新右派的矛盾日益激化与突出。1926年11月北伐军攻占南昌后，蒋介石把北伐军总司令部设在南昌，并以此为中心，多方进行分裂和叛变革命的准备活动。他首先蓄意挑起“迁都之争”，违背国民党中央的原有决议，要求把国民党中央和国民政府由武昌改迁南昌，以便于他直接控制，从而形成南昌和武汉两个国民政府的公开对峙。与此同时，他派亲信与英、日帝国主义勾结，又派代表与北方军阀商谈“南北妥协”，共同“反赤”的条件；而一些原来依附于北洋军阀势力、或同蒋介石有过联系的官僚政客以及江浙大资产阶级的代表，都纷纷前来南昌，出入于蒋介石的总司令部，加紧进行反革命交易，形成所谓“政治南迁”。在此形势下，蒋介石反对国共合作，仇视和压迫工农运动的面目日益公开化。

更为严重的是，面对日益严峻的形势，中共党内以陈独秀为代表的右倾错误日益发展，五卅运动以后，陈独秀的右倾观点已逐步发展为在实际斗争中的妥协退让政策，以致我党在同国民党右派分裂夺权阴谋的斗争中处于被动。北伐战争开始后，随着形势的急剧发展，陈独秀的右倾错误也进一步发展。在统一战线问题上，他不是依靠工农力量去同右派坚决斗争，而是对右派只讲联合，不敢斗争；在对待工农运动的问题上，他不是坚决支持工农运动，而是竭力压制工农运动，生怕工农运动的发展会吓跑资产阶级，破坏统一战线；在武装问题上，他不仅不主张在北伐中发展中共直接争取的革命武装，反而一再反对共产党员从事军队工作，甚至限定共产党员不准担任军事指挥职务。此外，陈独秀也反对共产党争取革命政权。1926 年 9 月，他发表文章说："共产党取得政权，乃无产阶级革命时代的事，在国民革命时代，不会发生这类问题。"①

陈独秀右倾错误的直接危害，是压制了正在兴起的工农运动。当时全国工农运动的高涨，特别是以两湖为中心的农民运动的迅猛发展，不仅成为国民革命进一步发展的关键，也成为当时整个政局斗争的一个焦点。如前所述，惊天动地的农民运动，既然从根本上动摇了帝国主义、封建势力统治中国的社会基础，就必然要遭受帝国主义分子、封建地主、豪绅恶霸分子、国民党右

① 陈独秀：《我们现在为什么斗争》，1926 年 9 月《向导》第 151—175 期，第 1752—1754 页。

派以及其他一切反动分子的极端仇视。他们纷纷造谣中伤，一致咒骂农民运动是“痞子运动”、“惰农运动”，攻击农民运动“糟得很”。各地出现反动势力纠集一起捣毁农民协会，杀害农会干部的事件。一些北伐军中的反动军官甚至公开勾结地主武装残杀农会积极分子，向农民运动反攻倒算。在这样日趋尖锐的阶级斗争面前，当时担任中共中央领导职务的陈独秀，为反动势力的凶残所吓倒，不但不支持农民的斗争，反而压制农民革命，幻想用妥协和让步来缓和阶级斗争，使国民党右派不破坏统一战线。陈独秀的右倾错误，更加助长了国民党右派的反动倾向，加速了他们公开背叛革命的进程。

1927 年 3 月 6 日，蒋介石密令其爪牙、新编第一师党代表倪弼等人，用乱枪杀害了江西省总工会执行委员、赣州市总工会委员长、共产党员陈赞贤。3 月 16 日，蒋介石用武力解散拥护孙中山三大政策的国民党南昌市党部，并解散了江西省学联，封闭了国民党左派的《贯彻日报》；3 月 17 日，蒋介石解散九江市党部和总工会，打死打伤市党部委员和工人多人；3 月 23 日，蒋介石指使反动分子捣毁安徽省总工会、左派国民党安徽省党部和安庆市党部等，不仅打伤数十人，而且强拉他们游街。就这样，蒋介石从赣州、南昌，一路杀向南京、上海！

在共产党毫无准备的情况下，4 月 12 日，蒋介石在上海发动反革命政变。这天凌晨，早就做好准备的大批青红帮武装流氓向驻上海总工会等处的工人纠察队发动突然袭击，工人纠察队奋起自卫反击。国民革命军第二十六军以进行调解为名，强迫工人纠察队缴械。13 日，全市罢工人数达 20 万以上。上午，上海总工会在闸北青云路广场召开工人和市民大会。会后，工人群众高呼“打倒新军阀”“为死难工友复仇”等口号，上街游行，要求释放被捕工友，交还纠察队被缴枪械。当队伍行进到宝山路时，突然遭到第二十六军开枪屠杀。到 4 月 15 日，上海工人 300 多人被杀，500 多人被捕，5000 多人失踪。

上海四一二大屠杀现场

据上海总工会根据工人的亲身经历编写的长篇报告记载：“4 月 11 日晚，上海总工会委员长汪寿华被青帮头目杜月笙秘密杀害。12 日凌晨，国民党军队分头收缴工人的枪械。4 月 13 日上午，上海总工会在闸北青云路广场举行有 10 万工人参加的群众大会，愤怒声讨帝国主义者和新军阀杀害工友、收缴工人枪械等罪行。会后整队游行，要求释放被捕工友，交还纠察队枪械。当游行队伍行及宝山路三德里附近，即有第二十六军第二师兵士由各里弄内奔出，向群众开枪，将群众冲散，旋复用机关枪扫射，死者流血街道，伤者纷纷倒地，一时秩序纷乱，呼喊啼哭之声惨不忍闻，但见兵士在街上横冲直撞，如发疯狂。逢人即打，党旗国旗工会旗均被撕毁。当场受击毙者在百人以上，伤者更不可数计。所谓革命军演此大惨祸后，即实行清街，禁绝行人，用大车将死者拖至荒郊埋藏，每车堆装十余人；尚有重伤不及死者，亦被兵士横拖倒曳放置车上，送入土窟。”①

链接：四一二政变前的秘密反共会议（黄绍竑撰稿节录）②

在 4 月 2 日秘密会议以后，为了使“反共清党”合法化，4 月 5 日上午又在旧上海道尹公署楼上开了一次秘密谈话会。参加的有蒋介石、柏文蔚、宋子文、李济深、李宗仁、黄绍竑、白崇禧、古应芬、蔡元培、李石曾、吴稚晖、张静江等（查阅当时上海报载出席的还有汪精卫、甘乃光，实际上此二人并未参加）。由于到会的国民党中央执行委员和监察委员都是少数，无法代表国民党中央，这次会上就决定由吴稚晖向中央监察委员会提出一个检举共产党谋叛的呈文，并盗用中央监察委员会的名义据以咨请中央执行委员会、国民革命军总司令蒋介石以及地方军事当局作“非常紧急处置”。这个咨文是由蒋介石授意，由吴稚晖、陈果夫等包办的，内容如何，当时我并未看过，现在将查到的致中央执行委员会的咨文摘录如下：

① 李家齐主编：《上海工运志》，上海社会科学出版社 1997 年版，第 253 页。

② 《文史资料选辑》第 45 辑，文史资料出版社 1980 年版，第 9—15 页。

“（衔略）窃本会职责所在，‘党员施政方针是否根据本党政纲’，尚应过问，则弃裂本党政纲、酿成亡党卖国之行为尤应举发。是以本会委员分赴各地，遇集上海，遂于民国十六年三月二十八日先开临时会议，决定于四月二日下午七时召集中央监察委员会全体紧急会议，到会三分之二，蔡元培、李宗仁、古应芬、黄绍竑、张人杰、吴敬恒、李煜瀛、陈果夫共同出席，公推蔡元培为主席，由吴敬恒提出‘共产党连结容纳于国民党内之共产党员同有谋叛证据’一案，经出席委员共同讨论……全场一致议决将访察所得首要各人（名单另附）咨请贵委员等以非常紧急处置，姑将所开各人及各地共产党首要危险分子经党部举发者，就近知照公安局或军警暂时分别看管监视，免予活动，致酿成不及阻止之叛乱行为，仍须和平待遇，一面由贵会公决召集全体中央执行委员会共议处分。（下略）”

这个咨文表面上好像是要求武汉国民党中央来进行处理，实际上不过是替蒋介石叛变革命的阴谋作政治上、舆论上的准备，替他制造借口而已。而且这个咨文所称四月二日举行中央监察委员会全体紧急会议一节，完全是彻头彻尾的捏造。即使把那天的秘密会议改头换面，冒称“中央监察委员会全体紧急会议”的话，当时在场的也只有李宗仁、黄绍竑、吴稚晖、李石曾、陈果夫五人，只占全体中监委二十人的四分之一；蔡元培、古应芬、张静江三人并未参加，即使把这三个人加上，也还不足半数。可是咨文不但把三个不在场的人加上，“公推”一个不在场的蔡元培当主席，还把到会的人数说成是三分之二。这种睁着眼睛说胡话的撒谎伎俩也实在太拙劣可笑了。

蒋介石在接到咨文后，复函中央监察委员会称，“中正接奉4月2日贵会全体紧急会议决议举发共产党谋叛证据来咨……事关叛乱党国，中正所辖各军汛地已十万火急通电令行照办，静候中央执行委员会全体会议共议处分矣。”从中监会的咨文和蒋介石的这个复函看来，似乎蒋介石的反共并非出于他的策动，而是根据国民党中央监察委员会的举发，实际上，这完全是蒋介石一手布置的烟幕。从1926年3月20日中山舰事件开始，蒋介石是一贯搬弄这一套手法来掩人耳目的。

最后，中央监察委员邓泽如、黄绍竑、吴稚晖、李石曾、蔡元培、古应芬、张静江、陈果夫等人又在4月9日联名发表了一通长达三千余言的“护党救国”通电（即“青电”），指摘武汉国民党左派“不合者”二事，列举“可痛心者”九事。电文最后说：“长此以往，不独北伐困难，而本党百万党员与朝夕以求中国的自由平等之民众亦将何所寄托？险象如此，讵能再安缄默？爰痛切陈词，望我全体同志念党国之危机，凛丧亡之无日，被发缨冠，共图匡济；扶危定倾，端视此举。披沥奉陈，敬候明教。”

此电发出后，以蒋介石为首的国民党反动派公开叛变革命的政治准备就完成了最后一道手续，下手的“时机”已经完全成熟。从这个“护党救国”通电发出后的第三天——4月12日起，在蒋介石、帝国主义、买办资产阶级、帮会流氓以及我们这一小撮反动军阀和投机政客的共同合作下，一场历史上空前的血腥大屠杀，便先后在上海、东南各省和两广地区开始了。

四一二反革命政变后，白色恐怖很快蔓延到东南各省，江苏、浙江、安徽、福建、广东、广西等省相继以“清党”为名，大规模捕杀共产党员和革命群众。4 月 15 日，李济深从上海回到广州，按蒋介石的布置发动反革命政变，7 天之内即逮捕革命者 1000 余人，其中共产党员约 600 人。著名共产党人李启汉、刘尔崧、萧楚女、邓培、熊雄等 100 余人惨遭秘密杀害。

与南方国民党右派的反共大屠杀相呼应，北方奉系头子张作霖也在帝国主义公使团支持下，于 4 月 6 日派兵袭击北京东交民巷苏联大使馆，逮捕了李大钊、范鸿颉等多名共产党员、国民党左派和其他革命青年。4 月 28 日，中国最早的马克思主义者、无产阶级革命运动的伟大先驱、中国共产党主要创始人李大钊在绞刑台上慷慨地发表了最后一次演说。他说：“不能因为你们今天绞死了我，就绞死了伟大的共产主义！我们已经培养了很多同志，如同红花的种子，撒遍各地。我们深信，共产主义在世界、在中国，必然要得到光荣的胜利！”①

面对敌人的威胁利诱和严刑逼供，李大钊及其他 19 名革命者大义凛然，坚贞不屈，表现出共产党人坚强的革命意志和崇高的献身精神。

---

① 李大钊传编写组：《李大钊传》，人民出版社 1979 年版，第 220—221 页。

链接：昨日军警包围搜查共产党大本营

昨日东交民巷内发生极重大事件，为辛丑条约设定保卫界以来，空前未有之事。昨晨十时半东交民巷东西北各路口，停留多数洋车及便服行路者之徘徊观望，过者早知有异。迨十一时有制服警察一大队，约一百五十名，宪兵一队，亦有一百名，均全副武装，自警察厅，分路直趋东交民巷，首先把守各路口，余皆集中包围俄国大使馆旁邻之中东铁路办公处、俄款委员会、远东银行，所有便衣侦察，一律胸系红线为记。搜查队到上列三处门口时，即严守大门，大部即时全体入内搜索。时在内者突见有许多军警趋入，闻有人向空中放手枪数响，意似报警，令人逃走。唯当时军警一入室内，便又分头搜检致无脱逃余地。当经逐房查索，逮捕之中俄两国人有八十名之多。被捕者皆一一捆缚，编成号数，先后用汽车送往警厅，交由司法处审讯。当时事出仓促，欲逃无路，闻有藏身于烟囱者，亦有匿避于厕所者，然无一不被发见。足知搜索何等严厉矣。至被捕者之人数，报告不一，其较可信者，则俄人十四五名，华人四十五六名（中有仆役等）。而华人之中，姓名尚无从调查，唯据外人方面消息，则李大钊路友于二人，似在其内。昨夜尚拘押警厅，曾受审问，如何办法，则不可知。华人之中有妇女三四人，闻非女学生，乃眷属，未知确否。

——1927 年 4 月 7 日北京《晨报》

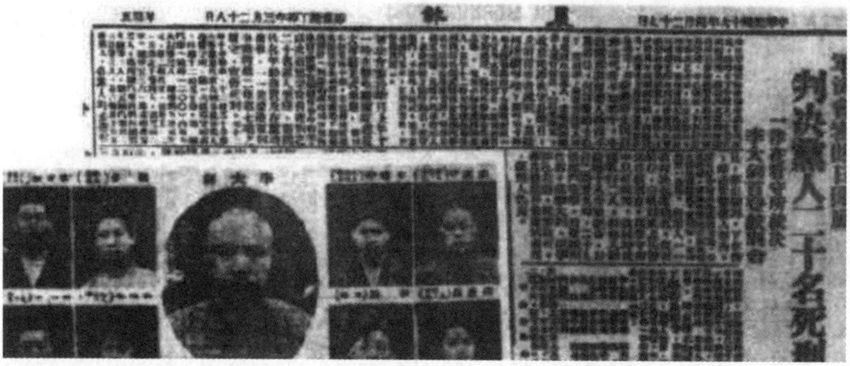

李大钊等 20 位烈士被张作霖判处绞刑，此为《晨报》的消息报道

4 月 18 日，以蒋介石为首的国民党右派在南京成立大地主大资产阶级专政的另一个“国民政府”，与武汉国民政府相对立。从此，蒋介石成了帝国主义在中国的总代理人。此时的武汉国民政府，统辖湖南、湖北、江西三省及河南部分地区，拥有十几万北伐军。当时两湖地区群众斗争虽在继续发展，但武汉政府已处在帝国主义和蒋介石新军阀、广东军阀、四川军阀和北京奉系军阀的四面包围之中，而武汉政府本身也已为汪精卫等所把持，总的政治、经济、军事形势都十分困难。

当武汉政府北伐时，蒋乘其后方空虚，一面指使西南各省军阀进攻武汉，一面策动武汉政府控制的军队叛乱，以便里应外合推翻武汉政府。武汉政府内部一部分原本是旧军阀掌握军权的实力派人物，如谭延闿、唐生智、朱培德等，看到武汉政府处境日趋险恶，其反共反工农的面目便逐渐暴露出来。国民党左派只剩下宋庆龄、何香凝、邓演达等少数几个人。至于汪精卫本人，原本就是反共的，反蒋只是与蒋争夺国民党“正统”，高喊反帝反军阀只不过是谋取国民党内高位的手段。在他主持下，武汉国民党中央和国民政府从1927年4月下旬起陆续发布一系列反动命令，限制和摧残革命运动，并纵容军队叛乱。

5月8日，武汉国民政府发布通告，禁止工农团体集会和游行。20日，国民党中央发布训令，诬蔑工农运动是“扰乱”秩序，无异于“反革命”，要求各级国民党党部予以“制裁”。22日，汪精卫下令防止赤化运动，扬言逮捕工会、农会领袖。在武汉国民政府纵容下，5月17日，原驻宜昌的国民革命军第十四独立师师长夏斗寅叛变，与四川军阀杨森相配合，向武汉进攻。被武汉卫戍司令叶挺所部击溃后，夏斗寅部流窜湖北各地，勾结土豪劣绅，残酷杀害农会干部和农民，奸淫妇女，烧毁房屋，无恶不作。1927年6月13日，全国农协临时执委会常委毛泽东等签署的《全国农协反抗土豪劣绅武装袭击之训令》对此进行了揭露：“每到一处，即将在押土豪劣绅释放，使之率领逆军到处屠杀。嘉鱼杀死农民卅余人，咸宁武昌均杀五十余人，天门烧农民房屋三百余间，杀二十余人，公安烙死数十人，枣阳残杀五百余人，沔阳残杀二十余人，宜都残杀数十人，麻城乡捕杀，烧毁房屋，奸淫妇女，共杀死五百余人。随县前后杀死一千人以上，罗田惨杀六十余人，黄安惨杀一百余人，钟祥劣绅王恕堂更占领县城，挨户搜索，惨杀二百余人。其他夏口、黄冈、应山、应城、圻春、江陵等县的豪绅，亦莫不闻风兴起向农民进攻，挖眼拔舌，割肠斩首，刀割沙磨，洋油焚烧，红铁火烙，均为豪绅对待革命农民的残酷刑罚。对待妇女，则以绳穿贯其乳而驱其裸体游行，或零碎割死。农民之死难者，已达四五千人。而荆门松磁宜昌等县，仍在继续屠杀中。即国民政府首都武汉，仅距汉阳县城十余里之地，亦不免发生土豪劣绅围杀农民之事实。”①

5月21日晚，在国民革命军第三十五军军长何键的特使余湘三策划下，第三十六军独立第三十三团团长许克祥和第三十五军教导团团长王东原、留守处主任陶柳及第三十六军留守处的陈其祥等率兵1000多人，分途捣毁湖南省总工会、省农民协会、省农运讲习所、省特别法庭、国民党省市党部和党校，释放被关押的土豪劣绅，杀害共产党员、国民党左派人士和革命群众近30人，史称马日事变。

之后，湖南反动军队在常德、溆浦、衡阳、邵阳、零陵、武冈、祁阳、黔阳、南县等地与土豪劣绅相勾结，大肆残杀共产党人和革命群众。短短20多天内，在长沙及附近各县即杀害了1万多人，其中党团组织和工会、农会骨干达500余人。青年团湖南省委书记田波扬被捕后，受尽酷刑，腿被打断，最后和他怀有身孕的妻子陈章甫一起被杀害。湘潭县总工会委员长杨昭植被割去耳朵和鼻子，又被砍断四肢，最后被剖腹用煤油烧死。青年团干部、14岁的少女朱近之也惨遭杀害。反动军队勾结土豪劣绅在攸县杀害革命者723人，逮捕2300余人。在醴陵杀害1000余人。②在萍乡县城和安源，湖南反动军队勾结当地土豪劣绅将县党部、安源市党部及工会、农民协会、女联会等

---

① 中国人民解放军政治学院党史教研室：《中共党史参考资料》第13册，第559—560页。

② 中共株洲市委党史办公室：《株洲人民革命斗争史略》，1991年版，第45—46页。

团体捣毁一空，杀死革命同志 40 余人，逮捕 100 余人。萍乡县县长、共产党员罗运磷和中共安源地委书记刘昌炎、安源市总工会委员长周怀德等被杀害。[①]

5 月 27 日，国民革命军第三军军长朱培德在江西以“礼送”之名开始驱逐共产党。6 月 2 日武汉国民政府又关闭了湖南省党部、省工会和省农会。10 日汪精卫到郑州与冯玉祥举行秘密“清共”会议，在冯玉祥撮合下与蒋介石达成宁汉合作，实行“清党分共”行动协议。6 月 29 日，驻武汉的反动军官何键在汪精卫等人的授意下，发出反共训令，宣布与共产党分裂，拘捕、屠杀共产党人和革命群众。7 月 15 日，汪精卫等控制的国民党中央召开“分共”会议，宣布与共产党决裂，彻底背叛孙中山制定的国共合作政策和反帝反封建纲领。随后，汪精卫集团与蒋介石集团如出一辙，对共产党员和革命群众实行大逮捕、大屠杀。至此，由国共两党合作发动的 1924 年至 1927 年大革命归于失败。

在反动派的大肆屠杀下，工农运动遭到极大摧残，共产党的组织遭到严重破坏，党的活动被迫转入地下。许多党的优秀干部和群众运动领袖如李大钊、萧楚女、熊雄、陈延年、陈乔年、赵世炎、罗亦农、向警予、夏明瀚、郭亮、彭湃、蔡和森等都先后壮烈牺牲了。仅从 1927 年 3 月到 1928 年上半年的一年内，共产党员和革命群众就有 31 万多人被杀害。还有大批革命者被关押在暗无天日的监牢内，受尽了残酷的折磨。

---

① 邓启沛、刘善文：《安源路矿工人运动》下册，中共党史出版社 1991 年版，第 1243 页。

链接：向警予就义（原为《汉口枪决共产党领袖》）

轰动全国之法领陆公德，受贿庇共案，经武汉外交当局及民众，誓死力争，法领卒将向警予（即易夏氏）引渡。经卫戍司令部审讯数次，确犯陆军刑律，参与共党谋议，执重要执务之所为，遂于上月三十日判处死刑。向隶籍湖南溆浦，民国五六年，肄业湖南省立第一女子师范，后转入周南学校。在中学时代，言行不苟，同学咸以“圣人”呼之。民国八年，因勤工俭学，随其同学蔡畅及蔡兄蔡和森赴法。在轮船上，与蔡和森订婚，言行乃大变。留法数岁，至十二年返国，在京沪各处担任共党各项工作。去岁来汉，密图暴动，担任共党扩大会宣传科长及大江报主笔等重要职务。易夏氏为其托名也。本月一日五时，卫戍部士兵将向提出，验明正身，押至余记里空坪枪决。向身着绿色长袍，神色不变，并狂呼口号。沿途观者人山人海。同时又提出湘籍年逾五旬之共党要犯张汉藩一名，与向先后执行枪决。白发红颜，一时并殒。兹将其罪状，分录于下：

（一）为宣布罪状事。案查本部在法租界三德里九十六号楼上，拿获共犯向警予（即易夏氏）、易陈氏二人。并在向警予住室，搜获纪念广州暴动日记等件，业经开庭审讯。该犯向警予，担任大江报编辑，湖北共党扩大会宣传科长，编撰暴动计划，图谋叛乱属实。除易陈氏情节较轻，另行判结外，该犯向警予，应按陆军刑律第二条及第十八条第二款，处以死刑。除提该犯验明正身，绑赴刑场，执行枪决，以昭炯戒外，合将罪状宣布，俾众周知，此布。计开枪处决女犯一名。向警予，（即易夏氏），年三十二岁，湖南人。（二）为宣布罪状事，案据本部稽查队，呈解共党首魁张汉藩一名，讯据供称充当湖南全省总工会执委，缝纫工会执行委员长，并压迫非共工人等情不讳。似此元凶大恶，亟应处以死刑，以塞乱源。除将该犯验明正身，绑赴刑场，执行枪决外，合行宣布罪状，俾众周知，此布。计开枪处决人犯一名，张汉藩，年五十三岁，长沙人。

——1928年5月16日北京《晨报》

在白色恐怖下，一些在大革命高潮时期入党的不坚定分子，这时悲观动摇，有的登报宣布退党，有的自动脱党，有的自首叛变。共产党员由5.7万多人减少到1万人左右。工会会员由280万人下降到3万人。915万全国农民协会会员大部被打散，农民运动虽然还不断发生，甚至爆发了多次武装起义，但也是此起彼落，处于散漫而不集中的状态。国内阶级关系发生急剧变化，不仅民族资产阶级站到国民党反动派一边去了，而且上层小资产阶级也由动摇发展到脱离革命。革命的动力只剩下了工人、农民和小资产阶级，革命的

向警予

政党只剩下了共产党，中国革命形势转入低潮。

大革命遭遇失败，原因是多方面的。从外因看，此前国民党内部日益分化和趋于反动，早已埋下了叛变革命的种子。从内因看，中国共产党当时尚处于年幼阶段，客观上缺乏应对复杂形势的斗争经验。

国民党内部日益分化和趋于反动

1924年国共两党第一次合作开始后，国民革命发展之快，群众动员之广，斗争之深入，在中国近代史上都是空前的。以五卅大罢工为标志的全国反帝大风暴、广东革命根据地的统一、打败北洋军阀主力的北伐战争及农村反封建斗争的深入，从根本上动摇了帝国主义、封建势力统治的基础。短短三年左右的时间，革命形成如此迅猛的高潮，主要在于国共合作，是共产党人与国民党人共同努力的结果。毛泽东曾经深刻地指出："中国的革命，自1924年开始就由国共两党的情况起着决定的作用。由于两党在一定纲领上的合作，发动了1924年至1927年的革命。孙中山先生致力国民革命四十年还未能完成的革命事业，在仅仅两三年之内，获得了巨大的成就。"①

但是，由于革命统一战线内部的分化，国民党内部右派的叛变加上帝国主义分裂革命队伍的阴谋和武装干涉，国共分裂，革命遭到了严重挫折。

国共合作实现以后，国民党虽然已经是工人、农民、小资产

---

① 《毛泽东选集》第2卷，人民出版社1991年版，第364页。

阶级和民族资产阶级的政治联盟组织，但由于历史的原因，仍然有一部分地主、买办、军阀和官僚分子留在党内。因此，从阶级上看，国民党包括了工人、农民、小资产阶级、民族资产阶级和一部分地主、买办分子；从政治上看，分为左、中、右三派。右派代表地主买办阶级和民族资产阶级右翼的利益。中派代表民族资产阶级和上层小资产阶级的利益。左派代表工人、农民、小资产阶级和少数民族资产阶级左翼的利益。

地主买办阶级本来就是革命的对象，从根本上反对国共合作，反对国民党的革命化，所以他们要从国民党分化出去是不可避免的。民族资产阶级有反帝反封建的要求，是革命的动力之一，但由于他们在政治上、经济上的软弱性，由于他们本身也是剥削者，十分害怕革命的彻底性。所以，随着工农运动蓬勃发展，他们中的右翼就会反对工农运动，反对国共合作，甚至投靠帝国主义和封建势力，背叛革命。因此，在统一战线中，无产阶级同资产阶级的斗争以及资产阶级的分化，也是不可避免的。

国民党的分化，大致上分为三批：

第一批是冯自由、邹鲁、张继等老右派，主要是国民党的元老派。他们一开始就反对国共合作，反对共产党员加入国民党，反对国民党改组。在改组国民党的国民党第一次代表大会上，他们就诬蔑共产党加入国民党是有“阴谋”的，遭到了孙中山和共产党人李大钊等的驳斥。随着革命的深入，统一战线内部阶级分化在加剧。孙中山逝世后，国民党右派加紧了夺权和反对革命的活动。这批人于 1925 年初搞分裂，在北京成立“国民党同志俱乐部”，在上海成立“辛亥同志俱乐部”，反对孙中山的新三民主义和三大政策。

1925 年 11 月，他们在北京西山碧云寺召开了非法的国民党一届四中全会，通过了“取消共产党员在国民党中的党籍”“开除国民党中央执行委员之共产派谭平山、李大钊”“解雇顾问鲍罗廷”等反共反苏决议。会后，他们在上海设立伪中央党部，在北京等地设立伪地方党部，同广州的国民党中央相对抗，同时即开始清党，开除共产党员的国民党党籍，撤销共产党员在国民党中的职务，解散共产党员占多数的各级党部。他们公开反苏反共反人民，破坏革命统一战线，形成了一个公开的反动集团。

链接：西山会议派

中国国民党内的一个反对孙中山联俄、联共、扶助农工三大政策的派别。代表人物有谢持、邹鲁、林森、张继、居正等。1925 年 11 月 23 日，谢持、邹鲁等在北京西山碧云寺非法召开“国民党一届四中全会”，因而得名。出席会议的仅有中央执行委员 8 人（占总数 1/3）、候补委员 3 人、中央监察委员 2 人。西山会议派的分裂活动遭到国民党中央执行委员会及各级地方党部的强烈反对。1926 年 1 月，国民党第二次全国代表大会通过了弹劾西山会议派的决议，决定永远开除邹鲁、谢持的党籍，对其他一些人给予警告处分。但西山会议派无视二大决议，仍非法召开会议，另立中央。1927 年蒋介石发动四一二政变后，通令取消“打倒西山会议派”等口号，恢复了谢持、邹鲁的党籍，西山会议派从而与蒋介石集团合流。

第二批是蒋介石、戴季陶等新右派。戴季陶在五卅运动之后，便抛出《孙文主义哲学原理》《国民革命与中国国民党》等反动文章，攻击马克思主义的阶级斗争理论，鼓吹阶级调和，说什么“拥护工农群众的利益，不需要取阶级斗争的形式，因为人类是有仁爱性能的。可以仁爱之心感动资本家，使之尊重工农群众的利益”。他反对三大政策，主张共产党退出国民党，说什么团体有“排拒性”，在一个团体里“共信不立，互信不生；互信不生，团结不固；团结不固，不能生存”等谬论。戴季陶的言论，带有更多的理论色彩和欺骗性，为国民党新老右派反对国共合作、破坏革命提供了理论依据。

新右派最大的代表人物还是蒋介石。蒋介石利用在国民党二大上被选为中执委和二大后被任命为国民革命军总司令的有利地位，网罗党羽，扩充实力，向同盟者和工农革命开刀。1926 年 3 月，蒋介石指使爪牙以黄埔军校驻省办事处的名义，命令共产党员李之龙调中山舰到黄埔候用。事后，蒋介石反诬中山舰“擅入黄埔”“显示共产党图谋暴动”，并于 20 日逮捕李之龙，扣留中山舰及其他海军舰只；调动军队包围省港罢工委员会，收缴其卫队枪械，包围广州的苏联顾问办事处，拘捕了黄埔军校中及国民革命军中的全体共产党员，制造了“中山舰事件”。

接着，宣称“国民党的领袖只有总理一个人，不能够有二个领袖”，意即以“总统继承者”的身份夺取更大的权力。5 月 15 日，蒋介石又在国民党二届二中全会上，通过了所谓“整理党务案”，规定共产党在国民党各级党部任执行委员的人数不得超过全体委员的三分之一，共产党员不得担任国民党中央各部部长，加入国民党的共产党员名单全部交出，共产国际对中国共产党的指示和中国共产党对国民党中共产党员的指示，均须先交国共两党联席会议讨论通过后才能发出等等，从组织上进一步打击共产党。蒋介石在国民党二届二中全会上当上了国民党中央执行委员会主席、组织部部长、军人部部长，集党、政、军权力于一身，从此，国民革命开始埋下严重的危机。

北伐军占领九江、南京，基本上消灭了北洋军阀吴佩孚、孙传芳的主力后，国民党中央政治委员会决定将国民党中央和国民政府迁到武汉。但蒋介石坚持要迁到南昌，并把他的总司令部设在南昌，以便他控制国民党中央和国民政府。在共产党人和国民党左派的坚持反对下，国民政府于12月迁到武汉。蒋介石迁都阴谋失败后，仍以南昌作为反革命的中心，派戴季陶等与帝国主义勾结，派代表到北京同奉系商谈“南北妥协”等勾当，为叛变革命进行多方的联系。

第三批则是汪精卫、唐生智等假左派、真右派。他们在四一二反革命政变后，还在武汉国民党中央和国民政府内伪装革命和左派，实际上是反对工农运动的右派，先后制造了夏斗寅叛变、马日事变、朱培德叛变，最后于1927年7月15日正式反共，大肆屠杀共产党员和革命者，统一战线完全破裂，国民革命惨遭失败。

从当时的政治大气候来看，国民党的加速分化还与中外反动势力加紧勾结，对中国革命的破坏拉拢不无关系。

北伐战争的胜利进行和工农运动的迅猛发展，沉重打击了帝国主义的在华统治，各国列强加紧对中国革命进行干涉和破坏。

1926年9月，英帝国主义军舰悍然炮击四川省万县县城，造成中国军民死伤五六千人，制造了万县惨案。1927年3月，美、日、法、意、比、荷、西等国集结大批军舰和军队，随时准备武装干涉中国革命。3月24日，各帝国主义以“保护侨民和领事馆”为由下令长江江面的军舰炮轰南京城，造成中国军民死伤2000多人，制造了震惊中外的南京惨案。

帝国主义还积极在革命阵营中寻求、扶持新的代理人——国民党右派总头目蒋介石以破坏中国革命。日本帝国主义较早了解到南昌与武汉的对立，即加紧了对蒋介石的策反。1926年1月，日本外相币原喜重郎通过黄郛表示了对蒋“颇存厚望”，并向日政府提议采取怂恿蒋反共的对华政策。2月，日军部特派铃木贞一到九江劝说蒋介石“与共产党分手”，搞所谓“纯正的国民运动”。蒋介石为进一步实现自己的野心也积极寻找靠山，向帝国主义靠拢，与反动势力日益勾结起来。

在帝国主义一打一拉的进攻下，以蒋介石为首的国民党右派准备公开背叛革命。1926年11月，蒋介石把国民革命军总司令部设在南昌，公开向英美帝国主义寻求“友谊”和“援助”。1927年初，又派戴季陶、吴铁城秘密赴日访问，谋求两国间的“谅解”与合作。在保持列强在华权益条件下，各帝国主义国家同意支持蒋介石集团并给予物质援助。

北洋派的官僚政客、军阀武人，此时也通过各种关系拉拢蒋介石，相继聚集南昌。1927年1月，历任北洋政府外交总长、摄政总理的黄郛特地从天津到达南昌，充当蒋介石的幕僚，为蒋叛变革命制定反革命纲领。3月，交通系头子梁士诒表示愿把交通银行的大权转给国民党右派，更使蒋介石加快了反革命的步伐。

此外，蒋介石还得到了江浙财阀的支持。这个以上海为中心的江浙帮和江浙两省的金融实业资本为核心的经济集团，虽然对帝国主义和北洋军阀的统治不满，但是随着革命的日益高涨，转而感到极大的不安，害怕革命，纷纷与南京联系，追随蒋介石反对革命，答应给蒋介石 6000 万元反革命经费。早年和蒋介石有过交往的上海买办、江浙财团头目虞洽卿，在蒋到南昌后，即亲自到南昌与蒋密谋，双方一拍即合。虞洽卿答应以巨款筹给蒋“暗中助力”，条件是蒋必须反共；蒋欣然答应，承诺以后一定做到“保商惠工”各项。虞洽卿回到上海后，即联合金融界和工商界等 60 多个团体，成立了上海商业联合会，为扶持蒋上台效力。蒋介石此时开始成了大资产阶级新的政治代表和政治靠山。

在帝国主义和江浙金融势力的支持下，以蒋介石为首的国民党南京政府在全国建立了新军阀统治。他们对外投降帝国主义，对内压迫工农群众，同旧军阀的反动统治在本质上没有任何区别，只是比旧军阀更富于欺骗性、买办性和残酷性。

由于蒋介石政府的投降卖国，帝国主义在华的经济势力迅速增长，无论是对华的资本侵入或是对华的商品输出，都创下了中国贸易史上的新纪录。各帝国主义列强在财政、金融、交通、工矿企业等方面，逐步控制了国民党政府的经济命脉，继而进一步控制了国民党政府的军事、政治大权。中国不仅未脱离半殖民地的地位，而且殖民地化趋向日益加深。

在新军阀的统治下，英、美、日等帝国主义列强在华利益的矛盾直接导致了国民党内部的派系斗争和频繁不息的军阀混战。

无数人民在战乱中颠沛流离、家破人亡。工农群众在大革命时期争得的政治权利和经济利益被完全剥夺。在城市，原有的各级工会被解散、封闭，工人领袖和积极分子遭到逮捕、迫害和残杀，大批工人失业，工作时间延长，工人稍有反抗，即惨遭武力镇压；大批青年学生和知识分子失学失业，完全失去民主、自由的权利。在农村，革命时期被打倒的豪绅地主，疯狂地向农民反攻倒算，农民协会被解散，农民领袖和积极分子被屠杀；减租减息转为加租加息，土地日益集中，苛捐杂税多如牛毛；农业生产日益萎缩，广大农村出现饿殍遍野、一片凄惨的景象。与此同时，城市小资产阶级和民族资产阶级的处境也每况愈下。由于各种苛捐杂税，手工业和小商人的负担过重，处境悲惨，日趋破产。在大革命中退出革命营垒的民族资产阶级和上层小资产阶级，不仅在政治上没有得到什么好处，而且在经济上也日益处于破产和半破产的境地。

正如毛泽东所指出的，大革命失败以后，“国民党新军阀的统治，依然是城市买办阶级和乡村豪绅阶级的统治，对外投降帝国主义，对内以新军阀代替旧军阀，对工农阶级的经济的剥削和政治的压迫比从前更加厉害”。“全国工农平民以至资产阶级，依然在反革命统治底下，没有得到丝毫政治上经济上的解放。”[①]

共产国际与中共中央的右倾错误

北伐战争取得决定性胜利后，南方革命阵营的分裂开始明朗

① 《毛泽东选集》第1卷，人民出版社1991年版，第47页。

化了。随着反动势力的加紧拉拢，蒋介石的反共面目公开暴露出来。他提出要把国民党中央和国民政府迁到北伐军总司令部所在地南昌，以便置于他的直接控制之下。1927 年 2 月 21 日，他在南昌总部发表反共演讲，并开始镇压工农革命力量。随后，在他的指使下，赣州、九江、安庆等地陆续发生了杀害共产党人和捣毁国民党党部、总工会的严重事件。事实表明，蒋介石右派集团的公开叛变只是时间问题了。

面对革命阵营随时可能发生破裂的严重局面，斯大林、苏联和共产国际的驻华代表，对蒋介石夺取革命领导权的企图缺乏警惕，对蒋介石叛变革命的危险性更是估计不足，没有与他进行坚决的斗争，而是一味妥协退让。鲍罗廷认为，我们目前“由于没有实力，不能同蒋介石及其政治方针作斗争”，只有“北伐结束时等待着他的那种不可避免的政治失败”。因此他反对采取任何与蒋介石对抗的做法。直接负责指导中共中央工作的驻上海的共产国际执委会远东局，也认为蒋汪合作是解决问题的唯一的、最好的途径。在 1926 年 9 月 16 日举行的远东局与中共中央执委会联席会议上，维经斯基也说“不希望同蒋介石发生争斗”。理由很明确，争斗会给广州造成威胁，“必须使蒋介石在前线安心”。12 月 6 日，共产国际执行委员会第七次全会作出的《关于中国局势的决议》，仍然要求中国共产党人和国民党不要争夺领导权，依然把蒋介石集团看作“摇摆于进一步发展革命与同帝国主义妥协之间的中间派”，认为对这样的中间派，“只能坚持不懈地批评”。

在共产国际及其代表的指导下，中共中央没有下决心对蒋介石进行揭露和打击，在12月13日召开的汉口特别会议上，陈独秀在政治报告中强调，既要防止军事政权的“向右”，又要防止民众运动的“向左”，并没有提出任何切实有效的办法来对付剧烈向右转的蒋介石势力。这次会议不仅没有能够解决处于迫在眉睫危局中的中国共产党如何生存并坚持斗争的问题，反而决定了限制群众运动的错误方针，所造成的后果是极其严重的。这次会议的决定得到中央政治局和共产国际代表的联席会议同意，这是导致第一次大革命失败的一个重要的主观因素。会后，右倾妥协的方针在实际工作中得到进一步的贯彻。

随着蒋介石发动四一二反革命事变以及汪精卫武汉政府的日益右转，右倾错误仍在继续发展。在中国革命的紧急关头，中国共产党于1927年4月7日在武汉召开了第五次全国代表大会。大会总结了过去的工作经验，决定了党在紧急时期的任务，接受了共产国际执委会第七次扩大会议通过的《关于中国革命问题的决议案》，并根据这一《决议案》的精神，对陈独秀的右倾错误进行了批评，通过了几项决议。但由于党还处于幼年时期，缺乏政治经验和斗争锻炼，对如何争取领导权，特别是如何建立党领导的革命武装等根本性问题，没有提出任何切合当时实际的对策。大会对陈独秀错误的内容和性质以及对共产国际指导中国革命中的错误，也缺乏应有的认识，因此大会仍选举陈独秀任党中央总书记。而这时的陈独秀并未真正认识和改正错误，会后又延续了他的右倾错误。

陈独秀的右倾错误，助长了汪精卫集团的气焰。6月29日，驻武汉的反动军官何键在汪精卫等人的授意下，发出反共训令，宣布与共产党分裂，拘捕、屠杀共产党人和革命群众。7月15日，汪精卫等控制的国民党中央召开“分共”会议，宣布与共产党决裂，彻底背叛孙中山制定的国共合作政策和反帝反封建纲领。随后，汪精卫集团与蒋介石集团如出一辙，对共产党员和革命群众实行大逮捕、大屠杀。至此，由国共两党合作发动的1924年至1927年的大革命归于失败。随后，“内战代替了团结，独裁代替了民主，黑暗的中国代替了光明的中国”①。

大革命失败的经验教训是极其深刻的，从统一战线的角度看，大致归纳起来有下列四点：

第一，必须肯定中共联合资产阶级、实行国共合作的政策是正确的，反对联合的“左”倾思想是错误的。同时，这个联合采取党内合作的形式也是成功的，决不能把国共合作的破裂归罪于党内合作的形式，更不能把第一次大革命的失败也归罪于党内合作的形式。任何联合都只是在一定条件下的联合，不可能是无条件的永久的联合。分裂是不以个人的主观意志为转移的，是客观规律所决定的。当然，如果中共的政策正确，处理得好，可以延缓破裂的时间，或者改变破裂的形式，减少破裂的损失，但要求绝对不破裂是不可能的。

第二，在统一战线中，中共必须实行又联合又斗争的政策。因为民族资产阶级总是具有既革命又妥协的两面性，总是摇摆不定的，因而对它必须又联合又斗争。特别是代表大地主大资产阶级和民族资产阶级右翼的国民党右派，总是想消灭共产党的独立

① 《毛泽东选集》第3卷，人民出版社1991年版，第1036页。

性，力求把无产阶级和共产党变成他们的尾巴，力求使革命按照他们的意图发展，独占革命的胜利果实，当革命的发展同他们的利益相抵触时，他们就不惜叛变革命。因此，中共必须坚持统一战线中的斗争，揭露和打击右派的反动倾向与活动，使他们陷于孤立，直至把他们清除出去。在大革命初期，中共基本上是这样做的，而革命也是向前发展的。但是，从1926年1月国民党二大以后，由于中共缺乏与同盟者合作的经验，特别是由于陈独秀等错误地分析了形势和阶级关系，害怕斗争会破坏统一战线，因而一再实行妥协退让政策，一步一步地让蒋介石、汪精卫等右派势力篡夺了革命领导权，最终他们先后发动反革命政变，使国民革命惨遭失败。

第三，在统一战线中，必须正确地分析阶级关系，对不同的阶级和集团采取不同的政策。由于统一战线中包括了工人、农民、小资产阶级、民族资产阶级和一部分大地主大资产阶级，分成了左、中、右三派势力，因此中共必须采取发展左派、争取中派、反对右派的政策。但是，由于中共处于幼年时期，对马克思主义的理论和中国革命的实际缺乏正确的理解，对中国社会复杂多变的阶级关系和民族资产阶级的两面性缺乏深刻的认识，因此对当时国民党和国民政府的很多领导人（如蒋介石、汪精卫、谭延闿、孙科、李济深、唐生智等）都认识不清，把他们当成了左派或中派（实际上是右派）。特别是对蒋介石、汪精卫的反革命两面性真面目没有认清，给革命造成了极大的危害。

第四，在统一战线中，必须坚持无产阶级领导权。在大革命初期，尤其在1925年1月召开的中共四大上，明确提出了无产阶级领导权和农民同盟军问题。在一个时期内，中共也发挥了领导作用，推动了大革命高潮的出现，如五卅运动、省港大罢工和北伐战争。但由于共产国际和陈独秀右倾思想的影响，始终对自己的力量估计不足，对资产阶级和国民党的力量估计过高，在国共合作中总是把自己当作客人和帮手，而不是以主人翁的态度去领导和改造国民党。因此，当国民党右派把共产党人往外赶的时候，不是坚决斗争，而是自己往外退，一步步放弃无产阶级领导权，具体表现在三个问题上：一是在农民问题上，对农民运动采取了限制和压制政策，放弃了对农民运动的领导权；二是在统一战线问题上，对资产阶级和国民党右派只讲联合，不讲斗争，放弃了对国民党和统一战线的领导权；三是在军事问题上，忽视了对军队的掌握与争取，放弃了对武装斗争的领导权。这样，蒋介石、汪精卫等国民党右派实行反革命政变时，中共就无力来组织有效的抵抗。

总之，客观上由于帝国主义的干涉和国民党右派的分裂、叛变，加上军阀、官僚、地主、买办阶级的进攻，反革命的联合力量大大地超过了革命力量，主观上由于党的幼稚，陈独秀右倾错误和共产国际的某些错误指导，致使轰轰烈烈的第一次大革命遭到了惨痛的失败。

二、奋起：擦干血迹继续前行

尽管大革命的失败使中国共产党和中国革命事业遭受了惨重的损失，但中国革命前进的步伐并没有停止。中国共产党从革命失败的痛苦经历中，获得了极为深刻的经验教训，并在革命烈火中继续经受考验，领导中国革命走上了新的复兴之路。

危难中拯救国家和民族的必需

大革命失败后，国民党反动派在全国实行白色恐怖政策。残酷屠杀共产党人和革命群众，使中国革命形势转入低潮。表现在：第一，革命阵线缩小了。民族资产阶级退出了革命营垒，上层小资产阶级也发生动摇，脱离了革命。革命营垒中只剩下工人阶级、农民阶级和贫苦的城市小资产阶级。第二，共产党被宣布为“非法”，共产党的组织遭到严重的破坏，党的活动被迫转入地下。大批共产党员和革命群众被逮捕、被屠杀。一些不坚定分子纷纷脱离共产党和共青团，有的投敌叛变。共产党的队伍锐减到 1 万人左右。第三，革命高潮时期蓬勃发展的工农运动遭受严重的摧残。在城市，党领导下的工会会员减至几万人。在农村，地主豪绅猖狂地反攻倒算，残杀农会干部和农会会员。农民协会也基本上被解散，农民斗争处于分散孤立的状态。

上述情况表明，反革命力量已经大大超过党所领导的有组织的革命力量，全国革命形势已转入低潮。但是，革命的低潮是暂时的，革命的高潮还会重新到来。因为引起中国革命的两个基本矛盾，即帝国主义和中华民族的矛盾，封建主义和人民大众的矛盾，不但一个也没有解决，反而一天天激化了。中国人民仍然迫切需要一个变更现状的民主革命。同时，国民党新军阀的统治，由于脱离人民和内部矛盾重重，其基础是脆弱的，有利于革命斗争的发展。因此，中国革命的高潮必然要重新到来。

面对国民党反动派的屠杀政策，中国共产党唯一的选择是：高举革命的大旗，进行武装抵抗。事实上，中共中央作出武装反击和秋收暴动的决定之前，一些地方的人民群众已经用武装反抗来回答国民党反动派的大屠杀。据统计，从1927年5月底湖南十万农军进攻长沙至1928年7月初中共六大前的一年零两个月内，全国各地共发生这样的起义即达273起；其中八七会议后3个月爆发的秋收起义共22起。[①]这一时期，武装起义在全国此伏彼起，连绵不断，绝非偶然。它是帝国主义及其走狗国民党反动派疯狂屠杀人民必然激起的反抗；其背景，是近代中国的社会要求因遭到腐朽制度的暴力压制而愈益强烈的喷发。

链接：农民军扑攻长沙纪

驻省军队将农工各会解散后，一般暴烈之农工，在四乡集合，调集各县之农工军，围攻长沙。此间戒严司令部于日前接有密报，谓长沙河西麓山镇，农民啸聚万余，议定五月底，或六月初间，下总攻击令，四面围攻长沙。各军事机关得到此信，故夜间戒严及放步哨，特别严厉。彼辈暴徒，知夜间戒严紧急，防备周密，难于起事，遂于五月三十一日上午十一点半钟，进扑省城，一路向小吴门浏阳门而来，一路向南门进攻。适值白日，军队戒备稍松，直至东路（即小吴门一路）之农民军，抵离城五里之二学园地方，始知暴徒已临。当时有一乡人，身荷小包袱，

① 《中国革命起义全录》，解放军出版社1997年版，第679页。

到小吴门外陆军医院报讯，谓有浏阳开来之农民自卫军约二千人，九点钟在东南渡（离省城四十里）吃早饭，东西渡并搭了河桥，有些女学生走头，做宣传员，侦探情形，预备来扑长沙。该医院职员闻之，尚不肯信，乡人说如不肯信，把我押在此，派人去调查。于是由医院副官谭某，带往军事厅，报告代厅长张翼鹏，张当即用电话通知驻省各团长，分途派兵堵击，省军将布置完备，正十一时半，农民队伍，即抵陆军医院背后之陈家山内，军农遽行接触，若稍退一二十分钟得讯，彼辈即入城矣。军队包围射击，农民仅还枪约十分钟之后，随即向浏阳大道溃去。退至东南渡回西渡时，因后有军队跟踪追击，过河淹毙及枪毙者，约有三四十人。此次作战时，打死农民约有五十余人，生擒者，约有四十余人。各部队捉获之农民，有自行处决者，有送交戒严司令部惩办者。记者今日前往调查，见小吴门汽车站枪决两人，火车东站门首杀毙两人，小吴门首马路上斩决两人。据某部捉获之农民供称，我们的总司令姓罗，名叫业川，要我们来的。上月二十九日由浏阳开拔，卅日抵黄花市（离省城约四十余里）集合。三十一日上午一句钟，奉令向省城出动。我们总司令说，今日下总攻击令，四路进攻长沙，围攻解救工农两会之军队。我们今早在东南渡过河，过河后分两路前进。一路沿浏阳大道攻小吴门，一路则攻南门云云。适记者在旁，观其所佩符号，上载“农工义勇自卫军第四团队干部大队”等字样，其所着之服装，衣裤均蓝色，腿上系红带一根，以为暗号，计扑城之农民，共有枪一百八十支，人数则有五千余，皆手持梭镖，势甚汹涌。有枪者担任先锋，持梭镖者，随后接应。是役缴得枪械，约有三十余

杆，现戒严司令部待决之农民，尚有四十余人。大约明后日，即将付解决矣。幸军队防范得力，彼辈不得以逞。否则，一旦入城，彼必实行共产主义，大肆屠杀也。该农民受此大创，存心报复，今日军事机关，接得密报，谓农民日内欲卷土重来，现在各县各乡聚集云云。今日南门外灵官渡对河，闻有农工军数千人，意图今晚起事。省城则潜伏暴徒，举火烧杀。军事厅得此消息，即令白日特别戒严。大街小巷，满放步哨，无口令者，不许通过。除小贸准其往来外，人力车亦禁止行走。各城门隘口，均架有机关枪，堆有沙包，俨如临阵然。人心惶惶甚为恐慌，故近日来之长沙形势，已入于紧急之秋。枪声自昨日（三十一日）起，至记者毕稿时止，时常闻听。

——1927年6月17日天津《大公报》

恩格斯在总结1848—1849年欧洲大陆革命经验时深刻地指出："任何地方发生革命震动，总是有一种社会要求为其背景，而腐朽的制度阻碍这种要求得到满足。这种要求也许还未被人们强烈地普遍地感觉到，因此还不能立即得到胜利；但是，如果企图用暴力压制这种要求，那只能使它愈来愈强烈，直到最后把它的枷锁打碎。"[①] 恩格斯揭示的社会革命发生发展的这一根本规律，已经被近代中国革命历史的发展生动地印证，也为我们探索革命起义的深层秘密提供了一把钥匙。

近代中国的社会要求，简单地说，就是解放社会生产力，走

① 《马克思恩格斯选集》第1卷，人民出版社1972年版，第501页。

向近代化，或者说，民族要复兴，国家要强盛。阻碍这种要求得到满足的腐朽制度，到20世纪20年代，是半殖民地半封建的社会制度。这种腐朽制度的体现者、代表者和执行者，是帝国主义和封建主义，是帝国主义国家的资产阶级和本国的地主阶级。因为在近代中国，“压迫和阻止中国社会向前发展的主要的东西，不是别的，正是它们二者。二者相互勾结以压迫中国人民，而以帝国主义的民族压迫为最大的压迫，因而帝国主义是中国人民的第一个和最凶恶的敌人。”[①]到大革命发生的年代，压迫中国人民的帝国主义国家是站在不同派系军阀背后的英、美、日、法、意等多个国家，被称为“列强”。而与帝国主义列强相勾结、分布于全国各地的军阀，就是本国地主阶级的当权派，他们的首领，就是北洋军阀。轰轰烈烈的大革命，是帝国主义及其走狗北洋军阀压迫中国人民激起的强烈反抗；推翻帝国主义及其走狗北洋军阀在中国的统治，是大革命的主要目标和基本纲领。这个革命目标和纲领的最通俗最简练的提法，就是：“打倒列强，除军阀！”

蒋介石、汪精卫们当初参加了这场大革命，并且有过不同程度的积极表现，在革命阵营内身居高位。但是，到了大革命后期，他们背叛了这个革命的目标和纲领，改变了自己的方向：从“打倒列强”改变为与列强相勾结以压迫人民，从“除军阀”改变为自己成了与北洋军阀在本质上毫无二致的国民党新军阀。一句话，他们从腐朽制度的反对者变成了这种制度的维护者、体现者、代表者和执行者。显然，变成了帝国主义列强的新代理人、

① 《毛泽东选集》第2卷，人民出版社1992年版，第633页。

新走狗、新工具和新军阀的蒋介石、汪精卫们，绝对不可能引导中国走向近代化，而只能接着走北洋军阀的半殖民地半封建的老路，阻碍中国近代化的实现。不打倒他们，社会要求就不能得到满足，社会就不能前进，中华民族便不能复兴，国家便不可能强盛。

面对国民党反动派的血腥屠杀，中国共产党人的目标是明确而坚定的。他们并没有被反动派的屠杀政策所吓倒、所征服、所杀绝，而是以顶天立地的革命英雄气概，冲破了反革命恐怖统治的高压，在黑暗的中国高高地举起了革命的光辉旗帜。

对右倾错误的批判与否定

共产党人对武装斗争的认识，是从成千上万革命者惨遭屠杀的血的教训中得来的；而中共中央作出武装反抗和秋收暴动这一决定，则是反对党内的右倾错误的结果。蔡和森 1927 年 9 月所作《党的机会主义史》的报告，在讲到当时右倾错误使党的上层面对工农群众被残杀却处于麻木状态的情形时说："机会主义入人之深，已使一切上层同志没有阶级的仇恨情绪与感觉；天天坐视许克祥在湖南，夏斗寅在湖北，朱培德在江西，冯玉祥在河南屠杀、放逐、压迫我们的同志及工农群众，这处无抵抗，那处也无抵抗，久而久之，遂把一切上层负指导责任的同志的阶级感觉与仇恨都麻木了。反之，对于久相往来的大人物领袖之驯顺恭谨的感觉却异常灵敏，所以此时下层群众所感觉奇怪的正是'共产党何以此时不反抗许、朱、冯等的屠杀、压迫，及国民政府的纵容？'而上层同志所感觉奇怪的完全相反，乃是'为什么此时我们可反抗国民政府，及汪、谭、朱、冯、唐……等？’”[①]

报告所说阶级感觉和仇恨都麻木了的中共党内“上层同志”，在这段话的前面点名，是彭述之、谭平山等中共中央领导人，和共产国际代表鲍罗廷；而他们对之驯顺恭谨的“大人物领袖”，就是武汉国民政府的军政首脑汪精卫、谭延闿、朱培德、唐生智和西北军阀冯玉祥。

当时，中共党内主要是右倾错误，其主要代表是党的总书记陈独秀。“陈独秀右倾机会主义的特点，就是引导无产阶级适合资产阶级一群一党的私利”，“自愿地放弃对于农民群众、城市小资产阶级和中等资产阶级的领导权，尤其是放弃对于武装力量的领导权”。[②]右倾错误的政策，可以简单地归纳为妥协退让。中共中央八七会议《告全党党员书》说：“这个空前的妥协的机会主义的路线，是系于一个总的理论。最近几个月来中央行动的总出发点（特别在夏斗寅叛变起）就是所谓现时必须退让的理论。”对国民党右派、地主豪绅的进攻乃至帝国主义的武力威胁，一味妥协退让，对反革命屠杀不反抗，一再忍让，以至麻木不仁，是右倾机会主义妥协退让政策的最突出最恶劣的表现。

陈独秀右倾错误源于他的“二次革命论”。共产党成立之初，全党对于如何从民主革命转变到社会主义阶段都还没有明确的认识。党的二大前后，陈独秀的一些文章涉及这个问题。依照他的论述，无产阶级首先应当帮助资产阶级取得民主革命的胜利，由

① 蔡和森：《党的机会主义史》（1927年9月），《中共党史报告选编》，中共中央党校出版社1982年版，第119页。

② 《毛泽东选集》第4卷，人民出版社1991年版，第1257—1258页。

资产阶级掌握国家政权，发展资本主义；等到资本主义发展到相当的程度，无产阶级再起来实行社会主义革命。这一论点，后来便被称为“二次革命论”。这些论述，是党在理论上远未成熟的表现，本不足为怪。问题在于，当这种论述付诸实践，发生右倾错误的时候，陈独秀等党的“上层同志”不是用实践来检验、纠正理论的偏差，而是相反，把理论朝错误的方向愈益推进。1926年12月，中共中央召开特别会议，陈独秀在会上的政治报告和会议的其他文件将右倾错误观点集中起来系统化，完全放弃了无产阶级的革命领导权。

陈独秀右倾错误的形成和发展，也与共产国际和斯大林的错误指导以及国际代表鲍罗廷等人的错误认识有关。共产国际和斯大林对中国革命的兴起和发展有过正确的指导和巨大帮助。共产国际驻中国的代表鲍罗廷、罗易等给中国革命出过好主意，同样有过重要贡献。但是，他们有一个共同的、导致大革命失败的错误，就是始终把中国革命胜利的希望寄托在资产阶级代表人物身上，对这些代表人物处处迁就。他们寄予希望的资产阶级代表人物，首先是蒋介石；在蒋介石日趋反动的情况下，寄希望于蒋介石与汪精卫的合作和互相牵制；蒋介石公开背叛革命以后，则始终把希望寄托在所谓“国民党左派”汪精卫身上。共产国际和斯大林的妥协退让缘于他们对中国革命缺乏深入而正确的了解，对中国资产阶级的力量和革命性估计过高，对中国无产阶级的力量和觉悟则估计过低。

鲍罗廷等人的妥协退让，则与他们的“西北学说”有直接关系。“西北学说”的主要观点是认为“中国革命只有在西北建立军事基地、组建革命军队的情况下才能取得成功”。鲍罗廷等人认为，广东靠近香港，在英国炮口之下，不能做革命根据地。东南帝国主义势力太大，去那边的不是失败就是投降，也不宜做革命根据地。武汉面临帝国主义武装干涉，又被蒋介石经济封锁和军事包围，同样不能做革命根据地。只有西北，帝国主义势力薄弱，靠近苏联，最适宜做革命根据地。北伐到达武汉后，鲍罗廷反对东征，主张北伐，认为只要武汉国民政府同冯玉祥联合北伐讨奉，会师郑州，就可以背靠西北，打通同苏联的国际交通线，在西北建立军事基地，然后再回过头来东征讨蒋。1927 年 6 月打下郑州后，北伐因冯玉祥与汪精卫等密谋反共而停止，鲍罗廷反过来又主张东征，认为东征才能使武汉国民政府跳出危机。

蔡和森认为，“西北学说”实际上是一种逃跑主义，其中充满着对于自己势力的悲观和对于敌人势力的恐惧，是一种以军阀制军阀的老政策，所以它本身就是一种机会主义。无论是主张北伐，还是主张东征，帮助汪精卫维持和稳定武汉始终是鲍罗廷考虑问题的中心。为此，他制定了向帝国主义退让的政策，企图利用两湖外商反对他们本国政府武力干涉。他极力回避土地革命，主张北伐时，说打到北京以后再实行土地革命；主张东征时又说打到南京以后再说。他处处向汪精卫退让，与陈独秀右倾错误正相吻合。

1926 年冬和次年初，农民将千百年来积压在心底的土地要求强烈地向全社会提了出来。湖南农民运动发达的一些县，农民自动地从减租到丈田，进而插标分田，势不可挡地把土地革命向前推进。地主阶级和以地主阶级为统治的社会基础的帝国主义和军阀感觉到了从未有过的恐慌和生存威胁。于是，从攻击农民运动“搞糟了”，是“痞子运动”，进而向农民动刀子。四一二反革命政变，许克祥和夏斗寅的武装叛乱，朱培德的驱逐共产党人，湘鄂皖农村的土豪劣绅疯狂残杀农民，都是由此而产生。国共两党成立土地委员会，中共五大和共产国际指示都把土地问题作为重要议题，都表明土地问题已经成为中国革命发展的主题。可是，陈独秀等拒绝支持农民的土地要求，对土豪劣绅及其政治代表国民党反动派的血腥屠杀一再退让，以至麻木不仁。他们反对党内关于武装工农群众、实行武装反抗的正确主张。于是，土地革命的问题，武装反抗的问题，共产党独立自主地领导革命和革命战争的问题，便成了凸显在共产党人面前亟须解决的三个带有根本性的问题。

对这三个问题，当时共产国际和陈独秀都给予了错误的回答。

1927 年 5 月，共产国际执委会讨论中国革命的问题，斯大林等人仍然认为“武汉是革命运动的中心”，汪精卫仍是左派。联共（布）中央政治局作出中国问题的决定，并就此给鲍罗廷等发出电报，这就是著名的五月紧急指示。指示要求坚决进行土地革命，动员两万名共产党员加上两湖五万名革命工农组建自己的可靠军队，组织军事法庭惩办与蒋介石保持联系和迫害工农的反动军官。这在理论上本来是完全正确的。但是，事实上斯大林等人仍然寄希望于汪精卫能同共产党合作来执行这个指示，继续把解决土地问题和武装斗争问题的领导权交给已经走向反动的汪精卫。

也就在这个时候，陈独秀、鲍罗廷等人把右倾错误推向了极致，竭力反对土地革命，反对工农群众起来实行武装反抗。7 月

3 日，中共中央举行扩大会议，通过十一条关于国共两党关系议决案。这个议决案被八七会议《告全党党员书》称为右倾错误之“集大成”。这个议决案，竟然把正在帝国主义指使下屠杀工农的国民党说成是“反帝国主义之工农及小资产阶级联盟的党，当然处于国民革命的领导地位”。在农民的土地要求遭到国民党及地主豪绅血腥镇压的情况下，竟然规定“工农等民众团体均应受国民党部之领导与监督，工农等民众运动之要求，应依照国民党大会与中央会议之决议案及政府公布之法令”。本来，联共五月指示是要求组织“自己的”军队，而十一条议决案却要“工农武装均应服从政府之管理和训练。武汉现在的武装纠察队，为因避免政局之纠纷或误会，可以减少或编入军队”。事实上，在通过十一条议决案之前，6 月 28 日已自动将武汉工人纠察队解散，以示向汪精卫彻底退让。

总之，在领导权问题、土地问题、武装问题这三个主要问题上，陈独秀都实行了退让政策。在这次中央扩大会议上，“共青团比较坚决，他当时提出一个决议案，批评党的政策，主张深入土地革命，但被陈独秀拿来撕碎掷在地下用脚乱踏。共青团代表要求发言解释，他严厉不准许，以致大家不敢发言，而集机会主义大成的十一条也就通过了”[①]。

然而，工农群众被屠杀的血淋淋的事实，不允许那些与工农群众身心相连的共产党人不起来对右倾错误作斗争。毛泽东后来

---

① 李立三:《党史报告》(1930 年 2 月 1 日),《中共党史报告选编》,中共中央党校出版社 1982 年版，第 257 页。

回忆说：“这时，党内情况处于混乱状态。几乎人人反对陈独秀的领导和他的机会主义路线。不久之后，武汉的国共合作瓦解，陈独秀也就垮台了。”这时，党内许多同志从血的教训中，已逐渐认识到陈独秀右倾错误的严重危害，党内绝大多数领导干部越来越反对陈独秀的领导，并且引起了共产国际的关注。

恩格斯指出：“伟大的阶级，正如伟大的民族一样，无论从哪方面学习都不如从自己所犯错误的后果中学习来得快。”① 为了挽救革命，中国共产党采取了一系列的对策与措施。1927 年 7 月 12 日，根据共产国际改组中共中央机关的指示，中国共产党在汉口召开了临时中央政治局会议，决定成立临时中央常务委员会（即五人政治局），陈独秀被停职。常委由张国焘、李维汉、周恩来、李立三、张太雷组成，代行中央政治局职权。

7 月 13 日，中共中央发表《中国共产党中央委员会对政局宣言》，强烈谴责武汉国民党中央和国民政府的反动罪行，严正宣布：鉴于武汉国民党中央已背叛孙中山的根本主义与政策，因此，中共中央决定撤回参加国民政府的共产党员，但中国共产党不抛弃与国民党合作的政策，仍将与一切诚实的坚决的为实现三民主义、三大政策而奋斗的革命分子继续合作。

7 月 13 日以后，中共中央从汉口迁到武昌，连续召开会议，决定联合国民政府第二方面军总指挥张发奎，将党领导和受党影响的北伐部队开回广东建立根据地，继续进行革命；决定在共产党力量较强、工农运动基础较好的湘、鄂、赣、粤四省举行秋收

① 《马克思恩格斯全集》第 22 卷，人民出版社 1995 年版，第 432 页。

暴动，独立领导农民进行土地革命，并派遣中央委员和党的负责干部去指导秋收起义；决定召开一次中央紧急会议，总结大革命失败的经验教训，纠正陈独秀的右倾错误，重新确定党在新形势下领导革命运动的方针和政策。

在共产国际帮助下，中共中央于7月12日实行改组，停止了陈独秀的职务，开始酝酿新政策，并由八七会议作出了历史性的决定，正确地回答了当时共产党人面临的要不要坚持革命和如何坚持革命这两个根本性问题；共产党必须独立自主地领导人民起来实行武装反抗，推动土地革命。中共中央临时政治局常务委员会的成立，结束了陈独秀右倾错误在全党的统治，在大革命失败的紧要关头，领导中国革命走上了复兴之路。

白色恐怖下的各地武装起义

大革命失败之后的这个时期，“中国要算是全世界最悲惨的白色恐怖的国家”。但是，在蒋介石、汪精卫疯狂屠杀革命人民的黑暗日子里，“中国共产党和中国人民并没有被吓倒，被征服，被杀绝。他们从地下爬起来，揩干净身上的血迹，掩埋好同伴的尸首，他们又继续战斗了”。[①]

链接：中国共产党为蒋介石屠杀革命民众宣言

中国共产党完全赞成国民党中央执行委员会之决议，罢免蒋

① 《毛泽东选集》第3卷，人民出版社1991年版，第1036页。

介石国民革命军总司令，开除党籍和拿办的决定。

蒋介石业已变为国民革命公开的敌人，业已变为帝国主义的工具，业已变为屠杀工农和革命群众的白色恐怖的罪魁。现在决不能容许他再留在国民革命的党内了，决不能再信托他当国民革命军的总司令了。他反叛国民政府，他谋推翻国民政府，这个革命的叛徒值得国民政府最严厉处分的。工人阶级是极端拥护国民党和国民政府去肃清内部一切反动分子和战胜国民革命的敌人的。

国民党内部的冲突，结果采取了这种严厉而且必须的对付蒋介石的行动，这是有很深刻的社会意义的。这不是一个人违叛党国，违叛革命。蒋介石与他的党羽是代表国民党内与党外一种社会成分。国民党自从改组后，成了被压迫被剥削的群众的革命党。可是资产阶级甚至反动的封建分子仍然留在党内。直到如今，这些分子总是设法使国民党脱离革命的道路。于是发生了内部斗争，这斗争趋向于解决以下一个重要问题，就是国民党应该变为一个阶级的党或者是一个人民党——就是，国民党的政纲与政策应该依照上层阶级（大资产阶级与封建分子）的利益而决定，或者依照被压迫剥削的大多数的民众而决定。这就是随着北伐发展后，国民党内严重危机的社会背影。

上年三月二十号的政变，国民党内资产阶级与封建分子推翻了广州革命的民主政权。他们得到政权后，于是计划依照他们阶级的利益去领导革命。为着要巩固他们的政权，于是破坏拥护国民党革命派的群众组织（进攻工农运动，解散党部，等等）。

群众拥护北伐，为北伐而牺牲，以求发展革命，资产阶级与封建分子却认为是夺得更大权力的道路。但是国民革命军北伐胜利的进展，发动了伟大的革命势力，使国民党之资产阶级与封建派发生恐慌。很显然的，北伐的胜利有取消三月二十号政变的危险。群众反抗封建与资产阶级的领导权而拥护三月二十号被推翻的国民党中的革命派。于是国民党内封建资产阶级的右派与革命民主的左派之斗争遂厉害起来了。

国民革命军达到长江流域后，已经危害及帝国主义的基础。很明显的，帝国主义是不能不用公开武装斗争而根本让步的。帝国主义一方面与国民政府协商租界问题，一方面准备武装干涉。国民政府要能够对付帝国主义及其走狗国内军阀之联合势力，必须发动广大的群众自觉的起来拥护，只有他们的力量的牺牲是革命唯一的保障。换句话说，民族主义的中国必须建设一个革命的民主主义的政权。这个意思就是国民革命应该首先是一个农民革命。

中国人口百分之八十是农民，若不经过农民革命，革命的民主主义的政权是不能够建设的。法国农民拥护拿破仑二十年，是因为法国大革命对于农民给了一个改善的办法。在国民革命军所到之各省，农民运动如野火一般的散布起来。如果国民政府能根本改革农民数千年来所受之奴隶境遇与痛苦，国民革命就有了真正的保障。国民革命军将更成为不可抵御的势力。法国农民帮助拿破仑战胜封建的欧洲。中国的农民将拥护国民政府国民革命军，使中国脱离帝国主义与军阀的统治。

农民革命是与国民革命不可分开的。但是在现在的中国情形之下，农民革命是与封建分子地主和资产阶级的利益仇视的。农业既为中国之基本产业，农民既为主要的生产阶级，因此农民便成为一切剥削的目的物——封建、帝国主义与资本家的剥削。所以国民革命再进向前发展便需要一个农民革命，这种事实已经是很明显的。国民党内的革命派承认这个必要，而国民党内的封建资产阶级分子却感觉他们的地位动摇了。他们企图领导革命向别一条道路走去，结果必致与反动势力妥协，向帝国主义投降。他们宁可出卖党的主义，污辱孙中山先生的遗嘱，出卖整个的国家，而不愿减损他们的阶级利益。蒋介石所代表的就是国民党内之反革命的封建资产阶级分子之反革命的倾向。自从三月二十号以后，他就举起这些分子的旗帜，等到他不能够将整个的国民党变为封建资产阶级之反动的工具时，他就与国民党宣战了。如果民族运动不照着这个与帝国主义有关系的资产阶级所企图的那条路走，他们就不迟疑的要分裂他，叛逆他，不犹豫的与军阀帝国主义勾结以镇压他。蒋介石便代表国民党党内外的封建资产阶级分子做出了这些事实。

国民党决议将蒋介石免职、开除党籍、拿办，这个意义就是国民党宣布在他的行伍中之封建资产阶级分子已经反叛革命，应该公认为敌人，为国民革命之完成与最后胜利计，必须战胜这些敌人。这个决议案是表现随着革命之发展而发展的阶级分化之一个时期，共产党坚决的拥护这个决议，因为无产阶级坚决的要巩固革命的民主政权，而且是民主革命政权的主干。

蒋介石与封建资产阶级已向国民党宣战，他拿工人阶级做进攻的第一个目标。反革命的资产阶级极凶恶的向江西、浙江、安徽、南京、上海、广东、福建的工农大肆屠杀。共产党成为他最仇恨的目标，蒋介石知道，除非破坏工人阶级组织的力量，左派的政权是推不翻的，民族运动是不能作为封建资产阶级的专利品的。无产阶级方面也明白蒋介石不过是反革命的封建资产阶级的刽子手。消灭蒋介石须要战胜国民党内外之封建资产阶级，假使蒋介石所代表的反革命的社会力量一日不消灭，那末打倒一个蒋介石之后，难免不有更残忍更流血的蒋介石之继起。

封建农产阶级分子以前勉强的同着国民革命走，现在已经跑到反革命的营垒里去了。蒋介石新军阀已经成为帝国主义进攻中国国民革命的新工具。封建资产阶级抢不着民族运动的领导权，遂想分裂国民革命党，设立一个对抗的党部与政府，用民族主义的假面具来出卖党出卖革命，勾结反动军阀，与帝国主义妥协。单是开除蒋介石，但还没有根本取消这个危险。他还是要想设立一个对立的国民政府。不顾国民党中央执行委员会的决议，他仍然还是带领很多军事势力。他想欺骗民主主义的民族分子，散布反对武汉的谣言，说国民党已经成为共产党的工具。他以及他所代表的阶级已经变为帝国主义的工具，他还想用阴险的造谣手段，来混乱这个情形。

开除蒋介石党籍之后，蒋介石主义的根芽还可以在所有国民政府领土内找得着。这就是反动的社会阶级——地主土豪劣绅等，只有国民革命用激进的农民改革政策，才能消灭这些势力，使蒋介石主义衰弱下去。从前封建资产阶级分子跟着国民革命走，所以策略上尚须有步骤的发展阶级斗争。现在他们已经采白色恐怖屠杀政策宣布阶级战争了，那末任何策略上的顾虑都不能阻止向反动的阶级的进攻了。这是推翻新军阀蒋介石，破坏他设立对抗的“国民政府”的企图，形成一个巩固的革命民主主义的战线来对付与战胜帝国主义、军阀、封建、资产阶级的联合势力之最有效力的唯一方法。

打倒蒋介石——封建资产阶级的反动的代表，帝国主义的工具！

打倒军事专政！

革命民主主义的联合万岁！

无产阶级农民与中等阶级的民主主义专政万岁！

中国共产党中央执行委员会

汉口 一九二七年四月二十日

——1927年5月1日《向导》第194期

为了彻底清算和纠正党在国民革命后期的严重错误，决定新的路线和政策，8月7日，中共中央在湖北汉口秘密召开紧急会议，史称八七会议。由于形势紧迫，参加会议的只有在武汉的中央委员、监察委员、军委代表、共青团代表以及湖南、湖北、上海的负责人，再加上共产国际的代表，共26人。会议由瞿秋白、李维汉主持，瞿秋白代表临时中央常委作了党的新任务与工作方针的报告。毛泽东在会上作了重要发言，谈了国民党问题、土地问题、组织问题和军事问题。他的发言很精彩，特别强调了"以后要非常注意军事，须知政权是由枪杆子中取得的"，第一次提出了"枪杆子里面出政权"的思想。

会议主要解决了三个问题：第一是总结了大革命失败的经验教训，系统地批判了陈独秀右倾错误，结束了陈独秀右倾错误对全党的统治；第二是确定了土地革命和武装反抗国民党反动派屠杀政策的总方针，决定在湘、鄂、赣、粤四省发动农民举行秋收起义；第三是选举了新的临时中央政治局，选出政治局委员 9 人，候补委员 7 人，瞿秋白被选为临时中央政治局主要负责人，瞿秋白、苏兆征、李维汉为临时中央政治局常委。

八七会议在中国共产党的历史上是一个转折点。它向正处于思想混乱和组织涣散中的中国共产党指明了新的革命斗争方向，为挽救党和革命作出了巨大贡献。但是，八七会议也有缺点，就是它在反对右倾错误的时候，却为“左”倾错误开辟了道路。在八七会议上，“找着新的革命道路”的任务是提出来了，但“找着新的革命道路”的任务没有完成，它还没有认识到中国革命的主要斗争形式是战争，党应把主要精力用于领导战争方面；“建立工农的革命军”的任务也提出来了，但又认为它“只是当作工农的副力量看”，否则就是“单纯的军事投机”，就会犯“枪杆子主义”的错误；发动农民起义的任务是提出来了，但又强调工人应“即刻准备能响应乡村农民的暴动”“而建立革命平民的民权的城市政府”，党还没有形成以农村为工作中心的思想。反映在实际斗争中，就是大革命失败后的三次著名武装起义——南昌起义、秋收起义、广州起义——开始都是以占领中心城市为主要目标的。这些起义都对中国革命的新道路进行了可贵的探索。从此，中国共产党人开始了独立领导土地革命战争和探索革命新道路的艰难历程。

南昌起义

1927 年 8 月 1 日（农历一九二七年七月初四），南昌起义爆发。参加起义的有共产党领导和影响下的部队2万余人，其中包括原国民革命军第二方面军贺龙指挥的第二十军，叶挺指挥的第十一军第二十四师，周士第指挥的第二十五师和第五方面军朱德指挥的第三军军官教导团及南昌市公安局的保安队等。经过激烈战斗全歼反动军队3000余人，控制了南昌全城。起义胜利后成立了由宋庆龄、周恩来、贺龙、邓演达、郭沫若、恽代英等25人组成的“中国国民党革命委员会”，颁布了革命政纲，同时将起义部队整编为3个军，贺龙任代总指挥。

8月3日，前委按照中共中央的原定计划率领部队撤离南昌，取道赣南、闽西向广东进军，以期恢复广东革命根据地，并占领出海口，取得国际援助，重新举行北伐。沿途虽然打了不少胜仗，但由于在指导思想上还没有认识到在江西等地与农民运动结合，主力部队于9月底10月初在广东的潮汕地区遭到优势敌军的围攻而失败，剩下1000余人，由董朗、颜昌颐率领，到达海陆丰地区，参加了海陆丰的10月起义和根据地斗争。留在大埔三河坝的部队经过三天三夜激战后，在朱德、陈毅的领导下，转入粤赣湘边界地区、开展游击战争。1928年3月举行了湘南起义，4月上了井冈山。

南昌起义失败的原因，客观上是由于敌强我弱，革命处于低潮，主观上则是由于共产党缺乏武装斗争的经验，没有就地与江西、湖南的农民运动相结合，没有建立农村根据地的明确思想，而是采取了单纯军事向南挺进、争取外援的方针，因而没有得到沿途农民的有力支援。当时起义领导机关的打算是：首先打开汕头出海口，取得苏联的军火接济；然后夺取海陆丰和整个东江地区，建立东江革命根据地；最后依靠农民充实力量，再取广州，建立广东革命根据地；待条件成熟时，再举行第二次北伐，重走大革命时期北伐战争的老路。

南昌起义虽然失败了，但它打响了武装反抗国民党反动派的第一枪。它在全党和全国人民面前树立了一面鲜明的武装斗争的旗帜，标志着我党独立领导革命战争和创建人民军队的开始。因此，1933年中央工农民主政府将“八一”定为中国工农红军的建军节。南昌起义沉重地打击了国民党反动派的嚣张气焰，极大地鼓舞了革命人民的斗争意志和胜利信心。

秋收起义

八七会议后，中共中央政治局候补委员毛泽东以中央特派员的身份回到湖南，领导湖南、江西的秋收起义。8月18日，在长沙近郊沈家大屋召开的改组后的湖南省委第一次会议上，毛泽东传达了八七会议的精神，并发表了重要讲话。他指出，秋收起义单靠农民的力量是不行的，必须有一二个团的兵力参加军事暴动，用枪杆子夺取政权。他说：“我们党以前的错误，就是忽略了军事。现在要以60%的精力注意军事运动，实行在枪杆子上夺取政权，建设政权。”[①]这就又一次阐明了“枪杆子里面出政权”的光辉思想。会议根据毛泽东的意见，否决了许多人要求在湖南全省四面开花、同时暴动的主张，决定集中力量在以长沙为中心

---

① 井冈山革命博物馆编：《井冈山革命根据地》（上），中共党史资料出版社1987年版，第18页。

的湘东赣西地区举行秋收起义。接着，湖南省委确定了秋收起义的最高领导机关是中共前敌委员会，以毛泽东为书记，以各军事负责人为委员。

9 月上旬，毛泽东从长沙到江西安源，在张家湾召开军事会议，讨论了秋收起义的具体部署，决定把参加起义的 5000 多人统一编为中国工农革命军第一军第一师，以原武昌国民政府警卫团团长卢德铭为总指挥，余洒度（后叛变）任师长，余贲民任副师长，下辖三个团。同时，会议确定以夺取长沙为目标，分三路进攻平江、醴陵和浏阳，等三路起义得胜后，再以长沙工农暴动为内应，相机夺取长沙。可见，毛泽东当时也是主张攻打中心城市长沙的，但他采取了谨慎态度，即等三路起义取胜后再夺取长沙。

9 月 9 日，湘赣边界秋收起义爆发。开始是参加起义的部分工农，破坏了长沙南北的两段粤汉铁路。接着是 9 月 11 日以后的三路起义部队分头向敌进攻，起初都取得了一些胜利。第一团从修水出发向长寿街、平江进攻，占领了平江县的龙门厂，第二团从安源出发攻打萍乡不克，转到湖南迅速攻下了醴陵、浏阳两座县城，第三团从铜鼓出发，在毛泽东直接参加指挥下首战浏阳白沙告捷，旗开得胜，接着攻占浏阳县的东门市。但由于敌强我弱，我军缺乏作战经验和第二团麻痹轻敌，加之师长余洒度收编的邱国轩第四团临阵叛变，结果打了几个败仗，起义部队损失过半。根据当时情况，毛泽东当机立断，决定放弃攻打长沙的计划，并以前委书记的名义通知起义部队到浏阳文家市集合。同时写信给湖南省委，要求停止长沙暴动。

9月19日，三路起义部队到达浏阳文家市。当晚，毛泽东在里仁学校召开了前委会议，讨论部队的进军方向。毛泽东认为在敌强我弱、敌人占领城市的形势下，再要进攻中心城市，等于以卵击石，他主张改变攻打长沙的计划，要求把起义部队开到敌人统治力量薄弱的农村去，以便保存革命力量。会议经过激烈争论，最后否决了余洒度坚持的“取浏阳直攻长沙”的错误主张，通过了毛泽东提出的沿着罗霄山脉向南转移的英明决策，也就是著名的文家市决策。这是中国革命从城市转向农村的起点，是一个伟大的战略转折点。

链接：平江农军窜浏南　毛泽东擘画军略

湘省共产党大暴动，现已由最狂暴的时期，而渐入收束时期。昨驻扎浏阳之周（芝泉）营长已电告来省，略谓：余（贲民）遂集合红军千人，枪有半数，抬炮五六门，窜抵浏阳南方文家市，尚未进驻牌楼。毛泽东从中指挥，似有窥浏之意。观此是浏阳方面共军又去而复来也，且因有共党最著名首要，湘省共党领袖毛泽东在内，故尤为各方面所注意。周灿得报，特又在担任省防军队中，抽调第八军一团陈（炳谦）营于昨晚往浏阳助剿，一面通令各军长官，严缉毛泽东。如能生擒者赏五千元。

——1927年10月15日北京《晨报》

9月20日，毛泽东率领起义队伍开始向罗霄山脉中段进军。10月3日，秋收起义部队到达宁冈县的古城。当晚召开了前委扩大会议，着重讨论了到何处建立农村根据地和开展游击战争的问题。鉴于井冈山具有地理位置好、群众基础好、物质供给好、作战地势好等优越条件，会议决定到井冈山“安家”，建立农村根据地。这就使文家市决策向罗霄山脉中段进军，有了更加明确而具体的目标。10 月 27 日，秋收起义队伍在王佐的欢迎下，登上了巍巍井冈山，进驻了井冈山的中心茨坪和大小五井，开始了创建我国第一个农村革命根据地的斗争实践。

毛泽东领导的秋收起义和创建井冈山根据地的斗争，具有重大的历史意义。首先，它是在战略上把进攻和退却结合起来的典范。从退却来说，革命由敌人统治力量强大的城市退到了敌人统治力量薄弱的农村，不但保存了秋收起义部队这支革命力量，而且掩护了全国各地革命力量的退却。所以，这是全党有计划、有秩序、最少损失的退却。从进攻来说，它是把进攻的方向转移到反革命力量较弱、矛盾较多，而革命基础较深厚的农村，而且用武装割据作为进攻的手段。这是极大胆的、极清醒的、击中敌人要害的进攻。其次，它点燃了工农武装割据的星星之火，不但是中国革命从失败走向胜利的一个伟大转折点，而且是把党的工作重点由城市转向农村的伟大转折点，为后来形成农村包围城市、武装夺取政权的道路奠定了基础。在全国处于革命低潮的形势下，井冈山革命根据地的创建是一个伟大创举。它不仅为党领导的各地武装起义树立了工农武装割据的榜样，提供了比较完整的经验，开创了在革命转入低潮形势下保存和重新聚集革命力量的新局面，同时也成为探索中国革命道路的新起点。

广州起义

广州起义是八七会议后由中共中央临时政治局和广东省委决定发起的。原计划在南昌起义军南征入粤汇合东江农民起义军后进攻广州，广州市内举行武装起义做内应，建立“中国临时革命政府”。实际上，这是一个以实行中心城市武装起义夺取全国胜利的方针。

1927 年 12 月 11 日凌晨，根据中共中央的指示，乘粤桂军阀混战、粤军主力离穗之机，中共广东省委书记张太雷和叶挺、叶剑英、周文雍、聂荣臻等领导国民革命军第四军教导团、警卫团和广州工人赤卫队举行了武装起义。起义军经过两个多小时激战，打败了国民党反动军队，占领了广州市绝大部分地区，成立了广州苏维埃政府——广州公社，并颁布了《苏维埃政府对内对外政纲》。12 日上午，英、美、日、法等帝国主义出动炮舰，不断向市区轰击，国民党军队也在帝国主义支援下大举反扑。起义部队虽经三天浴血奋战，但因敌我力量悬殊和起义军没有及时转入农村，终于失败了。张太雷、周文雍和许多指战员英勇牺牲。

起义部队撤出广州后，一部分撤至花县改编为红四师，由徐向前等领导奔向海陆丰，和彭湃率领的农民赤卫军会合，开展游击战争；另一部分退到广西左右江，其中有些人后来参加了邓小平、张云逸领导的右江起义；还有一小部分部队在韶关附近找到朱德、陈毅领导的南昌起义部队，上了井冈山。这些武装力量和农民运动结合起来，坚持农村革命根据地的斗争，成为中国工农红军的一部分。

广州起义虽然失败了，但它是中国共产党领导的革命武装向国民党反动派进行的一次英勇反击，是武装夺取政权的又一次伟大尝试。它和南昌起义、秋收起义连接起来，使共产党进入了彻底认识军队重要性和创建红军的新时期，也进入了运用马列主义探索中国革命新道路的极端紧要的时期。广州起义的失败表明，在半殖民地半封建的中国，武装夺取政权的道路，不是首先夺取敌人统治力量强大的中心城市，而是必须首先夺取农村，和农民运动相结合，走农村包围城市、最后夺取城市的道路。

除了领导南昌起义、秋收起义和广州起义这三大起义之外，中国共产党还领导了广东琼崖起义、海陆丰起义，湖北黄安、麻城起义，闽西龙岩、永定起义，江西弋阳、横峰起义，湘南起义，洪湖、鄂西起义，平江起义，陕西渭南、华县起义，广西百色起义，河南确山起义等武装起义。这些起义有的取得了胜利，坚持了武装斗争，多数则因为敌我力量过于悬殊，或准备不足而失败。但是，所有这些起义，都在不同程度上打击了敌人，也都对推动中国革命的复兴，建立共产党领导的红军和农村革命根据地，为探索革命新道路，做出了重要贡献。

1927 年 11 月，潘忠汝、戴克敏、吴光洁、曹学楷等领导了湖北黄安、麻城起义，开始不懂得建立农村根据地的重要性，因而没有主动地把领导中心和起义武装转移到农村去开展游击战争，结果使起义军处于孤立境地。在实践斗争中，他们及时总结了经验教训，认识到要对付强大的敌人，使革命力量不断发展壮大，就必须在敌人统治薄弱的地方，找一个稳固的立足点，单靠流动游击，是不能坚持长期武装斗争的。在辗转游击中，他们逐步以河南光山县南部的柴山堡地区为立足点，在1928年五六月间开辟了柴山堡根据地，从流动游击发展到固定割据。这是从失败走向胜利的起点。随后又创建了鄂豫边根据地，并与豫南、皖西根据地连成一片，形成了鄂豫皖根据地。

1927年12月，方志敏、邵式平、黄道等领导了江西弋阳、横峰地区的武装起义。起义后，迅速发动土地革命，扩大工农武装，开展游击战争。到1928年秋，建立了以弋阳、横峰为中心的赣东北根据地，后来发展为闽浙赣根据地。方志敏在领导赣东北根据地斗争中，从当地的实际情况出发，把武装斗争和白区工作结合起来，逐步组织地方武装起义，使根据地波浪式地向前发展。

1927年9月中旬以后，洪湖、鄂西、湘鄂边的党组织领导和发动了秋收起义。尔后在这些地区开展了游击战争。1928年初，中共中央派贺龙、周逸群等到湘鄂西，同在当地坚持斗争的同志一起，发动群众，开展游击战争，建立了洪湖和湘鄂西根据地。周逸群在领导洪湖根据地的斗争中，从当地实际出发，摸索了一些保存和发展革命力量、实行工农武装割据的经验。1928年9月，他们在向中共中央的一份报告中提出：要在局部地区实行暴动割据的计划，要以监利、沔阳、石首等县为根据地包围沙市。这在根据地的发展方针上，已经有了“用乡村包围城市的思想”。闽浙赣、湘鄂西等地党组织都将工作重点深入农村，在农村保存、恢复和发展革命力量。

1928年六七月间，在共产国际帮助下，中国共产党在莫斯科举行了第六次全国代表大会。大会正确地分析了中国社会的性质和革命性质，指出国民革命失败后，中国仍然是半殖民地半封建社会，引起现代中国革命的基本矛盾一个也没有解决。因此，“中国革命在现阶段的性质，是资产阶级民主革命”。革命的中心任务是反帝反封建，实行土地革命，建立工农民主专政。大会还指出：“现在，第一个革命浪潮已经因为历次失败而过去了，而新的浪潮还没有到来，反革命底势力还超过工农，党底总路线是争取群众。”中共六大认真总结了国民革命失败以来的经验教训，在一系列有关中国革命的根本问题上作出了基本正确的回答，统一了全党的思想，党的六大对中国革命的发展起了积极的推动作用。

在中共六大路线的指导下，各地党组织利用国民党新军阀连年混战的有利时机，在武装起义的基础上，积极建立和扩大红军，创建革命根据地，使全国工农红军和革命根据地得到很大发展。到 1930 年 5 月，全国工农红军已发展到近 10 万人，先后在十多个省区 300 余县建立了大小十几块革命根据地。中国共产党领导的武装起义，高举土地革命和武装斗争的旗帜，给残酷镇压革命的国民党反动派以有力的回击；在起义中创建了我党领导的革命军队，锻炼和造就了一大批党的军事干部和群众领袖，为土地革命战争的发展奠定了基础。

正如毛泽东指出的，革命失败得到了惨痛的教训，于是有了南昌起义、秋收起义和广州起义，进入了创造红军的新时期。这个时期是我们党彻底地认识军队的重要性的极端紧要的时期。随着工农武装割据的星星之火日益发展成为燎原之势，中国革命又开始出现欣欣向荣的形势。

三、牺牲：鲜血孕育革命摇篮

井冈山革命根据地的建立，是中国革命斗争史上的伟大创举，为各地武装起义树立了光辉的榜样，它标志着中国革命开始走上了建立农村根据地，以农村包围城市，最后夺取全国胜利的正确道路。井冈山红色政权的创立，极大地鼓舞了全国人民的革命斗志。罗霄山脉中段飘扬的镰刀斧头红旗，也威胁着国民党的反动统治，引起了反动阶级的恐慌与不安；他们对井冈山军民进行疯狂的反扑。一时间，在根据地内外展开了空前激烈而又残酷的殊死拼杀。

要革命就会有牺牲，参加革命就意味着可能为此付出生命的代价。在井冈山革命根据地的创建中，有无数的革命先烈为了实现共产主义的理想，为了给千百万劳苦大众谋利益而牺牲。在创建、巩固和保卫井冈山革命根据地的烽火岁月，无数革命者在井冈山的莽莽丛林中同国民党反动军队殊死搏斗，用生命和鲜血谱写了一幕幕“为主义而牺牲”的英雄壮歌，塑造了一座座高耸入云的悲壮丰碑，谱写出敢于牺牲、勇于牺牲、甘于牺牲的壮丽诗篇！

红军将士的殊死拼搏

在开创、发展和保卫井冈山革命根据地的峥嵘岁月里，广大红军指战员在毛泽东、朱德、陈毅、彭德怀等领导指挥下，同仇敌忾，英勇不屈，同国民党反动军队进行了殊死的搏斗。红军指战员在脖颈上都系有红带子，取名为“牺牲带”，表明了为共产主义而献身的决心。在井冈山斗争中，涌现了许多惊天地、泣鬼神的英雄壮举，留下了无数“为主义而牺牲”的感人故事。

卢德铭芦溪英勇捐躯

卢德铭是孙中山亲试合格的黄埔军校优秀学员，北伐战争中战功卓著的虎将，湘赣边界秋收起义的总指挥。

1927 年 9 月 9 日，受党指示，卢德铭率警卫团参加毛泽东领导的湘赣边界秋收起义，任起义部队总指挥。起义受挫后，在 9 月 19 日的文家市前委会议上，卢德铭坚决支持毛泽东的正确主张，赞同放弃攻打长沙，将起义军转移到敌人统治力量薄弱的农村山区，反对师长余洒度（后叛逃）“取浏阳直攻长沙”的错误意见。卢德铭对毛泽东的支持，为起义军转战湘赣，保存这支革命火种起了重要作用。

9 月 22 日，部队来到江西萍乡的芦溪。9 月 23 日拂晓，清脆的枪声打破了清晨的寂静，起义军突然遭到江西军阀朱培德部江保定特务营和江西保安第四团的伏击。部队仓促应战，损失很大。在危急关头，卢德铭挺身而出，率部占领白泥坳高地，掩护部队转移。当部队全部转移安全进山后，卢德铭才从白泥坳高地撤下。就在他骑着白马通过一片开阔地时，不幸中弹牺牲，年仅 22 岁。

壮志未酬身先死！总指挥卢德铭为掩护部队牺牲的消息传开后，工农革命军全军将士悲痛不已，毛泽东失之股肱，大声喊道：“还我卢德铭！”这位北伐战争期间战功卓著的骁将，用伟岸的身躯在大山之中的芦溪耸立起一座路碑，用鲜血写下碑铭，永远遥指革命摇篮井冈山。

王尔琢血洒思顺圩

在井冈山斗争的艰苦岁月中，有一名红军将领协助毛泽东、朱德东征西讨，浴血奋战，为创建和保卫井冈山革命根据地立下汗马功劳。他蓄发明誓：“革命不成功，不刮胡须，不理发”，留下“美髯公”称号。他就是井冈山上骁勇善战、才华横溢的革命战将王尔琢。

南昌起义部队南下广东受阻后，王尔琢与陈毅随朱德转战闽粤湘赣边。1928 年 4 月底，朱德、毛泽东两部在井冈山胜利会师，王尔琢任工农革命军第四军参谋长兼第二十八团团长。5 月上旬，王尔琢亲率第二十八、第二十九团从黄坳出击，指挥部队在五斗江击溃赣敌第七十九、第八十一团，红四军成立首战告捷，打破敌人第二次“进剿”。5 月中旬，又率第二十八团及第三十一团一个营，采取声东击西的策略，取得了草市坳战斗的胜利，打破敌人第三次“进剿”。6 月中旬，再率第二十八团在老七溪岭拒敌，击溃赣敌两个团，随即迅速移兵新七溪岭参加总攻，与朱德一起指挥红四军，取得了龙源口大捷，打破敌人第四次“进剿”，使井冈山革命根据地进入全盛时期。骁将王尔琢让敌人闻风丧胆，他率领的红二十八团也因英勇善战，赢得“飞兵二十八团”的美誉。

1928 年 7 月，红四军主力挺进湘南后，在郴州先胜后败，部队损失惨重，第二十九团被打散。当部队行至江西崇义县境内时，担任前卫的第二十八团第二营第五连和迫击炮连受营长袁崇全胁迫，改变行军方向，企图投靠国民党军队。王尔琢接到报告后，为保存革命有生力量，毅然带一个排出发去追赶被叛徒骗走的部队。28 日晚，王尔琢在崇义县思顺圩追上第二营第五连和迫击炮连时，不顾个人安危，亲自向战士们喊话，被骗的战士听见团长王尔琢的喊话声，纷纷跑回了革命队伍。叛徒袁崇全恼羞成怒，突然拔枪射击，王尔琢当场牺牲，年仅 25 岁。

10 月中旬，部队回到宁冈后，井冈山各界军民在宁冈砻市为王尔琢举行了隆重的追悼大会。朱德致悼词，毛泽东亲自拟写了一幅挽联："一哭尔琢，再哭尔琢，尔琢今已矣，留却重任谁承受；生为阶级，死为阶级，阶级念如何，得到胜利始方休。"

为了劳苦大众的翻身解放，王尔琢投笔从戎，告别了新婚才 5 个月的妻子郑凤翠，枪林弹雨，出生入死，英勇奋战，最后血洒思顺圩，从此长眠于莽莽山林。解放后，崇义县人民政府在思顺山林丛中修建了"王尔琢之墓"，萧克亲笔为之题字。

张子清铮铮铁骨

张子清，红四军第十一师师长。他出生于将门，从小受其父亲的影响，立志从军，将来报效祖国。

1927 年 9 月，他参加了毛泽东领导的秋收暴动，三湾改编时任三营营长，是毛泽东在开辟井冈山根据地时最为倚重的军事指挥员。朱毛会师后，张子清被任命为红四军第十一师师长兼第三十一团团长，中共湘赣边界特委委员。湘赣边界工农兵政府成立后，他又被选为军事部部长、防务处处长，成为井冈山革命根据地党、政、军的领导骨干。

1928 年 3 月，张子清跟随毛泽东率部前往湘南策应朱德部队。4 月，朱德、陈毅率部队向井冈山转移。为掩护朱德部队上山，张子清奉命担任后卫，一路阻击湘敌。在激烈的战斗中，张子清亲临前线，身先士卒，组织部队反击，击退了湘敌的多次进攻，为朱德、陈毅率部上井冈山赢得了宝贵时间。在指挥接龙桥战斗中，张子清身负重伤，左脚踝骨里嵌进了敌人罪恶的子弹……

由于国民党军队的频繁军事“会剿”和严密经济封锁，井冈山根据地医疗条件极差，药品奇缺。每次手术，没有麻醉，只能以食盐消毒，医生用煮过的薄竹片当镊子、钳子，用竹镊子去夹骨肉里的弹头，用菜刀作手术刀，一块一块地割掉那些溃烂的皮肉。前后手术五六次，但伤口太深，嵌在张子清骨肉里的弹头一直取不出来，导致伤口发炎、溃烂，左腿肿得像冬瓜，经常流着紫黑的脓血。

忍受着超越人类极限的剧烈疼痛，张子清师长经常昏死过去，却始终保持着革命乐观主义精神，以渊博的知识、通俗的革命理论，给医院里的其他伤病员讲故事，宣传革命道理，告诉大家说：乌云遮不住天，只要大家上下齐心，奋力革命，共产主义就一定能实现。战友们看到他的伤口日渐恶化，送了些食盐给他清洗伤口，以减轻些痛苦，他却咬牙忍住钻心疼痛，将这些食盐献给了医院。这就是在井冈山革命根据地广为流传的“张师长献盐”的故事。把痛苦留给自己，把生的希望留给战友，一个情怀无比崇高的共产党人，一个铁骨铮铮的红军师长！

毛泽东对张子清的病情十分关心，几次想将他送到上海等地去医治，由于敌人的封锁，加上张子清执意不肯，此事只好被搁了下来。1929 年 1 月，毛泽东、朱德率领红四军主力下山，向赣南游击，张子清自愿留了下来，协助红五军彭德怀军长指挥第三次反“会剿”。井冈山失守以后，红五军将伤势严重的张子清转移到金狮面的猴子山养伤。在那片荒无人迹的深山峻岭，张子清孤身一人，以树叶充饥，抓雪团解渴，度过了他人生最寂寞、最苦难而又时时受到死亡威胁的近百个日日夜夜。直到敌人撤退，才由地方党组织转移到永新养伤。

1930 年 5 月，张子清伤情进一步恶化，病逝于永新东华山，走完了他为革命事业奋斗不息的 28 个春秋。

贺国中安福殉难

贺国中是井冈山斗争时期红五军第四纵队司令员，平江起义的参加者。他以敢打硬仗、骁勇善战而著称，被彭德怀誉为“红军虎将”。

平江起义后，贺国中率部随彭德怀一道奔赴井冈山。1929 年初，湘赣两省敌军对井冈山发动第三次“会剿”。红四军主力出击赣南闽西，红五军留守井冈山。遵照彭德怀军长的指示，他协助彭德怀同志，耐心说服红五军第四纵队的官兵，留守井冈山。红四军主力下山后，他率部积极备战。当国民党湘赣两省“进剿”军进犯井冈山时，贺国中率领一个大队坚守白银湖，在桐木岭哨口多次打退永新方向进犯的敌军。井冈山失守后，贺国中率第四纵队随彭德怀一同突围，前往赣南闽西，去寻找红四军主力。由于五大哨口被敌人占领，突围的道路全被敌人封锁。贺国中主动挑起探路打前阵的重任，率部从河西垅出发，解下绑腿，翻过荆竹山，从悬崖峭壁中突围出去，终于在赣南的瑞金县与朱毛红军会合。

4 月中旬，贺国中率部随红五军主力返回井冈山，慰问井冈山的百姓们。然后与王佐部游击湘南粤北，缴获大量军需物资。此行既发动了群众，扩大了红军的影响，也给湘赣边界人民带来了新的曙光。1929 年 5 月，红五军向湘南进军，贺国中率第四纵队的两个大队，在酃县芦口攻敌左翼。敌人抢先占据制高点，贺国中组织尖刀队，身先士卒，击溃敌军。

同年夏天，湘赣边界特委和永新县委提出要红五军夺取安福县城。部队从永新出发，行至离安福县城 20 多华里的寅陂桥时，与敌相遇，中了敌人设下的埋伏。枪声一响，永新、莲花、安福三路之敌随即包围过来。贺国中临危不惧，指挥部队英勇还击，阻击敌人。在靠近敌阵地的一个小山头，不幸头部中弹，英勇牺牲，年仅 25 岁。

红五军在一份报告中这样写道：

在一年多的艰苦斗争中，被牺牲生命的为数 800 名之谱。被牺牲中最重要分子，如贺国中（团长）、黄纯一（团长）、刘之至（参谋长）……等数十同志，都是大、中队长。这些同志，的确是党的新进健将，是五军干部的精粹。他们对革命人生观的确定，对艰苦奋斗的精神，可说百折不回，无怨气、无条件的努力，使同志们所欣敬。①

贺国中的牺牲是井冈山红军的一大损失，他的功绩将永载史册！

---

①《井冈山革命根据地》（上），中共党史资料出版社 1987 年版，第 408—409 页。

萧劲七溪岭塞肠大战

萧劲是井冈山时期红二十八团第三营营长，南昌起义部队中的一员虎将。

1928 年 6 月 23 日，在著名的老七溪岭战斗中，红军与数倍于我军的敌人展开了殊死的搏斗。由于敌人抢先占领了制高点，红二十八团被火力压制住。团长王尔琢下令轮番冲击，拼死拿下制高点百步墩。赣敌居高临下，以密集的弹雨压制得第二十八团的官兵抬不起头来。团长王尔琢，党代表何长工等组织了多次冲锋，均未取胜。"必须拿下百步墩！"团长王尔琢召集战地会议，把攻坚任务交给了第三营营长萧劲。

萧劲接受任务后，紧急组织"冲锋集群"。每一冲锋集群 24 人，配 3 挺冲锋枪，7 支步枪，9 支驳壳枪，5 支梭镖，发扬猛打猛冲精神，发动轮番攻击。第一次冲锋失败了；第二次冲锋又失败了……望着战场上倒下的战友，萧劲向王尔琢立下军令状："团长，我再组织一次冲锋，拿不下百步墩，萧劲提头见你！"

中午时分，乘敌人分散在树丛下休息，萧劲在密集的火力掩护下，率"冲锋集群"向百步墩再次发起了猛攻。激战当中，一颗流弹击中了冲在最前面的萧劲腹部，肠子都流了出来。萧劲趔趄了几步，坚强地站住，没有倒下，他使劲捂住伤口，将肠子塞回腹腔内，撕下一条袖子裹住腹部，继续带着集群冲锋。英雄的身后，洒下一路热血。

踏着英雄的血迹，战士们英勇地扑向百步墩，终于占领了制高点。红军战士奋勇杀敌，歼敌一个团，击溃敌人两个团，缴枪七八百支，第三次占领永新城，夺得了井冈山会师以来规模最大、战斗最为激烈的第四次反“进剿”的胜利，而他们英勇的第三营营长萧劲却永远地倒在了七溪岭的红土地上。

萧劲牺牲了，但他犹如七溪岭上的苍松翠柏，永远屹立在天地之间。

马奕夫舍身堵机枪

朱毛会师后不久，工农革命军就在永新的七溪岭迎来了一场恶战。

1928 年 6 月 23 日，赣敌以第九师师长杨池生为总指挥，集合了五个团的兵力，即杨池生的第九师全部，杨如轩的第二十七师两个团，进攻到根据地的咽喉地带七溪岭。6 月 23 日恰逢农历端午节，但红四军和根据地群众顾不上端午佳节，齐心投入战斗。根据地红四军第二十八、第二十九、第三十一、第三十二团，以及宁冈、永新两县地方武装和群众，全力参战。

当红二十九团抢先占领新七溪岭的制高点——望月亭后，敌第二十七团即向红军扑来。敌人在七八挺机枪的优势掩护下，很快就冲上了地势险要的风车口。风车口一失，红二十九团将处于危险境地。危急关头，朱德率红三十一团一营及时赶到。朱德军长一边手提花机关枪射击，一边下令：“搞掉敌人的机枪！”子弹打穿了他的帽子，亦全然不觉。

第三十一团红军班长马奕夫闻令，一马当先，勇敢地冲了出去。他时而以树木作掩护，时而匍匐在怪石旁，时而如猛虎进击，迅速接近了风车口。“轰隆！”马奕夫摔出手榴弹，把敌人的机枪炸成了哑巴，不幸自己也中弹倒下了。“冲啊！”战士们见状，纷纷跃出壕沟，发起了冲锋。不料，敌人的机枪又吐出了罪恶的火舌，战士们倒在血泊中。

马奕夫被激烈的枪声惊醒，看见身边倒下的战友尸体，义愤填膺，他艰难地一步步爬到敌人机枪所在的位置，突然一跃而起，鼓足全身力气扑向敌人的机枪，双手握住敌人的机枪枪管，用自己的胸膛堵住机枪眼。

“为班长报仇！”踏着英雄马奕夫的血迹，战士们奋勇发起冲锋，敌人终于被打退了，马奕夫班长却永远长眠在了井冈山这块红土地上。

小井英烈浩气冲云霄

1929年1月中旬，毛泽东、朱德率领红四军主力下山后，湘赣两省18个团的反动军队兵分六路，向黄洋界、八面山、桐木岭等哨口发动了猛烈进攻。

血雨腥风，阴霾弥漫，但英勇的井冈山军民毫不畏惧，也不退缩。在彭德怀、滕代远等领导下，井冈山军民众志成城，筑起铜墙铁壁，与敌人展开了殊死的搏斗。黑云压山，大雪纷飞。井冈山军民面对着血与火、生与死的考验，却始终未使敌人逾越一步。

为了保卫井冈山革命根据地，小井红军医院的伤病员和医务人员积极参战，与红军留守部队和人民群众一道，用井冈山毛竹削竹钉，用木炭、硫磺、硝石造弹药，有的轻伤员还满山拾捡带棱角的尖石头，送给五大哨口的红军部队垒工事。

1月29日，正当井冈山军民与敌人激战三天三夜，战斗到最激烈的关头，湖南方向的敌人用200块银元收买了山下斜源村的游民陈开恩，带领敌人沿着黄洋界左翼的山涧陡崖，乘夜色翻过金狮面，突然窜入了小井村。

正在小井红军医院为部队削竹钉、造弹药的伤病员及医务人员，来不及转移，被凶恶的敌人团团围住。伤病员和医务人员以拐杖、板凳、木棍等为武器，同敌人展开了激烈的搏斗，终因寡不敌众，除了司务长董青云恰好外出未被发现以外，130 多人全部落入了敌人魔掌。

敌人将医务人员和伤病员押到离医院 200 米处的一块三角形稻田里（也就是现在的烈士墓地），在稻田斜对面 50 米远处的小木桥上架起了机枪。敌人凶神恶煞地叫嚣着，向手无寸铁的伤病员及医务人员扑去，疯狂地拷打他们，追问红军大队的去向和群众隐藏粮食、武器的地方。

1949 年解放军在小井墓前举行悼念活动

面对着敌人的淫威，130 多名红军勇士怒目而视，毫无惧色。他们臂膀挽着臂膀，坚强地挺起胸膛，高唱“英特纳雄耐尔就一定要实现”。雄壮的歌声响彻云霄。恼羞成怒的敌人下令开枪。在一片“共产党万岁”“打倒国民党反动派”的口号声中，130 多名勇士倒下了。殷红的鲜血染红了小溪水。

青山不老，翠竹成林。烈士们的浩然正气已化作井冈魂，凝成一座历史的耀眼丰碑，高高耸立在人民心中！

地方干部的悲壮丰碑

井冈山的红军将士在火线上和敌人进行了殊死的拼搏。同样，井冈山的地方干部在峥嵘岁月中也同敌人进行了不屈的斗争，他们用忠诚与信念打造出中国革命的红色摇篮，他们用生命和鲜血塑造了一座座高耸入云的悲壮丰碑。

谢甲开宁死不屈

谢甲开出身于宁冈茅坪的一个富裕家庭。1927 年 10 月，毛泽东率工农革命军来到茅坪安家，他义无反顾地拿出自己家中的粮食、食油、衣物分给贫苦农民，支援工农革命军。他还积极、主动地协助袁文才帮助工农革命军建立后方留守处、后方医院，为工农革命军安家茅坪作出了贡献。1927 年冬，谢甲开被吸收为中国共产党党员。1928 年 1 月，被选为茅坪乡工农兵政府秘书，并担任了乡党支部书记。

1928 年 3 月，由于“左”倾盲动主义干扰，工农革命军出征湘南，导致边界兵力空虚，敌人乘隙而入，在井冈山根据地疯狂烧杀掳掠。这就是井冈山斗争史上的“三月失败”。茅坪是井冈山革命根据地的大本营和湘赣边界武装割据斗争的指挥中心，当时根据地的党、政、军领导机关都驻扎在茅坪，因此，茅坪也成为敌人血洗的重点。

1928 年边界“三月失败”时，被镇压的反动县长张开阳的老婆从宁冈逃至吉安后，搬来了一营官兵，突然窜进茅坪。乡苏维埃政府秘书谢甲开为了通知和掩护乡亲们上山躲藏，又是搀扶老人，又是背运小孩，自己却来不及转移，被当地土豪劣绅发现而被捕。茅坪是井冈山革命根据地的党政军重地，敌人认定身为茅坪乡政府秘书的谢甲开与毛泽东等过往甚密，一定知道许多重要机密。敌人威逼利诱不成，便严刑拷打，但谢甲开始终守口如瓶，坚贞不屈。

敌人见毫无收获，便把他押至茅坪河边，残忍地砍去了他的双臂。谢甲开倒在血泊中，但他挣扎着挺立而起，大义凛然，痛斥国民党反动派的残酷暴行，高呼：“打倒国民党反动派！”“共产党万岁！”恼羞成怒的敌人灭绝人性，竟然惨无人道地将谢甲开开胸剖腹，挖去心肺，碎尸五段，抛入茅坪河中。英烈的鲜血，染红了茅坪河水。

谢甲开为党和人民流尽了最后一滴血，年仅 32 岁。他短暂的生命，永远放射出璀璨的光辉。

刘仁堪热血荐信念

刘仁堪是江西省莲花县人。幼读私塾，稍长随父学医。后赴长沙码头做搬运工人。1924 年，参加工人运动。1925 年，加入中国共产党。1926 年春，回乡以教书、行医为掩护，秘密组织农民协会，进行革命宣传。1927 年，马日事变后，转移至湘西坚持斗争，后随毛泽东率领的秋收起义部队赴井冈山，在军官教导队学习。1928 年初，秘密返回莲花恢复党的组织，建立革命武装。先后任中共莲花特别支部宣传委员、中共莲花特别区委宣传委员、中共莲花临时县委农工部部长、莲花县工农兵政府主席、中共莲花县委书记等职。

1929 年 5 月，因叛徒告密，刘仁堪在荷塘坳背村被捕。国民党莲花县县长邹兆衡听说捉到了共产党的县委书记，欣喜若狂，便跑到监狱亲自给刘仁堪松绑，企图诱降。他说："如果你交出全县共产党的组织和人员名单，交出独立团的枪支弹药，不但用不着操心你自己的名誉和地位，我还可以担保你全家人的生命财产安全。"刘仁堪一声不吭。邹兆衡的诡计破灭了，他便对刘仁堪施以酷刑，踩杠子，灌辣椒水，用香火烧，用铁铲烙，但始终没有得到一点想要的东西。

5 月 19 日，敌人将他押到县城南门斩首。临刑前，他向群众慷慨陈词，揭露国民党反动派的罪恶，气得邹兆衡暴跳如雷。他立即指使靖卫队的暴徒，用匕首割掉刘仁堪的舌头。顿时，鲜血在他全身流淌，刘仁堪不能讲话了。他没有屈服，也没有倒下，而是咬紧牙关，忍着剧痛，用脚趾头蘸上直流的鲜血，在站立的方桌上隐隐约约地写下了"共产党万岁"几个鲜红的血字，从容就义。

刘真慷慨就义

刘真是井冈山斗争时期中共湘赣边界特委常委、永新县委书记。毛泽东在创建井冈山革命根据地时曾经提出"大力经营永新"的方针，认为"永新比一国还重要"，是井冈山革命根据地大本营的坚实基础。1927 年 11 月下旬，受毛泽东的委托，刘真回到了永新，广泛发动群众，组织地方武装，开展土地革命，建立红色政权，为井冈山革命根据地的开创作出了积极的贡献。

在井冈山斗争中，刘真受到过误解，新婚不久的妻子还遭到了误杀，他承受了巨大的痛苦。但在严峻的革命考验面前，刘真始终信念坚定，矢志不移，并将名"珍"改"真"，以示对党和革命的忠贞。

1929年1月，红四军主力出击赣南，实行“围魏救赵”的策略，刘真留守湘赣边界坚持斗争，任边界特委常委，负责宣传工作。1929年7月，鉴于边界特委与江西省委断绝了半年联系，很多实际问题急需向省委请示、汇报，刘真装扮成教员，历尽艰险，找到江西省委，终于完成了任务。1929年7月24日清晨，南昌古郡，赣水蒙蒙，江庆号客轮汽笛长鸣，正欲起锚待发。此刻，刘真怀揣省委重要文件，正准备搭乘客轮逆水而上南返吉安。不料，被刚从甲板上送客返岸的永新县反动豪绅、原里田保安队长、也曾是刘真大舅子的龙庆楼窥见。冤家路窄，龙庆楼当即报告南昌水上警察局。顿时，哨声四起，军警从四方涌向江庆号客轮。刘真奋不顾身跳入激流汹涌的赣江，趁机将随身携带的文件毁于江中。但终因敌众我寡，刘真不幸落入敌人魔掌。

刘真被捕以后，南昌卫戍司令王钧亲自前来劝降，威逼利诱，许以高官厚禄，但刘真忠贞不渝，斩钉截铁地拒绝道：“我生是共产党人，死是共产党鬼，要杀便杀，决不会与你等反革命为伍！”劝降不成，敌人便凶相毕露，施以各种毒刑。刑罚用尽，但刘真咬紧牙关，一语不发，敌人对他无可奈何。1929年8月底，丧尽天良的反动派用民间熬樟脑油的大木蒸笼将刘真活活蒸死，年仅23岁。

临刑前，刘真昂首站立木蒸笼之中，视死如归，气壮山河，显示了共产党人崇高的革命气节和大无畏的英雄气概。

李却非青史留名

李却非，又名李树彝，1899年9月9日生，湖南省酃县水口镇水南村人。1921 年 6 月至 1922 年初在北京大学文科院学习，期间经何孟雄介绍参加“北京大学马克思学说研究会”和社会主义青年团，不久即转为中国共产党党员。

1926 年夏，他回到家乡从事农民运动，组建中共酃县特别支部，担任书记。1927 年 5 月 21 日，反动军阀许克祥发动马日事变，李却非被迫离开酃县奔赴长沙，寻找党组织。1927 年 10 月，李却非持湖南省委秘密介绍信，冒着生命危险，历经重重封锁，从长沙奔赴井冈山，被毛泽东安排在中共湘赣边界特委工作。1928 年 6 月，受毛泽东和中共湘赣边界特委委派，李却非返回危险重重的酃县开展工作，担任酃县县委书记。回到酃县后，李却非置生命于度外，深入贫苦农民，发展党员，成立区、县工农兵政府，开展分田地运动，建立农民赤卫队，打通了井冈山与遂川县大汾之间的通道，受到毛泽东、朱德同志的书面表彰。

1928 年 10 月，李却非被选为中共湘赣边界第二届特委委员。

1929 年 1 月，红四军主力下山后，李却非留在湘赣边界坚持斗争。1932 年 6 月，在安福被国民党军队挨户搜查时抓捕，惨遭酷刑审讯，但始终坚守党的秘密。敌人软硬兼施，毫无所得，最后凶相毕露，将其残忍杀害，丢弃在沿河的沙洲上。

1998 年 5 月 4 日，北京大学百年校庆，李却非烈士的英名被补刻在“北京大学革命烈士纪念碑”上。

范家驹视死如归

范家驹是井冈山斗争时期遂川县黄坳区工农兵政府主席。他出身富豪家庭，毛泽东引兵井冈后，共产党和工农革命军的主张令他耳目一新。在王佐的介绍下，他参加了革命队伍，加入了工农革命的阵营。在斗争中，他工作积极，赤胆忠心，很快赢得了群众的拥戴。1928年2月，他当选为黄坳区工农兵政府主席，并光荣地加入了中国共产党。

1929年初，湘赣两省的国民党调集18个团的兵力，发动了对井冈山根据地第三次“会剿”。红四军主力下山后，湘赣两省的国民党军队向根据地发起了猛烈进攻。范家驹率领黄坳区赤卫队，随同红五军的一个连和遂川赤卫大队共320多人守卫朱砂冲哨口。面对国民党李文彬旅一个团的疯狂进攻，红军和赤卫队凭险反击。

天寒地冻，滴水成冰，红军和赤卫队坚持战斗三天三夜，终因弹尽粮绝，寡不敌众，朱砂冲哨口失守。

井冈山根据地被攻陷后，范家驹埋藏枪支，带领两个武艺较强的赤卫队员李仁魁和范新连，欲往赣南方向寻找红军大队。行至遂川县的衙前圩，不幸被国民党靖卫团抓住。靖卫团团长李汝楫亲自出马，把范家驹的妻子胡六妹和九岁的次子范启连也一起抓来陪审，进行诱降。

他对范家驹说：“只要你把赤卫队的枪支交出来，我可以保证你全家生命财产安全，还可以任命你为我们团部副官。”范家驹斩钉截铁地说：“你们的官我不当，你要的枪我没有。”李汝楫见软的行不通，就将范家驹、李仁魁、范新连三人捆在祠堂里的柱子上，用挑谷的扁担打，用烧得通红的火铲烙……

临刑前，范家驹临危不惧，挺起胸膛纵声大吼：“要杀就杀，再过十八年又是一条好汉。”范家驹以一个共产党人坚贞不屈的英雄气概，实现了自己入党时的铮铮誓言。

邓贞谦从容就义

邓贞谦，江西萍乡人，1924年加入中国社会主义青年团，1926年考入北京师范大学，1927年加入中国共产党。

1927年暑假，邓贞谦回到南昌参加江西农民运动干部培训班学习。结业后即以国民党江西省党部特派员身份回萍乡活动，与中共安源市委取得联系后，在萍乡县城东门外建立了党的秘密机关，着手恢复县农民协会，建立萍乡县农协筹备处，并任总务。同时，通过担任《新萍周刊》主编的合法身份，邓贞谦还建立了广泛的社会联系，多方面地开展党的工作。

1927年12月，邓贞谦当选为安源市委委员，旋即被派往萍乡湘东区担任中共区委书记。与此同时，邓贞谦还负责安源市委和井冈山革命根据地的联络工作。他经常冒着生命危险，徒步往返于安源与井冈山之间，传递文件，护送革命同志，为井冈山革命根据地的对外联络作出了重要贡献。

1928年5月，邓贞谦传送完文件后从井冈山返回安源，途经萍乡芦溪的南坑，不幸被南坑靖卫团逮捕，被押解到萍乡县城监狱。在狱中，面对敌人的严刑拷打，邓贞谦大义凛然，威武不屈，用饱满的革命激情，挥笔写下了两副对联：

“暴动不怕剧烈，牺牲要有价值”；

“坚决执行土地革命，彻底肃清统治阶级。”

1928年6月8日，邓贞谦高唱《国际歌》，高呼“无产阶级联合起来！”“共产党万岁！”等口号，在萍乡大西门外从容就义，年仅21岁。实现了自己“死是革命鬼，活是革命人”的人生信条。

巾帼英雄的壮丽画卷

在井冈山斗争血与火交织的峥嵘岁月里，不仅驰骋着无数的革命英雄好汉，还活跃着一批巾帼女杰。她们巾帼不让须眉，在井冈山革命根据地血与火的洗礼中成长，在残酷的战争环境下不惜牺牲个人利益乃至宝贵生命，用不屈和坚韧绘制出一幅幅“井冈女英”的壮美画卷。

伍若兰英勇就义

巍巍井冈，兰花繁茂，伍若兰就是其中芬芳四溢的一株。

伍若兰，是湖南耒阳大革命时期出了名的巾帼英雄，美国作家史沫特莱称誉她为“不怕死的农民组织者”。

1928 年春，伍若兰参加了湘南暴动，与转战到湘南的朱德在战斗中建立深厚的情谊，结为伉俪。湘南暴动后，随朱德上井冈山，任红四军政治部宣传队长。在井冈山革命根据地时期，她不仅带领宣传队员刷标语、编歌曲，宣传党和红军的宗旨、政策，还练就了一手好枪法，参加了七溪岭等多次战斗，双手使枪，打仗英勇，素有井冈山上“双枪女将”之称。

1929 年 1 月，伍若兰随红四军主力转战到赣南寻乌吉潭圩时，在战斗中受伤，不幸被俘。得知她的身份后，敌人将她押解赣州，妄图从她身上获取共产党和红军的军事机密和行动计划。反动派对她软硬兼施，严刑逼供，施尽种种法西斯酷刑，伍若兰始终守口如瓶，大义凛然，威武不屈。黔驴技穷的敌人威胁道：“难道你不怕死吗？”伍若兰斩钉截铁地回答：“共产党人从来不怕死，为人民解放斗争而死最光荣！若要我低头，除非日头从西边出，赣江水倒流！”

1929 年 2 月 12 日，残忍的敌人将伍若兰杀害于赣州城，并惨绝人寰地割下她的头颅，悬挂在赣州城楼示众，时年 26 岁。

为了寄托对妻子伍若兰的无限思念，朱老总一生偏爱兰花，曾赋有情真意切的咏兰诗一首：“幽兰吐秀乔林下，仍自盘根众草傍。纵使无人见欣赏，依然得地自含芳。”1962 年，朱老总重返井冈山，临下山时，只将一盆井冈兰带回了北京。

伍若兰，如一株青翠芬芳的井冈兰，千古流芳，永不凋谢！

吴月娥壮烈跳崖

在井冈山时期，传颂着一个“吴月娥跳崖”的故事。

吴月娥原是湖南酃县十都人，9 岁那年便被土豪胡明辉强迫到江西遂川荆竹山一户人家做养女，备受欺凌。

1927 年秋，毛泽东率领工农革命军来到井冈山，年仅 16 岁的吴月娥便冲出家庭，参加了少先队，为红军站岗放哨、张贴标语、查路条、探敌情，干得很出色。有一次，她随同荆竹山赤卫队去酃县十都打土豪，巧妙地在狮子岩独木桥上设下机关，将胡明辉和一狗腿子弄下深渊摔死，受到了赤卫队领导的表扬。

不久，吴月娥加入共青团。井冈山根据地失守后，吴月娥担任转入深山的红三十二团第二营的联络员。在一次执行任务中，她被敌人抓住了。敌人逼她带路寻找红军，吴月娥沉着地把敌人引到了“鬼门关”。当来到一边是悬崖峭壁一边是深谷急流的险地时，吴月娥突然回转身来，紧紧抱住一个跟在她身后的国民党军官，跳下了深不可测的悬崖。

吴月娥壮烈牺牲了，她的英雄壮举幻化为鲜红的杜鹃，永远绽放在井冈山的莽莽山林间。

龙关秀舍命护粮

龙关秀，大陇镇斜源村的一名家庭妇女。工农革命军来到宁冈后，她积极投身革命，担任红军交通员，被红军战士们亲切地称为“交通嫂”。

第三次反“会剿”失利后，井冈山失守，红五军被迫突围，留下红三十二团在何长工、王佐等指挥下转入深山坚持斗争。由于敌人实行严密的经济封锁，红三十二团官兵久困深山，数九寒天，餐风饮露，粮食越来越缺乏。

怎么样突破敌人的封锁，将粮食送给在山中坚持斗争的战友？龙关秀心急如焚，苦思冥想，想尽各种办法，一次又一次机智地将粮食送进深山营地。有时，她捅空竹挑里面的竹节，把米倒进去，塞住打空的一头，再扛着竹挑上山打柴；有时，她将米用油纸包好，放在牛粪中，假称送肥上山；有时，她又将米装入袋内，捆成小孩模样，盖上裙带披风，假称串亲戚，冒险一次次地把米送到预定地点……

1929 年 3 月的一天，龙关秀秀丽的身影又出现在了黄洋界羊肠小道上。她背上背着用冬裙背带包裹得严严实实的小宝贝，很快消失在浓密的山林中。当她再次钻出丛林出现在返回路上时，忽然听到后面一声厉喝：“站住！”随即被如狼似虎的敌人抓住。原来龙关秀多次早出晚归进山，已引起敌人注意。一个当地土豪多次暗中跟踪，发现了秘密。这次龙关秀进山虽然摆脱了敌人盯梢，但返回时还是落入魔掌。

敌人对她严刑拷打，要龙关秀交代粮食埋藏地点，但她坚贞不屈，始终没有吐露任何秘密。最后，无计可施的敌人丧心病狂地烧毁了龙关秀的房子，惨无人道地烧死了她不满周岁的儿子，杀害了龙关秀和她年轻的丈夫。

龙关秀，一个气壮山河的井冈巾帼英雄！

聂槐妆巧计送盐

在电影《闪闪的红星》中，潘冬子为了给游击队送盐，巧施妙计，将盐水浸入棉衣，晾干后穿在身上，闯过敌人重重哨卡，最后顺利将盐送给山中的游击队。其实，井冈山斗争时期确有其事。影片中潘冬子的原型名叫聂槐妆。

聂槐妆是茅坪乡工农兵政府妇女主任。1929 年 1 月，第三次反“会剿”失利，井冈山革命根据地失守，留守在井冈山坚持斗争的红四军第三十二团也被迫转移到深山密林。国民党反动军队占领井冈山后，狂叫“茅草要过火，石头要过刀，人要换种”，残酷枪杀共产党人和革命群众，并在进山道路上层层设卡，严密封锁，妄图将红军困死、冻死、饿死在深山老林。

为了解决红军战士缺粮少盐的困境，担任茅坪乡工农兵政府妇女主任的聂槐妆带领当地群众想尽办法，把食盐装入竹挑内、隐藏双层底的便桶里，冒着生命危险送盐进山。但随着敌人的严查，送盐方式不断被敌人识破，许多革命群众为此惨遭杀害，献出了生命。山中食盐紧缺，聂槐妆心急如火。苦思冥想，聂槐妆终于想出了棉衣吸水巧送食盐的妙计。聂槐妆用这种方法多次进山为红军送盐，渐渐引起敌人怀疑，最终被敌人发现并被捕。

敌人对她残酷折磨，严刑拷打，要她说出红军营地，但聂槐妆始终守口如瓶，坚贞不渝。敌人恼羞成怒，穷凶极恶地将年仅20岁的聂槐妆枪杀。

人民群众的无私奉献

井冈山斗争的胜利离不开井冈山革命群众的牺牲和奉献。在井冈山血与火的斗争中，井冈山根据地的人民群众，为了创建和保护红色政权，为了革命的胜利，他们倾其所有，奉献出自己的粮食、财产，乃至宝贵的生命，做出了巨大的牺牲。在井冈山斗争时期发生的无数次大大小小的战斗，没有一次胜利离开了人民群众的全力支持和以死相随，他们的奉献和牺牲同样是井冈山革命根据地最坚实的根基。

莲花一支枪

莲花是井冈山革命根据地的又一重要区域。毛泽东在《井冈山的斗争》一文中曾经提到：马日事变后，“莲花保存一支（枪）”。为了保存莲花一支枪，根据地人民作出了重大的奉献与牺牲。

莲花一支枪

1927年春夏，蒋介石、汪精卫先后叛变革命，莲花的反动豪绅李成荫也乘势卷土重来，纠集反动民团围剿莲花农民自卫军，逼缴枪支。

莲花共产党人奋起反抗。1927年9月18日，莲花农民自卫军攻进县城，但很快受到敌人的疯狂反扑，农军遭受重创，70 多人牺牲，90 余人被俘。贺国庆等少数人员拼死出城，旋即转入山区，坚持秘密斗争。攻城失利后，农军的 59 支枪落入敌手，莲花的革命火种，只剩下贺国庆保存的唯一一支枪。

孤胆英雄贺国庆将这支俄式步枪拆成两部分，分藏各地。后来风声越来越紧，他又把枪合成转移，深藏在湘东攸县石桥村一个油榨店的夹墙里。国民党靖卫团为追缴这最后一支枪，悬赏捉拿贺国庆，却毫无所获。捉不到贺国庆，靖卫团就严刑拷打贺国庆的父亲贺承茂，逼迫老人供出贺国庆及其藏枪地点。老人佯装不知，坚韧不屈，靖卫团就用棉絮扎在老人身上，浇上煤油，将老人活活烧死。为了这支枪，贺国庆的弟弟贺国强也被敌人杀害了，母亲被逼远离家乡。

得知亲人遇害的消息，贺国庆心如刀绞，悲痛欲绝。沧海横流，英雄斗志弥坚。面对敌人的残忍杀戮，贺国庆更加坚定了用这支枪重新点燃莲花武装斗争烈火的决心。

霹雳一声暴动。莲花党组织获悉秋收起义的消息后，立即与贺国庆取得联系，决定利用这一支枪，重燃莲花武装斗争烈火。1927 年 9 月 25 日，毛泽东率领秋收起义部队攻克莲花县城，翌年 2 月成立了中共莲花特别支部。贺国庆闻知后，背着珍藏半年的这支钢枪返回家乡。莲花县即以这支枪为基础“起家”，成立了莲花县赤色队，陈竞进、贺国庆担任队长。

靠着这一支枪起家，莲花赤卫队惩戒叛徒，智取莲花靖卫队，革命队伍日益壮大，革命火种越烧越旺。1928 年 10 月，莲花赤色队发展到有上百支枪，升编为红色独立团，下辖三个连，贺国庆任第三连连长。从此，孤胆英雄贺国庆率部转战罗霄，令湘赣敌人闻风丧胆。

1928年春，在湖南攸县的一次战斗中，带伤参战的贺国庆不幸被流弹击中，为革命英勇捐躯。他那支用鲜血换来的枪，也一直陈列在莲花革命历史纪念馆里，成为教育后人的生动历史教材。

舍命护大印

江西省遂川县是井冈山革命根据地的重要组成部分。

1928年1月初，毛泽东率工农革命军攻克了遂川县城，成立了以陈正人为书记，王遂人、王次淳、王佐农等组成的中共遂川县委。1月24日，又成立了湘赣边界第二个红色政权——遂川县工农兵政府，王次淳担任了工农兵政府主席。在毛泽东工农武装割据大旗的感召下，遂川人民为建立自己的红色政权进行了英勇卓绝的斗争。

遂川县革命斗争发源于西庄。大革命时期，西庄的王遂人在家乡领导掀起了轰轰烈烈的农民运动，并成立了遂川县农民自卫军。因此，西庄成为反动派的眼中钉、肉中刺，多次遭到烧杀掳掠。1930年底，红军撤出遂川后，遂川的肖家璧反动地主武装对根据地人民进行了疯狂的报复。肖家璧带着反动民团，首先气势汹汹来到西庄捕杀苏维埃干部，搜寻苏维埃政府印章。西庄乡的干部和人民群众都知道，红色大印保存在乡苏维埃政府成员、赤卫队员冯恩增家里，可是谁也不透半点风。

敌人在村里集合群众逼供，一个个“过筛”。威武的乡苏维埃主席李邦万被枪杀，倔强的乡赤卫队长曾宝华被枪杀，刚烈的贫苦农民李耀琦也被枪杀。恼羞成怒的敌人又把曾宝华的妻子、共产党员、妇女主任郭桂英及其独生儿子拖出，推到曾宝华的尸体前，威逼她说出红色印章的下落。望着倒在血泊的亲人，郭桂英化悲痛为力量，宁死不屈，大骂肖家璧："肖屠夫，要命有一条，要印，你妄想！"惨无人道的敌人将郭桂英母子活活打死，并把曾宝华一家3人的尸体浇上煤油，烧尸毁迹。

然而，无论敌人怎样残暴，英雄的遂川人民没有屈服。红色大印始终完好地保存在人民的手中，直到新中国成立。

这颗浸透烈士鲜血的苏维埃大印，如今陈列在遂川县革命纪念馆，成为遂川人民为革命无私奉献的历史见证。

血染西源村

井冈山斗争时期，宁冈县古城区西源村是一个有32户、130多人的村子。西源村人民在与国民党反动军队、地主豪绅展开的刀与枪、血与火的殊死搏斗中，谱写了一曲气壮山河的英雄交响曲。

1928年8月，由于"左"倾盲动主义干扰，要求部队分兵冒进，导致井冈山斗争"八月失败"，边界各县的县城与平原地区都被敌人占领，为虎作伥的保安队、挨户团横行无忌，白色恐怖布满城乡。

8月下旬的一天，古城区土豪劣绅谢勇余、刘报发等带领国民党军队血洗了西源村。这是井冈山斗争时期西源村第四次遭洗劫。全村28栋民房，3个祠堂，全被烧毁，连厕所都过了火，果树、森林都被焚毁。130多人的村庄，就有罗根英、谢春光、谢普生、谢桂英、谢月洪、谢日章、谢祥光、尹尼姑等10多名干部群众被杀害。

洗劫过后，整个西源村火光冲天，片瓦无存，鲜血淋漓，尸骸遍地。

幸免于难的干部和群众从村里逃了出来，在谢路生、谢月高的带领下，在茅坪一带的高陇山、灯挂形、阴阳山、狐狸背一带山上结棚而居，以野菜，竹笋、野果充饥，不顾环境的恶劣，度过了一个个炎炎盛暑，熬过了一个个寒冬腊月，前仆后继坚持着斗争。

西源村虽然只有 32 户、130 多人，但除婴儿和有孩子吃乳的母亲外，共有 20 多人参加了红军，10 多人在县、区、乡各级党的组织和苏维埃政府工作，其他的则全部参加了赤卫队、暴动队、少先队、儿童团等各种革命组织。

据记载，西源村在井冈山斗争时期共有 40 多人为革命而献身。

血洗井冈山

井冈山军事根据地虽人口不满两千，产谷不满万担，却是井冈山革命根据地的重要堡垒，也是国民党军队进攻的重点。1929 年 1 月，红四军主力下山后不久，井冈山失守。从此，白色恐怖笼罩着五百里井冈大地。

“茅草要过火，石头要过刀，人要换种。”国民党军队及地主武装侵入井冈山革命根据地之后，穷凶极恶地叫嚣。大小五井、茨坪是毛泽东和红军们经常活动的地方，更是敌人的“重点血洗区”。国名党反动派令人发指地折磨革命群众，真是无所不用其极。

共产党员朱子和遭反动派逮捕后，被鞭打得体无完肤，甚至敌人用尽割耳、跪火砖、上铁箍等毒刑，他都始终闭口不言，威武不屈。敌人狂叫：“你就是哑巴、木头，也得开口。”朱子和却坚定地回答：“我是钢，我是铁，我是共产党员！”最终英勇牺牲。

敌人还疯狂地到处烧杀。大井村被反复焚烧过 9 次，小井村被焚烧过 13 次。从下庄到荆竹山的 50 多里路内，所有房屋全成灰烬。在井冈山的五大哨口内，人口不满 2000，被杀害的革命群众就超过了 1000 人。在只有 250 多人的茨坪，敌人 7 次反复屠杀群众达 64 人。大小五井 120 多户居民，被杀绝的就有 69 户，约占总数的 58%。有家周姓群众，全家老少三辈 9 口人，祖孙三代被枪杀、活埋了 7 口。

后来据家住小井村、当年为大井工农兵政府公卖处负责人的申丁贯回忆：“井冈山脚下走回家，不到 10 里路，就看见十几个血肉模糊的尸体横在路旁，情景实在惨！”

大井残墙

在血雨腥风的考验下，有人畏惧，有人退缩，也有人投降。但是，大浪淘沙，真正的革命者始终坚守他们的信念，在困境中奋起，用热血和牺牲续写忠诚。在五百里莽莽井冈，无数英烈以热血为底色，高高打起了一面火红的镰刀斧头旗。从此，中国革命走上了农村包围城市、武装夺取政权的胜利之路……

第二章

红旗：汇聚力量

90 多年前，以毛泽东、朱德为代表的中国共产党人以主义为旗帜引兵井冈山，从此，这个名不见经传的地方便开始载入中国革命的史册。中华人民共和国的历史，离不开井冈山；中国革命的历史，离不开井冈山；中国人民解放军的历史，离不开井冈山。井冈山，是中国共产党人第一次打着自己的红旗开创中国特色革命道路的光辉起点，是中国共产党人心中的“天下第一山”。

90 多年前的一个盛夏，一群儿时都蓄过小辫子、背诵过四书五经的青年，从各地汇集到上海，开了一个在当时说来很不气派，却是开天辟地的会议。会后，他们成立了一个党，提出了这个党信仰的一个主义，这个主义就是马克思主义。毛泽东同志曾形象地说：“主义譬如一面旗帜，旗子立起了，大家才有所指望，才知所趋赴。”[1]一个真正的无产阶级，一开始什么都没有，甚至没有寸土立足，被逼得要到嘉兴南湖的小船上去褪下自己的“胞衣”的党，风雨兼程，在波峰浪谷中航行了90多年。原因是什么？很显然，就是拥有一面不倒的旗帜。那面旗帜就是中国共产党人坚定的信仰与信念。在90多年的奋斗历程中，中国共产党人始终坚持高举马克思主义旗帜不动摇，愈益重视旗帜指引的作用。江泽民强调指出：“旗帜问题至关紧要。旗帜就是方向，旗帜就是形象。”[2]旗帜是一种精神、主义、信仰，即人们愿意信奉并以之作为行为指南的思想理论，具有感召力，并能够为人们指引前进方向的精神力量。一面旗帜，就是一种信念；一面旗帜，就是一股力量。

回首两千多年来，中国大地上扯旗造反、举旗起义者此起彼伏。黄巾、方腊曾拉起宗教大纛，形成声势浩大的农民运动。从此以来的革命，是反对两个东西：一个是封建制度的压迫，另一个是外国的压迫。人民对这两个东西总是不满意，总是要起来反抗。起来一次，被打下去，再起来一次，又被打下去。这是为什么？人民在探寻，历史在拷问。“问苍茫大地，谁主沉浮？”当青年毛泽东站在湘江的橘子洲头，面对莽莽苍苍的烟雨，心里豁然开朗：只有“抓住事物的根本”的马克思主义才能救中国。从此，他认准了这条“主义”，从巍巍井冈山起步，跨越磅礴乌蒙，穿过陕北延河，走进了北京城。一切公正、客观的人们都承认：

---

① 《毛泽东早期文稿》，湖南人民出版社1990年版，第554页。

② 《江泽民文选》第2卷，人民出版社2006年版，第1页。

中国革命的胜利是马克思主义在中国的胜利。

近代中国，从太平天国、义和团，到戊戌维新、辛亥革命，潮起潮落，纷纷纭纭。他们或拜神教，或信上帝，或师日美，或效英法，终究成事者寥寥，旗子一倒，气数即尽。唯有当卡尔·马克思神话般地“降临到亚洲的稻田”，最早的一批播火者改弦更张，独树一帜，升起第一面以镰刀、锤子为标志的鲜红党旗时，神州大地才真正卷起了一场荡涤战乱、贫弱、落后，以救国、建国、强国为方向的红色狂飙，中国人民也才真正看到了民族复兴的一线曙光。正如毛泽东与蔡和森通信中指出：向西方学习已经山穷水尽，现在要向苏俄学习，建立自己的政党——中国共产党。

从诞生之日起，中国共产党就郑重地把马克思列宁主义写在自己的旗帜上，成就了一番开天辟地的伟业。1920 年 8 月，上海的共产党早期组织在陈独秀的主持下于上海法租界老渔阳里 2 号《新青年》编辑部正式成立，当时取名为“中国共产党”。这是中国的第一个共产党组织，人员起始是 8 位。一个多月之后的北京，在北大图书馆的亢慕义斋，又有 3 双手握在了一起。李大钊的“亢慕义斋”又叫“康慕尼斋”，是“Communism”。“亢慕义斋”亦即“共产主义室”。这样，南陈北李，南呼北应。到 1921 年的 7 月 23 日，13 名代表聚首上海，中国共产党第一次全国代表大会在法租界的一栋房子里召开。但很快就被巡捕监视上，不得已暂时休会。接下来的会议是在浙江嘉兴南湖的一只小船上完成的。如今这只小船泊在烟雨楼旁，烟消雨歇，清风荡漾。在低矮的船舱里，毛泽东手举得很高。此时，他或许想到了破败的福佑寺，又想起了森严的大成殿。在那些殿堂里，他都没有见到真经。此时红旗在手，真理在握，毛泽东如船加桨，如虎添翼。一大之后，他迅疾回湖南从事革命工作，组织领导长沙、安源的工人运动。他告诉工人兄弟，“工人”二字联起来就是“天”，全世界无产者联合起来，力量就大于天，并深刻指出，工业无产阶级人数虽不多，却是中国新的生产力的代表，是近代中国最进步的阶级，做得了革命的领导力量。此后，他又一把雨伞，一双布鞋，考察了 5 个县的农民运动。在生机盎然的田野，他满怀豪情地预言：在很短时间内将有几万万农民从中国中部、南部和北部各省起来，其势如暴风骤雨，迅猛异常，无论什么大的力量都将压抑不住。他们将冲破一切束缚他们的罗网，朝着解放的路上迅跑。这在当时，是难能可贵的真知灼见。因为那时就连一向见地深刻的党的中央局书记陈独秀都认为“中国资产阶级究竟比农民集中、比工人雄厚”[①]，断言中国工人阶级只能参加资产阶级所领导的国民革命，革命的结果自然是资产阶级握得政权。这是在最根本的问题上犯下的最致命的错误。陈独秀没有参加一大，仍被选为党的领袖。毛泽东曾经受过他的启蒙，说他是五四时期的总司令，创造了党。但这回他没有听导师的。同是马克思主义的追随者，前者用其形，后者用其神。这时我们便看到了一个前清举人和一个脚踏实地的青年之间的差距。终于，毛泽东脱颖而出，历史和人民经过反复权衡，选择了毛泽东。

① 陈独秀：《中国国民革命与社会各阶级》，《前锋》创刊号，1923 年 12 月 1 日。

红色的背景，镶嵌着金光闪闪的镰刀铁锤图案，这就是中国共产党的党旗。每一个中国共产党人都熟悉这面旗帜。高举着这面红旗，共产党风里来雨里去，走过了90多年。其间风雨飘摇，几次险些人仰马翻，但旗帜始终不倒。1927年轰轰烈烈的大革命归于失败，这是中国共产党成立以来遭受的第一次沉重打击。白色恐怖中，毛泽东手把红旗，挺立涛头，在逆境中振臂一呼，喊出“枪杆子里面出政权”的惊天之语，发动秋收起义，上了井冈山，为中国革命找到了一条“农村包围城市，武装夺取政权”的正确道路。反动派制造的腥风血雨，不但没有扼杀年轻的中国共产党，反而使中国共产党党旗更红，人马更壮。

在浏阳文家市秋收起义会师旧址，保存有一面镶嵌在壁框中的红旗，这是当年毛泽东挥师上井冈的第一面红旗。如今人们行着注目礼，从这件珍贵的革命文物面前缓缓走过。此前此后，中国共产党在中国大地还相继举行了南昌起义、广州起义以及海陆丰、黄麻、平江、百色等100多次武装起义，舒卷自如的党旗军旗，一次次、一面面，猎猎作响飘展在广阔的城市山乡。

习近平总书记在毛泽东同志诞辰120周年座谈会上指出：“毛泽东同志是伟大的马克思主义者、伟大的无产阶级革命家、战略家、理论家，是马克思主义中国化的伟大开拓者，是近代以来中国伟大的爱国者和民族英雄，是党的第一代中央领导集体的核心，是领导中国人民彻底改变自己命运和国家面貌的一代伟人。”毛泽东曾用带湖南味道的中国语言向全世界宣布“天塌不下来的。从古以来，天都没塌下来过”，预言“星星之火，可以燎原”，并大声说，“打得赢就打，打不赢就走”。“东方不亮西方亮，黑了南方有北方”，不愁没有回旋余地。峰回路转，柳暗花明。革命重又“六盘山上高峰，红旗漫卷西风”。

一、秋收起义：旗号镰刀斧头

一个个信念和理想在这里相逢，一面面红旗在这里汇聚，似狂涛激浪，激情荡漾，改写了中国革命。1927 年秋天，湘赣边界罗霄山脉中段传出巨人的呐喊，犹如春雷唤醒了沉睡已久的东方雄狮，拨开了百年来笼罩于千万仁人志士心头的迷雾，亮出了伟大旗帜，点燃了神州大地上革命的星星之火。从此，中国共产党人给灾难深重的中国人民带来了光明和希望，在中国的大地上播下希望和信任的种子，驱赶着黑暗，卷起改天换地般的红色浪潮。

长江，古老中国的母亲河，涛声千里，浪拍天际，无休无止地奔腾、呼号、轰鸣，似乎在吵吵闹闹，评说着什么，争论着什么。它，宛若一支属于历史的、现实的，乃至未来的巨笔，记下了神州上下五千年的兴衰与文明，吟唱着中华大地的壮歌与悲曲。1927 年 5 月，烟雨蒙蒙。位于重镇武汉的这段长江，雨雾与江浪相接，江浪与雨雾相融。雨雾中，一楼临江，悬山而立。它是建于公元 3 世纪的一座名楼——黄鹤楼。唐代诗人崔颢曾经在此留下过“昔人已乘黄鹤去，此地空余黄鹤楼”的佳句，众多文人墨客在此赋出过千古流芳的佳章。这天，又有一个青年人在登楼眺望江景，他，身材瘦长，方圆的脸庞，表情凝重；他壮志凌云，引人注目，神情刚毅而冷峻。绵绵细雨打湿了他的长发和蓝布衣衫，他凭栏而立，深邃的目光投向远处，他就是一代伟人毛泽东。

中国革命的历史，波澜壮阔，跌宕起伏，出现过许多重大关头，也经历了无数挫折。在这些时刻，真正能把态势判断得非常清楚的人凤毛麟角，而毛泽东就是这样一个具有非凡判断能力的人。大革命失败后，中国革命的道路应该怎么走？中国共产党应该把领导中国革命的重心放在哪里？绝大多数人想到的是走俄国十月革命的道路。走俄国十月革命的道路并没有错，但把它作为革命的具体模式加以运用，就会出现问题，而当时的党中央就是这样做的。党的八七会议上，毛泽东批判了陈独秀的右倾错误，主张中国共产党独立地领导中国革命，以武装斗争推动土地革命，夺取政权。8月18日，中国共产党湖南省委讨论秋收起义计划时，毛泽东指出："秋收起义的目的在于彻底实行土地革命，建立工农民主政权；党应当以主要力量从事武装斗争，以枪杆子夺取政权，以枪杆子推动土地革命。"[①] 八七会议前，中国共产党在南昌打响了武装反抗国民党的第一枪，目标就是要走北伐原来走过的那条路。事实证明此路不通。就在八七会议前后，毛泽东作了一个非常重要的决定。当时主持中央工作的瞿秋白征求毛泽东的意见，看是否一块去上海，毛泽东回答说："我不愿意住高楼大厦，我要到农村去，和绿林好汉交朋友。"

八一南昌起义，打响了武装反抗国民党反动派的第一枪，但

① 李新等主编：《中国新民主主义革命时期通史》第2卷，人民出版社1962年版，第13页。

中国共产党领导的起义部队打出的军旗却依然是国民革命军陆军的青天白日旗。这是因为中共受大革命时期国共合作，特别是中共与国民党左派良好关系的影响，为了争取和团结国民党左派，揭露蒋介石和汪精卫集团背叛孙中山革命精神的真面目，故南昌起义仍使用国民党左派的旗帜，中共领导的南昌起义部队仍沿用国民革命军第二方面军番号。

南昌起义后不久，中共中央于1927年8月7日在湖北汉口召开紧急会议，即八七会议。会议确立了实行土地革命和武装起义的方针，但认为由中国革命先行者孙中山先生选定的国民党旗是民族解放运动的特别的旗帜，共产党现在不应当丢掉这个旗帜。因此，南昌起义部队南下途中依然高举着国民革命军陆军军旗。

中共湖南省委在残酷的现实中进一步认识到，必须放弃国民党左派旗帜和国民革命军陆军军旗，要打自己的旗帜。8月18日，中共湖南省委召开会议，研究部署举行湘赣边秋收起义。会议决定：这次起义要公开使用中国共产党的名义，正式亮出工农武装的旗帜来号召和发动起义。

两天后，毛泽东代表中共湖南省委向中共中央报告："在工农兵苏维埃时候，我们不应再打国民党的旗子了。我们应高高打出共产党的旗子，以与蒋、唐、冯、阎等军阀所打的国民党旗子相对。国民党旗子已成军阀的旗子，只有共产党旗子才是人民的旗子。这一点我在鄂时还不大觉得，到湖南来这几天，看见唐生智的省党部是那样，而人民对之则是这样，便可以判定国民党的旗子真不能打了，再打则必会再失败。以前我们没有积极的取得国民党领导权，而让汪、蒋、唐等领导去，现在即应把这面旗子让给他们，这已经完全是一面黑旗。我们则应立刻坚决地树起红旗，至于小资产阶级，让他完全在红旗领导之下，客观上也必定完全在红旗领导之下。”[①]遗憾的是中共中央在回复湖南省委时，仍未从国民党左派的旗帜下“解脱”出来，并批评湖南省委是不对的。

很显然，以毛泽东为代表的中共湖南省委对这一问题的认识，走在了中共中央的前面，也走在了经历南昌起义部队南下失败后认清此问题的中共江西省委的前面。中共湖南省委的报告没有促成中共中央的改变，但南昌起义部队在南下途中的失败，开始使许多中共中央领导人不得不进行深刻的反思。就在这时，来自共产国际的“八月指示”最终促使中共中央放弃了国民党和国民革命军陆军军旗。

1927 年 8 月 9 日，布哈林在《关于中国革命的报告》中说：“中国革命当前时期的特点是革命已遭到严重的失败，革命正转入到更高的阶段，即为实行工农专政而进行直接斗争的阶段。”他明确指出，这一阶段“必须把苏维埃的宣传口号变成直接斗争的口号，并着手组织工人农民和手工业者苏维埃”。

9 月 19 日，中共中央临时政治局会议通过《关于“左派国民党”及苏维埃口号问题决议案》，决定放弃国民党左派的旗帜。10 月 10 日，中共发表为辛亥革命纪念告民众书中，再次指出：

---

① 《中共中央文件选集》第 3 册，中共中央党校出版社 1989 年版，第 354 页。

"沪宁武汉先后反共，都是号称保护所谓纯粹的国民党，其实，显然是转入反革命，压迫革命的发展，将国民党的旗帜来做军阀官僚豪绅资产阶级反动的文饰。""民众只有在中国共产党的旗帜之下，自己武装起来夺取政权，完成辛亥所开始的革命！"①

10月初，在总结南昌起义失败的教训时，中共江西省委明确指出："我们现在应很显明很坚决的用我们共产党的旗帜去号召团结一切革命的势力，用不着再用什么国民党的名义。"②

当时，党的主要领导人之一李立三在总结南昌起义时指出："国民党在武汉反动屠杀工农以后，已成为群众所唾弃已臭的死尸，所以八一革命应该是工农政权的开始，但是还死恋着已臭的死尸，好像要靠总理在天之灵来保佑一样。革命委员会之中几乎全数是C.P，但是每次开会时还是要宣读总理遗嘱，想起来真好笑！到瑞金以后已经在原则上决定要建立工农政权了，便是还舍不得一块国民政府的牌子，直到了汕头失守，才决定取消国民党的名义和'白色恐怖'的旗子。"③从此之后，举起苏维埃红旗为中国革命的正确旗帜，成为中国共产党一致的选择。

---

① 《中国共产党为辛亥革命告民众书》,《前锋周刊》第5期，1927年10月10日。

② 中国人民解放军历史资料丛书编审委员会编:《土地革命战争时期各地武装起义》第1卷，解放军出版社1997年8月第1版，第92页。

③ 李立三:《八一革命之经过与教训》,《中央通信》第7期，1927年10月30日。

二、茅坪安家：红旗插上井冈山

有一种颜色与红旗同辉，那是血流的色彩；有一种力量与红旗同在，那是共产党员的信仰。人生的征途，永远没有终点，有的只是一个又一个新的起点。一个创新的民族，一个创新的革命者，总是不断地寻找着一条条新的道路，因而也给后人留下了一个又一个新的起点。以毛泽东为代表的中国共产党人在井冈山留给后人的足迹，在今天看来，仍然是那样熠熠生辉。90 多年过去了，当我们今天用文字、用镜头去寻觅那些历史足迹和革命起点时，内心充满了敬畏。红色起点让人兴奋，更让人回味。我们不需要重复昨天的故事，但是，我们可以在先辈昨天的征途上，踏出自己新的起点。而这正需要我们用心去思寻那些已经过去的，但永远不会消失的红色起点。

文家市“退兵”，莲花“转向”，三湾改编，古城定策，大仓会见，茅坪安家，水口会师，军至大井，进驻茨坪……这一段段斗争史构成了井冈山革命历程。斗争的历程固然艰辛，经历固然曲折，但革命胜利之后的思考，背后的收获却永远影响着后辈，成就着后人。毛泽东曾在总结历史上农民起义失败的教训时说：“李自成为什么失败？很重要的一个原因，就是没有巩固的根据地。”① 工农革命军在进军井冈山过程中，在宁冈举行了著名的古城会议，决定建立井冈山革命根据地。会上，毛泽东指出：“我们要作战略性转变，千百万群众是我们的基础，要以罗霄山脉中

① 《毛泽东选集》（合订本），人民出版社 1964 年版，第 93 页。

段为依托，建立后方，轻装上阵，还要建立地方武装，收缴敌人的武器来武装自己。有了群众和地方的武装，我们的军队就不会孤立。”[①] 毛泽东还说：“罗霄山脉中段包括江西的莲花、永新、宁冈、遂川和湖南的酃县、茶陵六县，境内井冈山地势极为险要，还有九陇山等重要屏障，有利于武装割据，开展游击战争。”[②] 所以在敌众我寡、少衣缺食的情况下，井冈山斗争能取得胜利，成为“星星之火，可以燎原”的壮丽史诗。

三湾是江西永新县一个万木苍翠、群山环抱的小山村。1927年9月29日，毛泽东率领秋收起义部队，从莲花县来到这里住了5天，得到工农革命军秋收起义以来第一次从容休整的机会。由于连续作战和疲劳、饥饿、疾病的袭扰，起义部队到达三湾时已不足1000人。部队官多兵少，枪多人少，很不利于作战。在部队成员中，多数是经过战斗锻炼和考验的党、团员和工农运动的骨干，也有少数未经改造的旧知识分子和旧军官出身的将士，在战斗失利、环境艰苦的处境面前悲观动摇。很显然，不改变部队这种状况，不加强党对军队的领导，不仅难以适应艰苦的环境，而且无法完成艰巨的革命任务。

进村的当晚，毛泽东在“泰和祥”杂货铺召开中共前敌委员会扩大会议，讨论部队现状及其解决的措施，决定对部队实行整顿和改编，这就是著名的三湾改编。主要内容是：第一，资遣一部分不愿留队的人员，部队缩编为一个团，称工农革命军第一军

① 《红旗杂志》，1978年第12期，第6页。

② 《毛泽东选集》（合订本），人民出版社1964年版，第58页。

第一师第一团；第二，在部队中建立党的组织，做到连有支部，营团有党委，连以上设党代表；第三，规定官长不打士兵，官兵待遇平等，建立士兵委员会，参加部队的管理，协助进行政治工作和群众工作。士兵委员会由全体士兵民主选举产生，在党支部指导下进行宣传、组织群众的工作，组织领导士兵的文化娱乐生活，监督部队的经济开支和伙食管理。三湾改编，是中国人民军队政治工作的开端，确立了党对军队的绝对领导，构建了党对军队领导的组织体制，为从组织上、政治上和思想上建设一支完全新型的人民军队奠定了牢固的基础。

工农革命军虽然在三湾短暂的歇脚，但给当地群众留下了深刻的印象。部队出发时，三湾人民扶老携幼，前来送行。有当地歌谣为证："天上降下北斗星，满山遍野通通明；一九二七那一年，三湾来了毛司令。毛司令哟真英明，带来将官带来兵；红旗飘飘进三湾，九陇山沟闹革命。"

1927 年 10 月 3 日，毛泽东率领改编后的工农革命军从江西永新县三湾村出发，抵达宁冈古城。当天，毛泽东就在古城联奎书院主持召开了前委扩大会议。这是一次决定命运的会议，有 60 余人参加，连续开了 3 天，最后决定改变原定的退守湘南、占据湘粤大道的计划，选择以宁冈为中心的罗霄山脉中段开展武装割据。毛泽东分析：一方面，井冈山地势险要，进可攻，退可守；另一方面，湘赣边界各县自古以来就是稻谷主产区，部队不愁没有饭吃。毛泽东说："广大农村是海洋，我们像鱼，农村是我们休养生息的地方，革命需要一个落脚点。"当时的井冈山上，已经有了两个"山大王"——袁文才和王佐。这两个人都是贫苦出身，因为反抗土豪劣绅的压迫，相继组织队伍，“杀富济贫、除暴安良”，随后义结金兰，在茅坪和茨坪遥相呼应，控制了整个井冈山地区。在古城会议上，有人主张用武力消灭这两支绿林军。但毛泽东不同意这样做，而是决定同他们交朋友，依靠本身是共产党员、受过革命教育的袁文才，团结王佐。

1927 年 10 月 6 日，在宁冈县委书记龙超清的联系下，毛泽东与袁文才在宁冈大仓村林凤和家会面。毛泽东只带了几个人前去，心里没底的袁文才却预先在林家祠堂埋伏了 20 多个人，20 多支枪。在林家吊脚楼上，毛泽东和袁文才等人边喝茶和吃瓜子、花生，边谈话，从上午 10 点谈到太阳快落山。毛泽东向袁文才分析了大革命失败后的国内政治形势和革命发展前途，希望袁文才同工农革命军共同开展革命斗争。同时，他还给袁文才送了一份厚礼：100 条枪。第二天，袁文才敞开山门，工农革命军在毛泽东率领下进驻茅坪，在这里建立了红军医院和后方留守处。

茅坪安家之后，为了扩大政治影响，摸清井冈山周边的地形和社会状况，同时也为了同南昌起义部队和湘南农军取得联系，毛泽东等带领队伍举旗在井冈山边境地区开展游击活动。

三湾改编时，毛泽东就提出了“支部建在连上”的设想。此后，苦于一直处在行军作战的状态下，无暇将这一设想付诸实施。工农革命军在茅坪“安家”，安顿好伤病员后，毛泽东带领一支部队经酃县（现炎陵县）向南而行。行军途中，毛泽东抓住机会找战士谈心。问他们在家做什么？怎样参加革命的？实际上，他是在进行入党对象的培养和考察。

1927 年 10 月 13 日，毛泽东领军行至炎陵县城外 20 多公里处的水口镇。当时，这里还是一个只有 30 多户农家的小村落。毛泽东来到这里，发现群众基础较好，反动势力比较薄弱，遂决定在此休整和开展连队建党工作。

1927 年 10 月 15 日夜，炎陵水口镇叶家祠堂的阁楼上，一场神圣而激动人心的入党宣誓仪式在这里举行。毛泽东亲自主持了赖毅、陈士榘、欧阳健、鄢辉、李恒等 6 人的入党宣誓仪式。“牺牲个人，努力革命，阶级斗争，服从组织，严守秘密，永不叛党。”昏黄的煤油灯下，6 张年轻而激动的面孔，6 双紧握的拳头，低沉而坚定的誓言穿透重重黑夜。

1976 年，时任南京军区副政委的赖毅将军，回忆起当年宣誓的情景：房间里放着几张板凳，靠北墙有一张四方桌，桌上放着一盏煤油灯，桌边上压着两张下垂的红纸，一张写着入党誓词，另一张写着三个弯弯曲曲的外国字：C.C.P。这三个外国字是英文“中国共产党”第一个字母的缩写。

宣誓仪式结束后，按照毛泽东的指示，各连队党代表抓紧发展士兵党员，连队党支部逐步建立起来。有了党的领导核心，战士革命热情更加高涨，逃跑事件很少发生。在《井冈山的斗争》一文中，毛泽东总结道：“红军所以艰难奋战而不溃散，‘支部建在连上’是一个重要的原因。”①

湘赣边界六县一山的湖南茶陵县城西，始建于南宋年间的古城墙，经过数百年风雨的侵蚀，依然守护着这座县城。80 多年

① 《毛泽东选集》第 1 卷，人民出版社 1991 年版，第 65 页。

前，毛泽东领导的工农革命军便是从这里几度攻入井冈山西边的门户和屏障茶陵城，并建立了中国第一个县级红色政权。

1927 年 10 月，就在毛泽东屯兵水口之时，一团政治部主任兼一营党代表、前敌委员会委员宛希先率领二连、三连，于 10 月 21 日一举攻占茶陵县城，史称“一打茶陵”。革命军占领国民党县长公署，砸开牢门，救出了关押在此的李炳荣等 80 余名工农运动骨干分子，还擒获了国民党的县长，将抄没的钱物分发给贫苦百姓。

此时，毛泽东在水口得知王佐同意秋收起义部队上山的表态，加上其他诸多因素，促使他最后下定决心在井冈山地区建立根据地。于是兵分两路，一路由宛希先带领，占领茶陵县城后，当即撤出，经茅坪上了井冈山。另一路即主力由毛泽东带领，折向江西遂川。10 月 23 日，工农革命军主力在遂川大汾遭敌袭击，部队被隔断，一部到桂东活动，另一部由毛泽东带领，到达荆竹山。这时，王佐派代表朱诗柳迎接部队上山。10 月 24 日，毛泽东集合部队，要求部队上山后，搞好与王佐部队的关系，遵守群众纪律，密切军民关系，并当场宣布了三项纪律：“行动听指挥；不拿老百姓一个红薯；打土豪筹款子要归公。”然后，部队经双马石到达大井。10 月 27 日到达茨坪。至此，毛泽东率领的湘赣边界秋收起义队伍，艰难转战一个多月，行程 4000 多公里，终于将红旗插上了井冈山，在井冈山上开始迎风招展。

工农革命军上了井冈山后，将攻打茶陵作为向外发展首选目标。1927 年 11 月 18 日，在毛泽东的部署下，工农革命军主力近 500 人在第一团团长陈皓和宛希先等率领下，第二次攻占茶陵县城。然而，攻下茶陵城后，团长陈皓却在茶陵城里当起了“官老爷”。他派曾做过安徽旌德县县长的谭梓生担任县长，自己掌握实际的军政大权，既不打土豪，也不开展群众工作，整日只顾自己享乐。党代表宛希先见此深感忧虑，立即致信在井冈山的毛泽东。毛泽东回信指示：“新政权不能搞国民党那套，要成立工农兵政府……”11 月 28 日，在宛希先的主持下，茶陵县工农兵政府正式成立。民主选举产生了 3 位工农兵代表：谭震林、李炳荣、陈士榘，由工人代表谭震林担任政府主席。红色政权成立后，成立了由陈韶任书记的中共茶陵县委，恢复了县工会、农会，建立了赤卫队，立即组织和发动群众开展打土豪的斗争，掀起了激烈的斗争风暴。茶陵县工农兵政府成为了中国红色政权的发端。

三、砻市会师：军旗飘扬井冈山

每一个共产党人都是一面鲜红的旗帜，每一个共产党人都要用信仰的力量去时刻准备用生命去捍卫中国共产党这面旗帜，要让这面旗帜始终指引着我们前进的方向。当信仰被高高举起，人的头颅便昂扬向上，我们的躯体挺拔健壮，我们敢于为了人民去付出鲜血与生命，人民便把我们高高举起。当信仰蒙上灰烬，人便如行尸走肉，无视人民的苦痛，把百姓的生死放在一边，人民便狠狠地把他抛弃。谁乐意当没有信仰之人？中国共产党之所以获得人民的信任，正是因为共产党人信仰“为人民服务”的真理，且前仆后继、舍生忘死地去捍卫信仰。在新中国的史册上，展开人民共和国诞生的那一页，我们常常可以看到这样的场面：毛泽东和朱德两位领袖的画像并列悬挂在高大的建筑物上，悬挂在庄严的大会主席台上；到处有人民高举两位领袖的画像在欢庆胜利，欢呼解放；在历史纪录片里，我们看到毛泽东和朱德并肩走上天安门城楼，向全世界宣告新中国的诞生。在缔造人民共和国的血与火的岁月里，“朱毛”是中国人民同国内外反动派英勇战斗的胜利的旗帜。

1928年，朱德率领部队，向罗霄山脉挺进。万山叠翠，云烟舒卷，朱德激情无限，扑脸的松风，惬意的湿气，引发了他不尽的遐思。几个月来，他一直留意这座山，钟情这座山，尤其是毛泽东派何长工来联络之后，他上山的欲望愈来愈强烈。

那年，他42岁，一脸浓密的胡子使他像个50开外年纪的人，他的高大身躯使人想起一座山，其间仿佛蕴藏着无穷力量。走在他身旁的是他的新婚妻子伍若兰。伍若兰告诉朱德：已经快到沔渡了，从沔渡到宁冈只有30里了。“只有30里了，快到了！”朱德喃喃自语。回首自己走过的路，他百感交集。

朱德，字玉阶，化名王楷，1886年12月1日生于四川省仪陇县，早年加入同盟会，参加了辛亥革命，1915年在云南参加反对袁世凯称帝的起义。1917年在四川参加反对段祺瑞的护法战争。1922年9月赴德国留学，同年11月加入中国共产党，1925年到苏联学习，次年回国。在举世闻名的南昌暴动后，他任第九军副军长。

南昌暴动主力部队在从汤坑转移到乌石的途中，遭到覆灭性的打击，惟朱德率领的第二十五师和教导团在三河坝带领2000

多名官兵突围，在饶平会合了从潮汕撤下的零散人员，使部队增至 2600 人。其时，部队思想混乱，又失去了同周恩来及起义总部的联系，朱德义无反顾，决心把革命这面红旗打下去。他在饶平稍事整顿后，经平和、永定、象洞、上杭向西北急行军，于 10 月 16 日达闽赣交界的武平。敌人派钱大钧部一个师紧紧尾追，迫近武平，朱德指挥部队迎敌，打退敌两个团后，命粟裕排长领兵占武平城西门外山坡，掩护大部队转移。在石径，朱德亲自领着几个警卫人员在荆棘乱石中攀援，为部队杀开了一条血路。这支孤军没有垮，但经不起考验的动摇者和叛变者不乏其人，开小差的有的自己走，有的甚至带一个班、一个排、一个连走，到了信丰，部队只剩下七八百人。师、团级干部中，仅剩下第七十三团指导员陈毅、第七十四团参谋长王尔琢。

朱德在陈毅、王尔琢的支持下，将这支队伍带到信丰，开始了类似毛泽东在三湾那样的整编。宣布愿者留，不愿者去，整编后为 7 个步兵连、1 个迫击炮连、1 个重机关枪连，合拢 9 个连，成 1 个团。部队取用“国民革命军第五纵队”番号，司令朱德、指导员陈毅、参谋长王尔琢。改编后的部队精神面貌焕然一新，接着，到达湘、粤、赣三省交界的崇义山区。朱德、陈毅率部发动群众，打掉了占山为王的土匪何其郎部。其时，听说毛泽东的一支部队也在这一带活动，陈毅即便服化装去找寻，同在大汾失散的张子清、伍中豪接上了头，知道了毛泽东的去向。12 月上旬，朱德部到仁化，得知广州起义的消息，兴冲冲率部往广州赶，赶到韶关，得知广州起义失败。朱德、陈毅又把部队拉到韶关西北 60 里的犁铺头。何长工找到犁铺头，与朱德联系上了，介绍了毛泽东在井冈山创建根据地的情况，朱德欣喜万状，表示待部队利用范石生的旧关系得到补充后，会慢慢向井冈山靠拢。朱德部隐蔽在犁铺头，终于被敌人获悉，蒋介石命令 4 个团进驻韶关，并要范石生逮捕朱德。范石生将情况密告朱德，朱德、陈毅即率部撤出犁铺头，进入湘南，与湘南特委接上头，发动了湘南暴动。从在南昌城头打响武装斗争的第一枪，至此已经 8 个多月了，朱德矢志不移，历尽艰辛，辗转奔波，他在寻找着一条理想之路，寻找着一个理想的立足之地。毛泽东开辟的井冈山根据地，引发了他强烈的冲动，他钦佩毛泽东的目光与决策。“到井冈山去！”是他和他的部队最明智的选择。八一起义，以城市暴动为始，以落脚农村为终，顺乎潮流地奏出了中国革命的主旋律。4 月 23 日上午，朱德和他的部队开进到了沔渡。还没住下，朱德就对伍若兰说：“快帮我找林彪来。”少顷，一个身材虽然瘦弱但目光刚毅的青年军官来到朱德面前，他就是林彪。年仅 21 岁的林彪，在朱德率领八一起义残部艰苦辗转时，虽然有过脱离部队的打算，但毕竟是一念之差，他留了下来，这使他往后的命运发生了质的变化。这个黄埔军校四期毕业生，在跟随朱德的征途中，在耒阳城战斗中崭露头角，以 4 个轻伤的代价消灭了敌人一个连，缴枪 100 多支，令朱德刮目相看。后来，林彪由连长升为营长，客观原因是营长脚受伤，主观原因当然还是林彪自己展现出的才干。可以这样说，林彪这时还不是一个举足轻重的人物，但他正在用自己的聪明善战，使自己脱颖而出。朱德找林彪来，是向他了解陈毅的情况。林彪把工农革命军第二团接应陈毅的情况作了详细汇报，并肯定地说：“陈毅的队伍今天下午会赶到沔渡。”朱德对林彪的回答甚为满意：“那好，我们不走了，在这里等陈毅，两支人马会合后一块儿进砻市。”林彪所料不差，到了下午，王尔琢兴冲冲地向朱德报告：“工农革命军第二团和陈毅的队伍抵达沔渡。”朱德大悦，跑到村口迎接工农革命军第二团和陈毅。见过何长工、袁文才、王佐，朱德忍不住一拳擂在陈毅身上，笑道：“久违了，久违了！”“相见时难别亦难。”陈毅指着何长工、袁文才和王佐对朱德道：“多亏了他们前来接应，不然，你我不知何时才能相见。”

1928年5月4日，朱毛两支部队在砻市隆重召开会师和工农革命军第四军成立大会。两军会师后，人民群众奔走相告，宁冈县委筹集了够两万人吃20天的粮食，砻市街道清扫得干干净净，大红标语随处可见。龙江岸边的沙洲上是庆祝大会会场，工农革命军和从四面八方拥来的群众、赤卫队员，扛着步枪、红缨枪，举着红旗，计有两万多人，云集于沙洲。军号、鼓乐与鞭炮齐鸣。大会执行主席陈毅庄严宣布中国工农革命军第四军成立，朱德任军长、毛泽东任党代表、王尔琢任参谋长，下设3个师9个团。朱德在大会上讲话，说：“今天我们在这里高高兴兴地庆祝工农革命军的大会师，可是有人对于我们的会师却是怕得要死，恨得要命，这个人就是蒋介石。蒋介石肯定是不会甘心的，我们要随时作好准备，坚决打败敌人进攻，巩固湘赣边界根据地，促进革命高潮的到来，把蒋介石活活气死。”毛泽东在热烈的气氛中接着讲话道：“两军会合之后，力量更加壮大了，我们要把罗霄山脉中段政权建设好，不断积蓄和发展革命力量，在长期的斗争中逐步地争取革命的胜利。别看敌人暂时强大，没什么了不起，俗话说十个指头有长短，荷花出水有高低，敌人各个地方的力量也有强有弱，集中力量一点一点地消灭敌人，掌握战争的主动权。所以说，我们一定能打败敌人，一定能夺取胜利……”宁冈县委书记龙超清在大会上表示，要努力搞好地方上各项工作，支援工农革命军打胜仗。井冈山会师，为中国革命竖起了一块新的里程碑，标志着由毛泽东初创的这块农村革命根据地进入大发展时期。没有这个大发展时期，此后发生的向赣南闽西进军几乎是不可能的，“星星之火”所引发的燎原之势更是不可能的。正如毛泽东所说：“一国之内，在四围白色政权的包围中，有一小块或若干小块红色政权的区域长期地存在，这是世界各国从来没有的事。这种奇事的发生，有其独特的原因。”①

朱毛会师之后近半个世纪里，两位巨人相互帮助、信赖，共撑着革命的大旗，为20世纪的中国历史谱写了光辉的乐章。他们的关系虽然有过短暂的曲折，但总的来说十分融洽、和谐。在井冈山，经过短暂的磨合，他们就开始了很好的合作，并肩战斗在井冈山，共同创造游击战十六字诀。朱毛会师后，在短短四个月内，连续取得五斗江、草市坳、龙源口、永新、黄洋界战斗的胜利。“革命雄师会井冈，集中力量更坚强。红军领导提高后，五破围攻固战场。”1957年朱德咏诵这首诗描绘的就是这样的情形。

井冈山斗争时期，毛泽东似乎更长于作战略上的运筹帷幄。他除主要做军队党和政治工作外，还花很大精力做地方工作，建

---

①《毛泽东选集》第1卷，人民出版社1964年版，第48页。

立政权，发动群众开展土地革命。他也注意研究军事工作和指挥艺术，但常常把战役战斗的指挥交给朱德具体负责。朱德也是具有政治远见的战略家。他长期搞军事，是久经沙场的老将，战场指挥对他来说是驾轻就熟的事情。所以，这样的分工也名正言顺。朱毛两人各有所长，相得益彰，真所谓是文武结合，文韬武略，合璧生辉。对于朱毛在井冈山的配合，很多老红军都有回忆。比如萧克将军回忆到："在今天的年轻人中，大概没人知道'朱''毛'这样两个字。书本上没有，字典上查不出。但这些参加过井冈山斗争的老同志都很熟悉。那时，在行军途中的岔道口，见到'朱'字就向右转，见'毛'字就向左转。大家嘴上不说，但心照不宣，都知道这两个字代表着我们的军长朱德、党代表毛泽东，代表着红军第四军，朱毛，朱毛红军也就是这样叫起来的。那时候，老百姓这样叫，中央的文件上这样写，就连白区的报纸也这样报道。"① 对于朱毛在井冈山的亲密协作，上将陈士榘回忆说，每当我们看到朱毛二人如此配合默契，相互理解和支持时，无不感到兴奋和鼓舞，大家都说：真是分不开的朱和毛。

朱毛能走到一起并不分开，首先是因为他们有共同的革命理想和追求，这是根本的，也是团结的基础。俗话说，道不同不相为谋。朱毛能够走到一起，就是因为他们都有为劳苦大众谋利益的志向，有着共产主义的远大理想。会师之前，他们就神交已久。为了寻找一条救国救民的正确道路，朱德历经艰辛。从1909年在云南陆军讲武堂参加同盟会算起，朱德经历了辛亥革命、二

① 萧克：《朱毛红军侧记》，中共中央党校出版社1993年版，第1页。

次革命、护国战争、护法战争，直到 1922 年找到了马克思主义，加入了中国共产党，其间耗去了宝贵的 13 年光阴。从民主主义者到共产主义者的转变，从寻找共产党到加入共产党，这是朱德人生道路上的一次飞跃。毛泽东早年生活虽然没有朱德那样曲折，但也是循着从忧国忧民到救国救民、从追求真理到接受马克思主义的方向一路前行。同样的爱国主义思想基础，使毛泽东和朱德一样，走上了革命道路。朱德和毛泽东虽然早期的阅历不同，但志同道合，心心相印。历史将重大的使命交给了他们，他们一齐闯过腥风血雨，一起面临生死考验……虽然在这对亲密无间的战友之间也有过意见分歧，有过争论，但很快就烟消云散，他们的真诚友谊保持到生命的最后一刻。

朱德有一句诗："物色风尘谁作主？请看砥柱正中流"，与毛泽东的诗句"问苍茫大地，谁主沉浮""到中流击水，浪遏飞舟"很相似。显然，他们都使用了"谁主""中流"两个词语并非偶然，说明他们志向相同。毛泽东到达井冈山后，派何长工去寻找朱德部队。同时，朱德也便派毛泽覃到井冈山同毛泽东取得联系。几经周折，在毛泽东部队的掩护和接应下，朱德部队安全地转移到达井冈山，实现了井冈山会师。此后，朱毛的革命情谊，在为实现共同理想而长期并肩战斗中不断铸牢，他们的友谊经历了血与火、生与死、胜利与失败的考验。同样地，我们可以在这里思考一下，为什么，当时国民党的部队反反复复地对井冈山革命根据地进行"进剿""会剿"，为什么就剿不了呢？一个重要的原因，是各派军阀虽然在口头上说效忠党国的利益，但是各有私心，争权夺利，明哲保身，我们朱毛红军，恰恰就是在军阀派系纷争的夹缝中求得生存和发展的。

朱毛之所以不可分，还因为他们在合作共事中既能够坚持正确的真理和原则，又敢于面对和认识彼此的分歧和错误，有宽厚大度的胸襟。朱毛一贯互相信任和敬重。朱毛之间虽然有过分歧、争论甚至错误，但他们都不计较个人的恩怨，始终以革命事业大局为重。1928 年，杜修经等人利用红二十九团的恋乡观念，不顾毛泽东的反对，导扬他们向湖南冒进，朱德、陈毅也未能制止住这一行动，带兵南下，结果兵败郴州，红二十八团遭受损失，红二十九团几乎全军覆没。毛泽东闻讯后，抱病带着红三十一团的一个营赶到湘南接应他们上山。下山时，他对红三十一团的官兵说，我们要同红二十八团第二次会师，他们在郴州战斗失利没有什么关系的，我们对他们要采取团结和欢迎的态度。对此，杨得志上将回忆说：毛党代表不但没有批评我们，还说，井冈山人民天天打听红二十八团哪里去了，盼望我们快些回去，刚刚经历了失败的我们，听了这些话，感动得泪水怎么也止不住。毛泽东同志不顾个人安危，维护党和军队团结的伟大精神，给了我们极深的教育。

通过井冈山的实践，朱德很佩服毛泽东。他感到，毛泽东无论马列主义理论水平，还是对客观事物的分析概括，都高人一筹。当实践反复证明毛泽东的领导是正确的之后，朱德便真心诚意地拥护和支持他。在中央苏区，当毛泽东遭到“左倾”错误领导人的排斥和压制之时，朱德仍尽力争取留毛泽东在前方指挥作战。在遵义会议上，历来稳重的朱德拍案而起了，他愤怒指责李德等人的瞎指挥，坚决支持毛泽东的正确主张。

在长征途中，张国焘进行了分裂党和红军的活动。朱德在自身处境十分艰难的情况下，对张国焘的错误行为进行了针锋相对、有勇有谋的斗争。他坚决执行党中央北上抗日的正确方针，维护了党和红军的团结统一。他经常说，“天下红军是一家”“朱毛不分家”“你张国焘就是把我劈成两半，我也不会反对党中央和毛泽东”。当毛泽东得知此事的详情后非常感动，称赞他“斗得有理有节，临大节而不辱”，“度量大如海，意志坚如钢”。1946 年，在朱德的六十大寿上，毛泽东盛赞他是“人民的光荣”。这是毛泽东对朱德的最高评价。在朱德诞辰百年大会上，徐向前总结道：“朱德同志汪洋大度，宽厚过人，光明磊落，堪称团结的楷模。他搞五湖四海，历来不搞‘圈圈’‘摊摊’；处处以党和人民的利益为重，一贯不计较个人恩怨得失。”

无论在什么时候，朱德始终像红军时期毛泽东对他的评价那样“度量大如海，意志坚如钢”。他曾镇定自如地对夫人康克清说：“第一，历史是公正的；第二，主席和恩来最了解我，有他们在我担心什么？”不求同年生，但求同年死，作为战友，朱毛达到至高境界。1976 年 7 月 6 日，朱德走到生命尽头，65 天后的 9 月 9 日，毛泽东与世长辞。而不久之前，当朱德得知主席病情时还嘱咐医生快到毛主席那里，并说：等我身体好些我要去看望毛主席。

朱德和毛泽东自从井冈山上开始共事，前后历经近半个世纪的风风雨雨，整整 48 年，在共同走过了近半个世纪的革命征程后，他们不得不分别了。

1976 年 7 月 6 日下午 3 时零 1 分朱德的心脏停止了跳动，此时的毛泽东也重病缠身，他不可能来看望朱德，也没有能和朱德做最后的诀别。

当主持中央日常工作的华国锋来到中南海毛泽东的寓所时，毛泽东刚刚从生命垂危中被抢救过来，正静卧在病榻上。华国锋强忍着悲痛，向毛泽东报告了朱德逝世的消息。毛泽东听完华国锋的报告，用微弱、低哑的声音，有些急切地问道："朱德得的什么病？怎么这么快就……"毛泽东闭上了眼睛，沉默了一阵。他嘱咐一定要妥善料理朱德的丧事。3 个月之后，9 月 9 日，毛泽东与世长辞。九泉之下，毛泽东和他的老战友朱德又见面了，两双巨手又紧紧地握在一起。

四、新城会师：跃上井冈旗帜新

在中国革命史上，特别是在中国共产党的历史上，湖南曾出现了一大批的政治家、军事家。然而，在这些人当中，命运最为相关、性格最有特色、个性最为鲜明、经历最为传奇、关系最为复杂、最为特殊的两个，当数毛泽东和彭德怀。毛泽东与彭德怀于 1928 年 12 月在宁冈县茅坪一家中农的住房里实现了第一次握手，从此开始了他们之间长达 30 多年共同战斗的生活。在许多重大的历史关头，他们并肩战斗、相互配合：建立中央苏区、参加遵义会议、反对张国焘、抗日救国、解放大西北、抗美援朝……彭德怀多次受命于危难之时，毛泽东曾写诗赞颂彭德怀："谁敢横刀立马？唯我彭大将军。"

彭德怀对井冈山的向往由来已久。早在平江起义前，他曾给黄公略写过一首“密诗”，表明心志：“惟有润之工农军，跃上井冈旗帜新。我欲以之为榜样，或依湖泊或山区。利用周磐办随校，谨慎争取两年时。”[①] 他原是湘军周磐师长手下的上校团长，因文武兼备，很得上司器重，月薪有 400 多块银洋，生活待遇极为优厚。但穷孩子出身的彭德怀，为了实现“富国强兵、实业救国”的抱负，毅然抛弃旧军队里的优厚待遇，认定“惟有润之工农军，跃上井冈旗帜新”，把井冈山视为中国革命的一面旗帜，追随毛泽东走上了井冈山道路。

在平江起义前，彭德怀就已闻知毛泽东在井冈山拉起了一支队伍，闹得很红火。在他领导平江起义、成立红五军之后，身为红五军军长，他仍然念念不忘“井冈旗帜”，“欲以之为榜样”，发展红军和根据地。当红五军和湘鄂赣根据地遭到三省敌军“围剿”时，彭德怀几经努力，试图挺进井冈山，但未能如愿。

彭德怀为什么要上井冈山？他后来在《彭德怀自述》中写道：“当时，我个人认识到，为什么要以井冈山为旗帜、为榜样呢？这个旗帜是具体的，不是抽象的；是实际的，不是空洞的。南昌起义、秋收起义是失败了，都留存了一小部分力量，在井冈山会合，形成了当时的朱、毛红军，成为红军旗帜，不仅有号召作用，而且要在红军发展中成为统帅，使全军有头。在打土豪分田地、建立根据地的问题上，我在一九二七年冬、二八年春就注意井冈山。……在这个问题上产生了对毛润之的敬仰。”[②]

① 彭德怀：《彭德怀自传》，解放军文艺出版社 2002 年版，第 78 页。
② 彭德怀：《彭德怀自述》，人民出版社 1981 年版，第 112 页。

旗帜的作用在于引领方向与整合力量。有了旗帜，就会有思想统一，就会有万众一心，就会有目标汇合。正是向着这面旗帜，彭德怀冲破重重艰难险阻，率领红五军一部800余人，在1928年12月10日与朱毛红军主力胜利会师于宁冈新城，实现了"以井冈山为旗帜"的夙愿。在庆祝两军会师的大会上，彭德怀深情地说："井冈山革命根据地是毛委员、朱军长领导红四军建立起来的。她是中国革命的一盏明灯。"旗帜、明灯——这就是彭德怀上山的初衷、心中的信念。

彭德怀是从井冈山走出的共和国元帅，他以坚定的理想信念挺进井冈山，临危受命留守井冈山。留守井冈山后，他对守山部队立即进行部署，在五大哨口严密布阵，与井冈山军民一起浴血奋战三天三夜，为井冈山革命根据地的巩固和发展立下了不朽的功勋。他戎马一生，从领导平江起义到成为我党我军的重要领导人，历经土地革命、抗日战争、解放战争、抗美援朝……彭德怀同志的一生，可谓身经百战，战功赫赫，风云坎坷。有留守井冈山的顾全大局，有中央苏区的无比忠诚，有长征途中的勇猛善战，有解放大西北的运筹帷幄，有抗美援朝的临危受命，有庐山会议的犯颜直谏，有晚年身处逆境时的苦苦争斗……一直受到全党、全军和全国人民的敬重和爱戴。

1928年，在中国革命处于低潮时，彭德怀在7月22日毅然领导发动了平江起义，创建了平江苏维埃政府，成立了红军第五军，彭德怀任军长，滕代远任党代表，准备转战湘鄂赣边界。8月20日，红五军接到中共湖南省委指示信，要求避免与敌人主力部队作战，向浏阳、万载方向发展，“并派一部向萍、安与朱毛联络”。[①]一有湖南省委的指示，二是彭德怀久已敬仰毛泽东。于是，彭德怀怀着理想与追求，率领红五军向井冈山革命根据地进发。

此时，国民党军队对井冈山的第二次“会剿”遭受失败，井冈山革命根据地得到了极大的发展。当得知彭德怀率领红五军又要上井冈山，国民党当局极度恐慌。于是，急调鄂、赣两省部队“堵剿”红五军。但彭德怀还是冒着极大的艰险，带领部队从黄金洞出发，开始向井冈山挺进。行至江西万载时，由于内部有人告密，遭到国民党朱耀华部的突然袭击。红五军仓促应战，因情况不明和敌众我寡，部队伤亡很大，损失惨重。红五军第一次上井冈山受阻。

部队受挫后，由于国民党反动派进一步前堵后追，部队几乎每天都要打仗，有时一天要战斗数次，最多时一天打过七八仗。在这艰苦激烈的战斗中，许多战士献出了自己的鲜血和生命，但也有一些经不起考验的旧军官和意志薄弱分子临阵逃脱，甚至叛变投敌。部队面临的困难越来越大，处境越来越危险。由此，红五军决定在平、修、铜边境作短期休整。为了稳定军心，鼓舞士气，彭德怀及时总结了失利的教训，认真分析了敌我形势，对部队开展了全面整顿。彭德怀以坚定的理想信念鼓舞战士们说：“我们起义是为了干革命，干革命就不怕吃苦，不怕流血牺牲。如果

① 彭德怀传编写组：《彭德怀传》，当代中国出版社 1993 年版，第 65 页。

谁还想走，可以走。就是剩下我一个人，也要举着红旗，爬山越岭干到底！”

红五军在休整的同时，还分散到附近一带发动群众，帮助地方建立苏维埃政权，开展了轰轰烈烈的打土豪、分田地的群众运动。为不暴露再次上井冈山的意图，打乱敌人部署，彭德怀运用“欲南先北”的战术，率领部队主力先向湖北边境推进，然后又从湖北通城突然向南回师，直取修水，准备第二次上井冈山。不久，红五军到达了修、铜交界的台庄。在这里，红五军军委与湘鄂赣特委举行了联席会议，会议决定对红五军进行整编，将部队与地方武装合编为五个纵队。同时决定，黄公略率领第一、第二、第三纵队留在浏阳、平江一带坚持游击战争；由彭德怀、滕代远率领第四、第五纵队800余人开赴井冈山。11月，彭德怀、滕代远率部几经奋战，终于突破敌人重围，攻占万载，休整三日，乘胜继续南进，经萍乡、芦溪、宜春，直向井冈山前进。12月上旬，部队抵达莲花后与红四军前来接应的何长工会合，再经三湾，于12月10日来到宁冈新城与朱毛红军第一次会师。

红五军上井冈山，是继5月朱毛会师的又一次大会师。新城外的一个大草坪成了会师广场，红五军和红四军第二十八、第三十一团，以及群众近万人参加会师庆祝大会。广场上红旗飘扬，歌声嘹亮。

毛泽东、朱德、彭德怀、陈毅、滕代远等走上主席台。据李寿轩回忆，会师还出现了一个插曲：“领导同志一起走上台去，没想到台子搭得比较简陋，走上去人多了一些，一下子把台子压垮了。我们就立即动手。把台子重新搭好。这时，人群中有人小声议论开了，说什么‘哎呀，这可不吉利呀！今天刚会师台子就垮了’。这话大概被朱德同志听到了，他笑嘻嘻地跑上台去，朝大家说：‘同志们，不要紧，刚才台子垮了，但是我们立刻又把它搭好了，无产阶级的台是永远垮不了的。’人群中立即响起一片欢呼声。”①

毛泽东走到前台讲话：“同志们，红五军和红四军的会师，说明我们的革命力量越来越强大了，我们完全有能力打败国民党反动派，有能力将革命红旗插遍全中国！”朱德接着讲话：“我们的革命一定要胜利的，今天我们有红四军、红五军，将来，我们会有几十个军，我们能够彻底打碎敌人的‘围剿’！”彭德怀也作了热情洋溢的讲话：“同志们，我们将永远记住这个日子，永远记住……”是的，他永远记住了这个日子，从这天开始，他的一生与毛泽东、朱德紧密地联系在一起。毛泽东在会上分析了国内外的形势后指出：我们的革命事业就是这样从无到有，从小到大的向前发展，今天我们有了红四军和红五军，将来我们一定还会有几十个军。我们一定要粉碎敌人的围攻，最后胜利一定是属于我们的！彭德怀在会师大会上表示，我们红五军来到井冈山，一定要好好学习红四军的建军经验，共同把这块根据地建设好。②

红五军到达井冈山革命根据地的时候，时值湘赣两省反动派

---

① 《井冈山革命根据地》（下），中共党史资料出版社 1987 年版，第 599 页。

② 余伯流、陈钢：《井冈山革命根据地全史》，江西人民出版社 2007 年版，第 351—353 页。

加紧准备对井冈山革命根据地进行第三次“会剿”。面对极端严峻的革命局势，井冈山前委于 1929 年 1 月 4 日在柏路召开了前委、红四军和红五军军委、边界特委、各县县委及红四军各团、红五军大队以上干部联席会议。决定实施“围魏救赵”的战略方针，由红四军主力辗转外线伺机打击敌人后部，红五军和红四军第三十二团留守井冈山。在红五军军委讨论前委的决定时，多数同志不同意红五军留守井冈山，“他们的理由是：平江起义推迟了湘赣两省敌军的‘会剿’，现在，湘赣两省白军主力对井冈山‘会剿’，而对湘鄂赣边区的反动势力减弱，我们红五军已经完成了同红四军取得联络的任务了，就应当迅速北返，扩大湘鄂赣苏区根据地，传达六次大会决议，对井冈山根据地的坚持，也有配合作用。而不应当承担固守井冈山的任务”。

身为红五军的军长，彭德怀审时度势，反复考虑委员们的思想情绪。他高瞻远瞩，从革命的大局出发，力排众议，果断地承担留守井冈山的任务。彭德怀认识到，如果放弃井冈山根据地，将会对革命产生极大的危害，留红五军坚守井冈山可以吸引“会剿”敌人之主力，有利于红四军向外发展。在这种情况下，彭德怀怀着对革命高度负责的精神，在重大的战略抉择面前，顾全大局，反复说明守山的重要性，统一了思想，终于使红五军挑起留守井冈山的重担，“并且准备必要的牺牲”。他那坦坦忠心、荡荡赤胆和敢挑重担的高贵品质，使红五军的将士折服了。

彭德怀、滕代远深知这场战斗的分量，因此立即与边界特委在山上又召开了一次联席会议，号召大家团结一心，下定与井冈山共存亡的决心；进一步研究落实参战军民的兵力及部署，研究了应急措施，决定：“在军事方面，如五井被敌人攻破，五军冲出五井取道敌人薄弱的地方往赣南与四军取得联络。各县地方武装则尽可能埋藏于各县。在党方面，特委和县委均须留边界指挥工作，党不能离开群众。”

彭德怀带领各级指挥员，脚穿草鞋，翻山越岭，勘察地形，向特委提出了一系列守山的计划。他和战士们一起，挖壕堑，背木头，扛石头，筑工事，到60里以外的宁冈挑米上山，储备军粮，并督促地方工农兵政府组织群众积极支前，勇敢参战。每挖完一道壕堑，每筑成一座工事，他都亲自去检查，发现不符合要求的，命令推倒重来。他告诫大家说：现在多流汗，反“会剿”时就可以少流血，就可以更多地保存革命力量。在他的激励下，官兵们把每道壕堑和每座工事都修得固若金汤，还在五大哨口周围布上了一条十多里长的竹钉防线。为了尽最大的努力来武装部队，彭德怀还下令军械处多制马刀、梭镖、单响枪、五响枪，亲临军械处和工人一起拉风箱、添木炭，挥锤掌钳，加钢淬火，使工人们把制造武器视为奔赴战场，对胜利充满信心。当时，井冈山的群众看到红四军主力要转赴外地，对反“会剿”忐忑不安。他走村串寨，上门去做思想教育工作，用一些深入浅出的比方，解开大家心灵上的疙瘩，鼓舞了斗志，振奋了精神，使军民齐心投入反“会剿”的战斗。他采纳了第三十二团副团长兼第二营营长王佐的建议，将第二营一个连分散在山下，负责侦察敌人的行动，然后让自己的得力助手李灿率第一大队和徐彦刚带领的莲花游击队镇守雄关险隘黄洋界哨口，将有勇有谋的贺国中派往桐木岭哨口，指挥第八、第九两个大队；把迎难而进的彭包才派往耸入云端的八面山哨口，带领第十大队拒敌；下庄是王佐老家，则由王佐的第三十二团第二营扼守。他还让红军医院党支部把轻伤病员组织起来，准备在必要时刻投入战斗。

1929 年 1 月 26 日，进剿的敌人开始齐头向井冈山革命根据地并进：井冈山五百里崇山峻岭，时而响起嗒嗒的机枪声，时而震荡隆隆的大炮声……战斗气氛十分紧张，仿佛一把火就能把苍穹的空气全部点燃。一身浩气、满脸威严的彭德怀，运筹帷幄，镇定自若，冒着敌人的炮火，在阵地前沿观察敌情。此时的井冈山上天寒地冻，树上的冰凌茶碗般粗，山间的小路镜子般滑。战士们的生活极端艰苦，饭菜从 15 里路以外送来，冰凉坚硬。最难熬的是夜间，雨雪交加，工事里泥泞如浆，坐不能坐，卧不能卧，疲乏的战士一躺下，胸上积雪，背下透泥……尽管如此，官兵们仍然坚持了三天三夜。1 月 29 日，湘敌买通了当地游民陈开恩，由他带路，沿着崎岖的小溪攻占了小井，黄洋界哨口失守。随后，八面山、桐木岭、双马石哨口相继失守。

弹尽粮绝，孤立无援，井冈山万分危急……这时，在红五军面前只有两种选择：一是继续死守井冈山，战斗到最后一个人；二是集中兵力，冲出重重包围，保存革命力量，再伺机夺回被占领的井冈山。为了保存革命的有生力量，避免全军覆灭的危险，彭德怀遵照中共湘赣边界特委和红五军军委联席会议关于“五井如被敌人攻破，五军冲出五井取道敌人薄弱的地方往赣南与四军取得联系”的决定，率领收容起来的六七百人，再加上伤、残、病、弱共千人，从井冈山腹部峭壁向西面突围。

可是，窜进井冈山来的敌人，已经把座座山岭、条条谷壑包围得严严实实。突围部队在无路可走的情况下，攀悬崖，翻峭壁，穿行在人迹罕至的原始大森林里。他们用马刀劈荆斩棘，一步一步艰难地前进。饿了，拨开冰雪拔把草根；渴了，抓把雪团放进嘴里。彭德怀对大家说：我们要下决心突围出去，只要大家坚强、勇敢地冲过这个难关，我就自有办法！路上，他把自己的鞋脱下来供给伤员，把自己的马让给伤员，用自己的心温暖着官兵。经过两天一夜，红五军终于翻越了六背坳，经上烟、长坪、樟坑、石门岭来到大汾附近的长冈坪。彭德怀指着路旁一棵傲雪而立的苍松对大家说："我们革命的队伍，人人要像这棵松树一样，不怕日晒雨淋，不畏雪压冰冻。现在，前面就是敌人的第四道防线，我们要打垮它，摧毁它，胜利地冲过去！"在他的鼓动下，经过一场恶战，红五军终于冲破了敌围。可是，彭德怀却一只脚穿草鞋，一只脚打赤脚。官兵们见状，感动得热泪盈眶。经过四十多天艰苦的行军和战斗，彭德怀率领红五军于 1929 年 4 月 1 日在瑞金与红四军第二次会合。

井冈山军民第三次反"会剿"虽然失败了，但彭德怀、滕代远等领导指挥下的守山部队在战斗中表现出来的顽强不屈的精神，泣天地惊鬼神。由于红五军等守山部队在坚守井冈山的过程中钳制和拖住了敌人，从而为红四军出击赣南赢得了时间，创造了条件。

1929 年 4 月 4 日，彭德怀写信给中共中央，报告了平江起义、守卫井冈山和突围战斗经过。4 月 5 日，红四、红五军军委召开联席会议。彭德怀在会上汇报了坚守井冈山和部队被迫突围经过，并主动提议回师井冈山，夺回井冈山革命根据地。4 月 11

日，彭德怀出席了于都红四军前委扩大会议。前委根据彭德怀的提议同意红五军返回井冈山，恢复湘赣边苏区。

会后，彭德怀以极强的使命感率领红五军日夜兼程，再次向井冈山挺进。部队行至于都，消灭了敌刘士毅旅一个营；途经安远，扩军 170 多人；路过新田，缴获 3 担子弹。一路上官兵情绪高涨，信心倍增，仅 10 多天的时间，红五军又扩大到 700 多人。4 月 28 日，部队到达草林圩，又重重地打击了肖家璧、李世廉二匪。随即，打倒了几家土豪劣绅，顺利地翻过朱砂冲哨口，于 4 月底回到井冈山。

井冈山经过敌军烧杀抢掠，此时的茨坪和大小五井到处是残墙断壁。处在水深火热之中的老百姓听说彭德怀回来了，都从茅棚子里跑出来，讲述红军走后敌人对井冈山实行的“石头要过刀、茅草要过火、人要换种”的惨无人道的烧杀政策，诉说红军走后的悲惨遭遇。彭德怀看到这些曾和自己生死与共的幸存者长发蓬乱、骨瘦如柴，心里非常难过，泪流满面。他一边安慰乡亲们，一边发给井冈山的乡亲们每人一块银元，鼓励他们开展生产自救。

此后，彭德怀很快与边界各县的红军和地方党组织取得联系，部署重建根据地工作。为恢复地方武装，彭德怀等分别和地方干部深入区、乡，重建各级工农兵政府，要求转入地下活动的党组织重新登记党员。不久，新遂边陲特别区政府和区、乡工农兵政府又重建起来了，赤卫队、暴动队、妇女会、儿童团又成立了。彭德怀号召各区、乡打造武器，训练武装，镇压反动势力，没收土豪劣绅的房屋、田地，分给劳苦大众。井冈山的工农武装割据又搞得热火朝天。

与此同时，红五军在边界进行了扩军，仅一个月，就发展到1500多人，还取得了黄坳、青石岗和尚庄几次战斗的胜利。在红五军的影响下，边界各县赤卫队、暴动队、游击队，到处打击反动派。几个月内，遭到敌人破坏最严重的遂川成立了临时县委，宁冈、永新、莲花恢复了工农兵政权，茶陵、酃县重建了党组织。井冈山革命根据地的大旗，又飘扬在湘赣边界。

彭德怀以坚定的理想信念上井冈山，不畏艰险，自觉地服从党的决定，临危受命，顾全大局，勇敢地承担留守井冈山的重任；在强大敌人进攻面前，他沉着应战，指挥若定；在敌强我弱、战斗不利的情况下，他运用灵活机动的战术，及时带领部队突围，保存了革命队伍；他把武装斗争、政权建设、党建等项工作有机地结合起来，发展了工农革命力量。彭德怀上井冈山使井冈山革命根据地得到了巩固和发展；坚守井冈山使红四军脱离了险境，保存了革命的火种；重返井冈山又恢复了井冈山革命根据地。从1928年12月到1930年春一年多的时间里，彭德怀带领的部队，从井冈山突围所剩不过500余人，200多条枪，后来发展到几千人，成为红一方面军中的一支劲旅，为革命的深入发展打下了坚实的基础。

五、艰难转战：风展红旗如画

穿越血与火的历史烟云，历经建设与改革的风雨洗礼，伟大的中国共产党90多年来披荆斩棘。翻开那历久弥新、纯而厚重的史册，那记着的是一群怎样的人——面目焦黑，唯一可见的是那血红的眼——在无尽的黑暗中远征。斗争，以命搏命；斗争，呐喊，嘶吼着，欲撕裂那黑暗的天，革命理想高于天，是他们一生的信念，一生的执着。倒下后，那眼里透露的尽是不甘、愤怒与那一往无前的无畏，哪怕是死，他们也要用身体擎起革命的星火，直至成灰。他们是一群怎样的人？是一群坚忍不拔的人，是一群永远不屈服的人，是一群脚踏实地的人——中国共产党人。有一种那样的氛围，让人肃穆；有一种那样的精神，让人感动；有一些那样的英雄，让人敬佩。井冈山斗争的历史，所留给我们的东西，是确凿真实的。井冈山两年零四个月的斗争，840来天的斗争历程，这里的一山一水都留下了红军官兵艰苦卓绝的斗争足迹。在这里总共倒下了 48000 多名革命先烈，他们都走得非常匆忙，匆忙得来不及和自己的家人说一声再见；他们也走得非常壮烈，很多人走的时候也来不及留下自己的姓名和住址。这种匆忙，已经在历史的长空中化作了永恒的遗憾。在这里长眠的烈士，有无数，他们都为理想而来，为信仰而坚守，为主义而牺牲。这里的一切的一切，与共和国有关，这里的一草一木与共和国有着千丝万缕的联系。每一处旧居旧址，站在其中任何一处，也许，都有一些细节，在忽然之间，触动无数。

90 多年前，面对大革命失败后的血雨腥风，以毛泽东为代表的中国共产党人挺进罗霄山脉，在井冈山上前赴后继、浴血奋战，创建了中国第一个农村革命根据地，开辟了“以农村包围城市、武装夺取政权”的具有中国特色的革命道路，谱写了中国革命的崭新篇章，培育了以“坚定信念、艰苦奋斗，实事求是、敢闯新路，依靠群众、勇于胜利”为主要内容的伟大的井冈山精神。从此鲜为人知的井冈山被载入中国革命历史的光辉史册，被誉为“中国革命的摇篮”和“中华人民共和国的奠基石”，这里成了马克思主义中国化的开篇之地。

90多年前，井冈山是一个名不见经传的小山村，这里“人口不到两千，产谷不到万担”。但以毛泽东、朱德为代表的中国共产党人在这里以坚定的党性、优良的作风和严明的纪律，与井冈山人民结成了坚不可摧的铜墙铁壁，井冈儿女也用自己的生命和鲜血给我们党、我们这支部队投了最真诚的一票。由此，中国革命在这里拉开了胜利的帷幕，井冈山成为了中国共产党革命历程中的永远的丰碑，中国革命不断走向胜利的光辉起点。

在这里，无数革命烈士用生命和鲜血谱写了一幕幕抛头颅、洒热血的英雄壮举，诠释了中国共产党人为主义而牺牲的崇高理想。在这里，经历了辉煌与胜利，低迷和挫折，但面对战争的残酷、生活的艰苦，以毛泽东为代表的共产党人坚信“边界红旗始终不倒”，坚信“星星之火，可以燎原”，坚信中国共产党人的革命事业是大海中看得见桅杆尖头的“航船”，因而理想和信念成为井冈山精神的灵魂。在这里，生活“苦到了极度”，但面对艰难困苦，共产党人身先士卒、率先垂范，红军将士们激情满怀地唱出了“红米饭，南瓜汤”的豪迈，正是这种艰苦奋斗的作风使共产党人渡过了革命初期一个又一个难关，赢得了一个又一个胜利。在这里，“打土豪，分田地”，“分田分地真忙”，体现了真心实意地为人民谋利益的革命宗旨。在这里，“三大纪律”、“六项注意”，赢得了广大人民群众的信任和拥护，成为了胜利的保证。

在这里，实行了官兵平等，进行了中国共产党人的民主实践，使人民军队焕发出前所未有的革命激情和活力。

井冈山凝聚着共产党人对真理和信仰的执着，对党和人民的忠诚，也镌刻着共产党人对精神家园的坚守。当年井冈山斗争的事业，是真心实意为人民谋利益的崇高事业。在这样的事业中坚守一生，都会成就伟大。共产党人的事业，就是这样的事业。时刻守护这样伟大的事业，就是共产党人的精神家园。在井冈山这个精神家园里，有着珍贵的“遗传密码”和“红色基因”——“坚定信念、艰苦奋斗，实事求是、敢闯新路，依靠群众、勇于胜利”。

井冈山是一块红色的土地，这里洒满了革命先烈的鲜血，这里见证了一段伟大的革命历程，这是靠无数中国共产党人坚定的信仰与信念凝聚成的胜利。这段历程，永远铭刻着革命先辈的丰功伟绩，永远传承着中国共产党人的优良传统，永远维系着中国共产党人历史、现在和未来的精神血脉。如今，尽管这段历史已经尘封，但在历史的深处感悟历史，这里的每一个故事都浸染着烈士的鲜血，每一个形象都记录着对信仰的坚定，每一个历史的片段都是对心灵的震撼，每一份坚持都印证着中国共产党人无比的坚强。这里是中国共产党人永远的精神家园。“家园”在居住的意义上是“祖屋”；在文化的意义上是“故园”，在历史的意义上是“根”。井冈山就是由理想、信念和精神铸就的中国共产党人的“祖屋”、“故园”和“根”。每一位共产党人置身其中，都会在精神上受到巨大冲击，思想得到洁净和升华，获得源源不断的为国家和人民不竭奋斗的推动力。这就是精神家园的神奇：让人心有所属，意有所指，身随心行，是一个让人有深刻归宿感的地方。

作为马克思主义政党，以人为本、执政为民是中国共产党的生命根基和本质要求。共产党与人民的关系，为鱼与水、血与肉、种子与大地的关系。传承着井冈山“红色基因”和“遗传密码”的共产党人，有着一以贯之、永不褪色的精神力量。从南湖的红船到八角楼的灯光，从红都瑞金的猎猎红旗到长征路上的赤胆忠心，从延安的宝塔到西柏坡“两个务必”的告诫，从改革开放的号角到实现中华民族伟大复兴的新时代强音，共产党人将为中国人民谋幸福的信仰，化作了顽强的精神信念。

弘扬井冈山精神，坚守共产党人的精神家园。正如习近平总书记2016年春节前夕考察井冈山时指出：坚持“坚定执着追理想，实事求是创新路，艰苦奋斗攻难关，依靠群众求胜利”。井冈山精神诠释了共产党人对“山沟里的马克思主义”的坚定信仰、对“星星之火，可以燎原”的坚定信心、对“革命山大王”的充分信任。回望中国百年近代史，几代共产党人的革命和探索，不仅在于救亡图存中实现国富民强，更在于以史无前例的历史使命实现中华民族的伟大复兴。弘扬井冈山精神，坚守共产党人的精神家园，就要实事求是、敢闯新路。我们既要仰望星空，更要脚踏实地。井冈山的先辈们经常饥一顿，饱一顿，但始终保持着革命的乐观主义精神；尽管他们穿的是草鞋，吃的是红米饭南瓜汤，背的是土枪，但他们行军打仗不分白天黑夜，他们把马克思主义的基本原理与中国的具体实际相结合，为的就是走出一条具有中国特色的革命道路。只有把发展与为人民谋幸福结合起来，发展才是有源之水，中国特色社会主义道路才会生机盎然。弘扬井冈山精神，坚守共产党人精神家园，就要依靠群众、勇于胜利。人民利益始终在我们党的价值体系中处于核心地位，始终是衡量党的一切工作最终也是最高的价值尺度。一切为了人民，一切依靠人民，一切服务人民是我们党的最大政治优势，脱离群众是我们党执政后的最大危险。习近平总书记在党的十九大报告中强调："人民是历史的创造者，是决定党和国家前途命运的根本力量。必须坚持人民主体地位，坚持立党为公、执政为民，践行全心全意为人民服务的根本宗旨，把党的群众路线贯彻到治国理政全部活动之中，把人民对美好生活的向往作为奋斗目标，依靠人民创造历史伟业。"这充分彰显了我们党始终坚持以人民为中心的价值追求和执政为民的责任担当，为把新时代中国特色社会主义推向前进提供了价值遵循。

"上井冈山伟大，下井冈山也伟大。"此话已成至理名言。上山，开辟了井冈山革命根据地，创造了中国革命的新道路，在全国人民的心中播下了希望和信任的种子；下山，开辟了中央苏区，创建了中华苏维埃共和国中央临时政府，20 多年后，收获了民心和胜利。如此壮举，岂不伟大！井冈山革命根据地，是毛泽东等老一辈革命家领导开创的中国第一块农村革命根据地。在中国革命史上，井冈山素以"天下第一山"、"中国革命的摇篮"、"中华人民共和国的奠基石"著称于世。井冈山的斗争，代表了中国革命的新方向。中国共产党领导的人民革命，是沿着一条独特的道路走向胜利的。这就是"以农村包围城市、武装夺取全国政权"的道路——井冈山道路。

大革命失败后，因为国民党反动派的屠杀政策，全国各地一片刀光剑影，腥风血雨。中国革命向何处去？中国的革命者都在思考这一问题，中国共产党人面临着重大的抉择。就在这时，毛泽东适时提出了“上山”思想。毛泽东在马日事变后、引兵井冈前，就对湖南的革命者提出“在山的上山，靠湖的下湖”；不久，在主持全国农会工作、制定策略方针时，几次提出“上山”理念；在参加中央的一些重要会议时，强调农军要“上山”，认为：“上山可造成军事势力的基础”，“纵然失败也不应去广东而应上山”。“上山”干什么？上山“结交绿林朋友”，上山做“革命的山大王”。

毛泽东熟谙中国历史上许多农民领袖和绿林好汉“占山为王”的典故，自然思考和借鉴了历史上“山大王”的经验。但毛泽东的“上山”思想与历代“山大王”的思想是迥然不同的。毛泽东“上山”思想的实质，就是将中国共产党人的工作重心，从敌人统治力量较强的中心城市，转移到敌人统治力量薄弱的农村山区去，就是“以农村为中心”的思想。上山，是中国革命从低潮走向复兴和胜利的必由之路；上山，是毛泽东创造农村包围城市、武装夺取政权理论的思想基础。这是一个崭新的思路，崭新的理念。

毛泽东是中国共产党内第一个“上山”的中央委员。毛泽东在湘赣边秋收起义失利后，审时度势，果断决策，适时地放弃了进攻中心城市长沙的原定计划，在文家市作出了“向萍乡退却”、向农村山区转移的决定。从此，中国革命的重心开始了由城市向农村的战略性转移。1927 年 9 月 25 日，工农革命军进抵井冈山地境莲花，得悉江西省委提供的可靠信息，毛泽东决定引兵井冈，随后到达永新进行了著名的“三湾改编”，部队获得新生。10月初，毛泽东在古城召开前委扩大会议，确定在罗霄山脉中段建立革命根据地，并获得“山大王”袁文才的鼎力支持，工农革命军始驻茅坪，建立了茅坪医院和后方留守处。工农革命军在茅坪安营扎寨，休养生息，恢复了元气，站稳了脚跟，并派人与朱德率领的南昌起义余部取得了联系，沟通了信息。

10月底，毛泽东率部进抵茨坪。随后毛泽东和前委从11月到翌年2月用了整整四个月的时间，恢复和建立党的组织，发动群众开展游击暴动，颁布了工农革命军的“三大任务”和“三项纪律、六项注意”，创办了桃寮红军被服厂，恢复了草林、大陇集市贸易，从而开创了以宁冈为中心的湘赣边工农武装割据局面。

革命政权是根据地赖以存在的根本标志。毛泽东从“枪杆子里面出政权”的思想出发，在湘赣边武装割据的过程中，一直十分注重革命政权的建立与建设。在确定建立以宁冈为中心的罗霄山脉中段政权的决策后，毛泽东以极大的精力领导井冈山军民开展分田斗争，发展群众武装，推翻反动政权，击破了赣敌第一次“进剿”。在取得军事上三大战斗胜利的基础上，先后建立了茶陵、遂川、宁冈三县红色政权。三县红色政权的建立，标志着井冈山革命根据地业已初步形成。这是在朱毛会师之前所取得的重大成果，是毛泽东独自领导开辟的。

井冈山革命根据地初具规模后，由于“左”倾错误的干扰，工农革命军被调往湘南，结果边界被敌占领一个多月，史称“三月失败”。1928年4月下旬，朱德、陈毅率领南昌起义余部和湘南农军万余人，移师井冈山，与毛泽东率领的秋收起义部队在宁冈砻市会师。朱德诗云：“红军荟萃井冈山，主力形成在此间。”朱毛井冈山会师后，成立了中国工农红军第四军，随即召开了湘赣边界党的一大，成立了以毛泽东为书记的边界特委，统一领导湘赣边界红军和根据地的斗争。边界特委和井冈山前委、红四军军委根据边界割据斗争的实际，制定了“创造罗霄山脉中段政权”的七条正确政策，毛泽东、朱德还创造了“敌进我退，敌驻我扰，敌疲我打，敌退我追”的十六字诀，指导开展红军的游击战争。是年五六月份，红四军以不足四个团的兵力，在同敌军八九个团甚至十几个团兵力的搏击中，取得了五斗江、草市坳和龙源口战斗的重大胜利，击破赣敌第二、三、四次“进剿”，边界进入全盛时期。这时，井冈山革命根据地拥有宁冈、永新、莲花三个全县，并延伸至遂川北部，酃县东南部，茶陵西南部以及吉安、安福各一小部。正当朱毛红军准备实施“推进战略”时，湖南省委不考察当时的情形，就派代表将红四军主力拉往湘南，攻打郴州，导致令人痛心的“八月失败”。幸而，毛泽东派兵亲自迎还红军大队，回师井冈山，三战三捷。期间守山部队又取得了黄洋界保卫战的胜利，红军收复边界失地，井冈山革命根据地方日臻巩固。10 月，毛泽东在边界党的二大上总结了边界工农武装割据的经验教训，创造性地提出了红色政权的理论。这一时期，边界军民在党的领导下，自力更生、艰苦奋斗，创办了军械厂、造币厂、印刷厂和小井红军医院等，打破了敌人的经济封锁，建设了井冈山和九龙山两个军事根据地。是年 12 月 10 日，彭德怀率领红五军 800 余人上山与红四军会合。

1929年1月上旬，为了打破湘赣敌军的“会剿”，红军主力实施“围魏救赵”的战略方针，兵分两处，红四军主力由毛泽东、朱德率领出击赣南，红五军及红四军第三十二团由彭德怀率领留守井冈山。由于敌我力量悬殊，1月下旬井冈山失守。随后，湘赣军民在边界特委领导下，改变斗争方式，开展游击战争，发展地方武装，恢复割据区域，开创了以永新为中心的湘赣革命根据地。这时，红五军应湘鄂赣特委要求，开往湘鄂赣边境活动，12月返回湘赣边界。1930年二七会议后，一场新的土地革命风暴席卷赣西南，边界斗争进入一个新的发展时期。3月，赣西南苏维埃政府成立。7月，赣西南地方武装主力红二十军成立。8月，红一、红三军团合编为红一方面军。10月4日，红一方面军在地方武装红二十军的配合下，一举攻克吉安重镇，赣西南红色区域连成一片，成立了江西省苏维埃政府，苏维埃红色政权拥有纵横400里的广阔区域，红透半壁江山。“边界红旗子始终不倒，不但表示了共产党的力量，而且表示了统治阶级的破产，在全国政治上有重大的意义。”到1931年11月7日，赣南、闽西根据地连成一片，中华苏维埃共和国中央政府成立。中国革命的星星之火，终成燎原之势。“下井冈山更伟大。”

在90多年前，我们的党为了把处在水深火热中的中国解救出来，从此走上了一条困难重重、铺满鲜血的红色之路。面对秋收起义的失败，党实事求是，勇敢地开辟新道路，从而建立了第一个革命根据地——井冈山，给我们留下了“星星之火，可以燎原”的佳话，为中国革命开辟了一条成功之路，为后人留下了宝贵的井冈山精神。“红军不怕远征难，万水千山只等闲”，面对敌机的狂轰乱炸，面对着雪山、草地这些恶劣的环境，我们的党仍然勇往直前，不怕牺牲，用血肉筑成了一座伟大的精神长城……经历血雨腥风的考验，还有什么能让旗帜倒下？经历曲折道路的考验，还有什么能让旗帜偏向？井冈山的红旗，飘过瑞金、遵义、延安、西柏坡，直至挂上天安门城楼，飘向全中国的神州大地。红旗在手，一条路、一条光明的坦途；理想在胸，一支歌、一支暗夜的航标。几经风雨，几经拼搏，征途上踏平了多少坎坷；几番曲折，几番开拓，前进中经历了多少探索。一代又一代共产党人，把握历史大势，顺应时代潮流，继往开来，与时俱进，开创了一条具有中国特色的社会主义道路。历史的烟尘掩盖不住岁月的风雨，当年的星星之火发展成燎原之势。无数的革命先驱将希望的种子撒向了人间，绽开了一片烂漫的红色。在那残酷的岁月里，他们在风雨飘摇中生存，以傲然之气担当天下之大义。在血与火的考验下，在烽火连天的战场上，前赴后继，英勇战斗。是中国共产党领导全国人民从民不聊生的封建中国，走向一个人民可以当家做主的新社会；是党领导人民在苦难中撑起一方蓝天，使民族的希望重现在世界东方，使中华人民共和国巍然屹立。

习近平总书记在建党 95 周年大会上指出：“中国共产党已经走过了 95 年的历程，但全党要永远保持建党时中国共产党人的奋斗精神，永远保持对人民的赤子之心。一切向前走，都不能忘记走过的路；走得再远，走到再辉煌的将来，也不能忘记走过的过去，不能忘记为什么出发。”

90 多年前，中国共产党诞生在一条小船上。中国共产党的成立，开启了一个崭新的时代。从南湖红船出发，我们党高举红旗走向井冈山，走向延安，走向西柏坡……由一个领导人民为夺取政权而奋斗的党，成为领导人民掌握政权并长期执政的党。中华儿女不会忘记中国共产党团结带领人民进行了前赴后继、气壮山河的伟大斗争，实现了开天辟地的大变化，成就了民族伟业。小小红船承载千钧，播下了中国革命的火种，开启了中国共产党的革命、改革和建设的航程。如今成了世界上最大的执政党，驾驶着中国这艘巨轮不断向前。

习近平总书记在党的十九大报告中作出了“经过长期努力，中国特色社会主义进入了新时代，这是我国发展新的历史方位”的重大政治判断。90 多年来，中国共产党为了实现中华民族伟大复兴的历史使命，初心不改、矢志不渝，团结带领人民历经千难万险，付出巨大牺牲，攻克了一个又一个看似不可攻克的难关，创造了一个又一个彪炳史册的人间奇迹，使近代以来久经磨难的中华民族迎来了从站起来、富起来到强起来的伟大飞跃，迎来了实现中华民族伟大复兴的光明前景。党的十九大闭幕不久，习近平总书记带领新进政治局常委们在瞻仰中共一大会址和嘉兴南湖时强调说：“秀水泱泱，红船依旧；时代变迁，精神永恒。”告别曾经的阵痛，推开光阴的闸门，我们为实现中华民族伟大复兴的中国梦奋勇前进。新征程上，不可能都是平坦的大道，我们将会面对许多重大挑战、重大风险、重大阻力、重大矛盾。面对前进道路上的激流险滩，每进一步，都要付出更大的努力。高举习近平新时代中国特色社会主义思想的伟大旗帜，汇聚中国共产党人精神的力量，我们为建设中国特色社会主义现代化强国风雨无阻，乘风破浪。

第三章

明灯：照亮航向

一次伟大的革命，一个伟大的革命家，不仅要有伟大的革命实践，而且要能总结出伟大的革命理论。在创建井冈山革命根据地的伟大实践过程中，以毛泽东为代表的中国共产党人坚持把马克思主义基本原理与中国革命具体实践相结合，系统论述了中国红色政权存在的原因和条件，明确提出工农武装割据的新思想，并在此基础上创造性地开辟了“农村包围城市、武装夺取政权”的革命道路，写下了马克思主义中国化的伟大开篇之作，像一盏明灯，为中国革命照亮了前进的航向。

一、八角楼的灯光：信念坚定照四方

理想信念是鼓舞人们前进的强大动力，更是共产党人强大的精神支柱。毛泽东说，“主义譬如一面旗帜”，邓小平说，“对

马克思主义的信仰，是中国革命胜利的一种精神动力”。中国共产党靠什么把一个八千多万人的大党凝聚起来？是信仰。习近平说：“坚定理想信念，坚守共产党人精神追求，始终是共产党人安身立命的根本。”靠什么让中国革命的星星之火成为燎原之势，使“山沟里的马克思主义”赢得了中国？还是信仰。纵观中国共产党 90 多年的历史不难发现：信仰坚定，党的事业才可能昌盛；信仰淡化，党的事业则会受挫。这是被历史所证明的道理。而建立信仰的基础就是党在各个历史时期的中国化马克思主义理论。

土地革命战争时期，江西宁冈的茅坪是井冈山革命根据地党政军领导机关所在地和湘赣边界工农武装割据斗争的指挥中心。八角楼是毛泽东在茅坪办公和住宿的地方，就是在这栋小楼里，毛泽东在昏暗的青油灯下写就了《中国的红色政权为什么能够存在？》和《井冈山的斗争》两篇光辉著作，奠定了中国特色革命道路的理论基石，为中国革命照亮了前进的航向。但是这一理论并不是一蹴而就的，而是经过艰苦的探索才逐步形成的。

“枪杆子里出政权”的光辉思想

第一次国共合作时期，中国共产党还处在幼年时期。由于缺乏斗争经验，对中国革命特点缺乏足够的认识和了解，就难免幼稚。当时的共产国际和中央领导层，认为中国革命的性质依然是资产阶级民主革命，共产党的任务就是组织工农群众，帮助资产阶级实现民主革命，从中获得一定的政治和经济民主，然后再经过长期的议会斗争，争取群众，组织武装起义推翻资产阶级政权和资本主义制度，实现社会主义。这种力量，被史家称为“二次革命论”。正是这种错误理论的指导，导致中国共产党放弃了军权，成为没有军队的政党。而蒋介石则紧紧抓住军权，依靠军权一跃成为国民党内的政治暴发户。

1927年春夏之交，国民党反动派背叛革命，血腥屠杀中国共产党人和革命群众，轰轰烈烈的大革命失败了。面对反动派大屠杀，面对党内严重右倾错误，面对中国革命的严重挫折，中国共产党何去何从？中国革命的道路如何走？举什么旗，走什么路，怎样坚持马克思主义？坚持什么样的马克思主义？一系列重大问题摆在了中国共产党面前。

在此历史关键时刻，中共召开了八七会议。会议批判了陈独秀的右倾错误，提出了武装反抗国民党、实行土地革命的总方针，强调中国共产党要独立领导中国革命。在会上，毛泽东作了两次重要发言。

一次是关于土地问题的发言。毛泽东根据自己所做的调查研究，提出：大中地主标准以50亩为限，50亩以上不管肥田瘦田统统没收；小地主问题是土地问题的中心问题，只有解决小地主问题，才可以安民；要注意解决自耕农问题；土匪问题是非常大的问题，要当他们是兄弟，不应看做客人。但是，共产国际代表并没有采纳毛泽东的意见，不让大家再讨论土地问题，并且提出：“土地的根本问题是土地国有。”共产国际代表之所以提出错误的土地思想，就是因为不了解中国的国情。

另一次是根据八七会议的主要议题作的比较全面的发言，他从国共关系、农民问题、武装斗争、组织问题四个方面提出了一系列重要思想。一是强调争取革命领导权的问题。他用形象的比喻指出，总“以为国民党是人家的，不知它是一座空房子等人去住。其后像新姑娘上花轿一样勉强挪到此空房子去了，但始终无当此房子主人的决心”[①]。他明确指出，这种放弃领导权、不做主人翁的做法是错误的。二是强调农民革命的极端重要性。党中央对待农民革命的态度不够积极，甚至一度跟随国民党右派压制农民运动，“广大的党内党外的群众要革命，党的指导却不革命，实在是有点反革命的嫌疑”。而当毛泽东根据实际调查向中央作出报告后，中央并没有重视。三是明确提出“枪杆子里出政权”的光辉论断。他指出，我们党过去总是骂孙中山专做军事运动，而我们自己却不做军事运动专做农民运动，由此在蒋介石、唐生智拿起枪来镇压共产党的时候，我们就束手无策，所以，“以后要非常注意军事，须知政权是由枪杆子中取得的”[②]。四是强调了党的组织问题的重要性。明确提出党中央应该执行民主集中制原则，“上级机关应尽心听下级的报告”。

八七会议标志着中国共产党揭开了历史发展的新篇章，开始了马克思主义中国化的蹒跚起步。而在这之前，毛泽东等中国共产党人就已经开始思考中国的武装革命问题。

由于蒋介石、汪精卫等背叛革命，中国共产党从血的历史教训中警醒，逐步认识到枪杆子的重要性。毛泽东、蔡和森、周恩来、李立三等纷纷提出建立独立武装、实行武装反抗的主张。其中，主张最坚决、意见最明确的是毛泽东。1927 年 6 月中旬，在中

① 《毛泽东文集》第 1 卷，人民出版社 1993 年版，第 46 页。

② 同上，第 48 页。

央政治局会议上，蔡和森明确提出要建立共产党自己的武装，不能为他人做嫁衣裳，他说："我们不要再为他人做嫁衣裳，伐来伐去，依然是两袖清风，一无所得！这便是说现在我们必须坚决的自觉的来干我们自己的事，来找我们自己的地盘和武力。"①

1927年6月中旬，毛泽东在武汉召集马日事变中从湖南出来的同志开会，就号召大家回到原来的岗位，靠山的上山，靠湖的下湖，拿起枪杆子保卫革命。6月24日，回湖南任省委书记后，毛泽东要求各县工农武装迅速集中，准备以武力对付反动军队，以枪杆子对付枪杆子。7月4日，在中央政治局会议上，毛泽东提出"上山"保存工农武装力量，造成军事势力基础的思想。他特别强调，不保存武力则将来一到事变我们即无办法。

枪杆子理论，是中国化马克思主义的武装斗争理论。从实践角度来看，这是马克思主义暴力革命理论、武装夺取政权理论与中国革命具体实践相结合的产物，是马克思主义武装斗争理论的中国化。从当时军阀力量、反革命起家的根据、大革命失败的原因、中国革命的目的、军事运动同民众运动的关系、军事运动与夺取政权的关系来看，这个理论抓住了问题实质，纠正了中国共产党早期忽视武装斗争的错误。从历史角度来看，这是马克思主义武装斗争理论与中国历史相结合的产物。中国历史上爆发过多次农民起义，他们都是揭竿而起，靠武装斗争同反对派进行斗争。中国共产党领导中国人民实现解放，也要借鉴这一成功经验

---

① 转引自金民卿：《理论——中国化马克思主义的初步形成》，江西高校出版社2009年版，第25页。

和历史传统。从宣传角度来看，这是用中国化的语言来阐释和运用马克思主义的武装斗争理论。既坚持了马克思主义的基本原理，又赋予其民族化的语言，其民族化的表述风格，是马克思主义大众化的重要体现。

“打出共产党新旗帜”的英明决断

旗帜就是方向，旗帜就是信心，旗帜就是形象。树立什么样的旗帜，建立什么样的政权，这是共产党领导武装斗争的关键问题。在秋收暴动之初，毛泽东就明确提出要放弃国民党的黑旗，打出共产党的红旗，建立工农兵苏维埃政权；党中央在摇摆不定之后，也最终提出要独立举起共产党自己的旗帜，建立苏维埃政权。打出新旗帜，标志着中国共产党独立领导中国革命的开端。

打出新旗帜并不是一下子就明确提出来的，它的提出也经历了一个过程。实行武装暴动是党中央在大革命失败后作出的重大决策。但是，在暴动中是否勇敢地打出共产党自己的旗帜，是否要建立真正的工农民主政权，党中央并没有下最后的决心。从八七会议到 1927 年 9 月 19 日，中央一直强调要打左派国民党的旗帜而不是共产党自己的旗帜，一直强调要建立民权政府而不是工农民主政权。1927 年 8 月 12 日，中共中央在《中央通告第一号》中，提出“应有建立纯左派政府的决心，亦即建立共产党所领导的真左派的革命政府的决心”。8 月 24 日，中共中央发出《中国共产党为汉宁妥协告民众书》，提出“力争真正民权的实现，——力争真正革命的国民党的建立”。8 月 21 日，中共中央常委会通过的《中国共产党的政治任务与策略的议决案》明确提出："中国共产党应当组织工农暴动于革命的左派国民党旗帜之下"，并指出了三个理由：第一，国民党是各种革命阶级的政治联盟之特殊的形式，这种形式是中国历史上所积累生长出来的；第二，国民党是一种民族解放运动之特别的旗帜，中国共产党人加入后一直是国民党左派的中心，中国共产党不应当让出这个旗帜，使一般叛徒篡窃国民党的名号，而做军阀及反动资产阶级的玩物；第三，中国共产党在国民党旗帜之下组织暴动，还有一个目的，便是吸引小资产阶级的革命分子。在政权形式上，议决案提出："本党现时不提出组织苏维埃的口号——城市、乡村、军队之中都是如此。本党既组织革命的工农暴动于左派国民党旗帜之下，自然还只限于宣传苏维埃的意义。"①这些都表明，中共中央一方面对国民党的幻想还没有彻底破灭，刚刚形成的独立性还不是那么坚定，对自己独立领导中国革命的能力还缺乏足够的信心；另一方面也反映了中共中央没有做深入的调查研究，没有真正了解大革命失败之后广大革命群众对国民党的切身感受。

与中共中央不同，毛泽东在秋收起义开始就勇敢地宣称"军叫工农革命，旗号镰刀斧头"。很显然，这面旗帜既不是北伐时期国民党的旗帜，也不是八七会议后中共中央所反复强调的左派国民党的旗帜，而是中国共产党自己的旗帜。毛泽东之所以能够并敢于打出共产党的红旗，与他的调查研究是分不开的。1927 年 2 月 6 日，毛泽东就向中央写了一份长篇调查报告——《湖南农

① 《中共中央文件选集》第 3 册，中共中央党校出版社 1989 年版，第 338 页。

民运动考察报告》，在党内引起了一定反响。1927年8月12日回到长沙后，毛泽东抓紧时机对湖南社会情况和群众心理状况进行认真的调查。在板仓村杨开慧家里，毛泽东邀请了五位农民、一位篾匠和一位小学教师开了两天调查会，了解到广大人民群众对国民党的看法已经发生了重大转变，因而提出了放弃国民党的黑旗帜，打出共产党新红旗的思想。8月20日，毛泽东以湖南省委的名义给中央写信提出，要成立工农兵苏维埃政府，打出共产党的红旗。他指出："工农兵苏维埃政府完全与客观环境适合，我们此刻应有决心立即在粤湘鄂赣建立工农兵政权；此政权既建设，必且迅速的取得全国之胜利。望中央无疑的接收国际训令，并且在湖南上实行。""因国际这个新训令，影响到我对国民党的意见，即在工农兵苏维埃的时候，我们不应再打国民党的旗子了。我们应高高打出共产党的旗子，以与蒋、唐、冯、阎等军阀打的国民党的旗子相对，国民党的旗子已成军阀的旗子，只有共产党旗子才是人民的旗子。这一点，我在鄂时还不大觉得，到湖南来这几天，看见唐生智的省党部是那样，而人民对之则是这样，便可以断定国民党的旗子真不能打了，再打必会失败。……这已经完全是一面黑旗。我们则应立刻坚决地树起红旗。"[①]1943年11月27日，毛泽东在中央政治局会议上还提到这封信，他说，我在长沙发了一封信向中央提议：国民党旗帜不要了，要共产党；不要国民革命军，要工农革命军；不要国民党政

① 《中共中央文件选集》第3册，中共中央党校出版社1989年版，第354页。

府，要工农革命委员会。

但是，毛泽东关于打出新旗帜的提法，被中共中央在1927年8月22日召开的常委会否决了。8月23日，《中央复湖南省委函》强调在政权形式上不主张建立工农兵苏维埃政府，在旗帜问题上不能抛开国民党的旗帜。信中指出："仍然要以国民党名义来赞助农工的民主政权……你们以为目前中国革命已经到了第三阶段可以抛去国民党的旗帜实现苏维埃的政权，这是不对的。"[①]不过，中央的这个指示由于情势紧急的原因，毛泽东未收到复函，也没有影响到他在领导秋收暴动时独立地打出镰刀斧头的旗帜。直到1927年9月19日，中共中央下发了《关于"左派国民党"及苏维埃口号问题的决议案》，明确宣布抛弃国民党旗帜，正式提出建立苏维埃的口号。决议指出：国民党在群众中的威信已经完全丧失，国民党的旗帜已经变质成为"资产阶级地主反革命的象征，白色恐怖的象征，空前未有的压迫与屠杀的象征"，因此，"以后关于组织群众的革命斗争，当然无论如何说不上再在国民党的旗帜下进行"。在工农政权问题上，中央指出："现在的任务不仅宣传苏维埃的思想，并且在革命斗争新的高潮中应成立苏维埃。"[②]显然，在客观形势的发展和革命斗争的现实基础上，中央才认识到毛泽东关于"高高打出共产党的旗子"、"立刻坚决地树起红旗"的思想是正确的，这无疑证明了毛泽东的远见卓识。

---

① 《中共中央文件选集》第3册，中共中央党校出版社1989年版，第353页。

② 同上，第369—370页。

“上山”思想的形成及其意义

毛泽东的“上山”思想，是马克思主义中国化伟大开篇的一个重要组成部分，其实质就是主张中国共产党到敌人统治力量薄弱的农村去，发动农民起来革命，开展武装斗争，进行土地革命，建立农村根据地，实行工农武装割据，这是对马克思武装斗争理论的灵活运用和发展。这一思想代表了当时中国革命的新方向，在客观上为开辟中国农村包围城市、武装夺取政权的革命道路迈出了关键的一步。

1925 年至 1927 年，毛泽东主要从事农民运动，因此也被称为“农民运动之王”。大革命时期毛泽东关于农民问题的理论与实践，为“上山”思想的产生、形成和发展奠定了基础。1927 年 3 月，正当以湖南为中心的全国农民运动蓬勃发展、北伐战争胜利进军之时，蒋介石的反共面目日趋暴露，毛泽东已预感到革命存在严重的危机。在这种情况下，他曾对湘南特委书记陈佑魁讲到了“要带农民上山”的打算。[①] 毛泽东在这里提出“上山”主张，是想保存和发展共产党领导的农民武装力量，作为预防蒋介石公开叛变革命的准备。早在 1926 年 5 月，毛泽东在广州主办第六届全国农民运动讲习所的时候，就坚持以武装的革命反对武装的反革命的思想教育学员。他用简单明了的语言向学员指出，搞革命就是要刀对刀，枪对枪，要推翻地主武装团防局，必须建

---

① 刘晓农：《袁文才与井冈山革命根据地的创建》，《中共党史研究》1989 年第 6 期，第 82 页。

立农民自己的武装，刀把子不掌握在自己人手里，就会出乱子。蒋介石发动反革命政变之后，1927 年 6 月，毛泽东在汉口日租界的一家旅馆里接待逃亡出来的湖南工农干部，要大家“回到原来的岗位，恢复工作，拿起武器，山区的上山，滨湖的上船，坚决与敌人作斗争，武装保卫革命”[①]。6 月 24 日，中共中央政治局常委会第三十一次会议决定成立以毛泽东为书记的新的中共湖南省委。毛泽东回到湖南后，主持制定了《中共湖南省委目前工作计划》，提出三种保存武装的办法：“第一编成合法的挨户团；次之则上山；再次之则将枪支分散埋入土中。”[②] 这里，“上山”虽然是作为保存武装的方法提出来的，但此时毛泽东保存武装的目的，是为了准备湖南武装起义。7 月 4 日，中共中央政治局常委召开扩大会议，在讨论工农武装的出路时，陈独秀提出，省党部应特别注意已经叛变革命或即将叛变革命的“各军招兵问题”，“我们可以不客气地多将群众送给他们”。毛泽东不同意这种主张。他指出，“省农协二策略：1. 改成安抚军合法保存，此条实难办到。2. 此外尚有两条路：A. 上山。B. 投入军队中去。上山可造成军事势力的基础”。毛泽东认为，“不保存武力则将来一到事变我们即无办法”[③]。蔡和森支持毛泽东的意见，主张农民自卫军上山。会上，陈独秀固执己见，毛泽东的正确意见没有被采纳。但毛泽东的“上山”思想有新的发展。因为在这次会议上，他不但提出

---

① 《星火燎原》第 1 集，人民文学出版社 1964 年版，第 429 页。

② 《湖南革命历史文件汇集》，1927 年甲 5，第 110—111 页。

③ 中央文献研究室：《关于建国以来党的若干历史问题的决议注释本》，人民出版社 1985 年版，第 143 页。

了“上山”的主张，而且明确了“上山”的目的：一是为了应付突然事变的发生；二是为党今后军事势力的发展奠定基础。

八七会议后，主持中共中央工作的瞿秋白征求毛泽东的意见，要他到上海中央机关去工作。毛泽东则表示：“我不愿跟你们去住高楼大厦，我要上山结交绿林朋友。”[①] 8月9日，毛泽东出席中共临时中央政治局第一次会议。会上，他批评湖南省委和共产国际赴长沙巡视员提出的“由湖南组织一师与南昌军力共同取粤”的计划。指出：“组织一师往广东是很错误的，大家不应只看到一个广东，湖南也是很重要的，湖南民众组织比广东还要广大，所缺的是武装，现已适值暴动时期，更需要武装。前不久我起草经常委通过的一个计划，要在湘南形成一师的武装，占据五六县，形成一政治基础，发展全省的土地革命。纵然失败也不用去广东而应上山。”[②] 这一思想对后来他领导的湘赣边界秋收起义产生重大影响。

9月初，毛泽东在安源张家湾召开军事会议。会上，王兴亚向毛泽东汇报了宁冈、永新、莲花、安福农民自卫军7月攻打永新的战斗和袁文才、王佐领导的两支农民武装至今仍在井冈山坚持斗争的情况。他还向毛泽东详细介绍了井冈山在罗霄山脉中段的重要位置和地理条件，并建议：如果起义失败，可投奔到井冈山去。这是毛泽东第一次了解到袁文才、王佐两支农民武装在井

---

① 谭震林：《井冈山斗争的实践与毛泽东思想的发展》，江西人民出版社1979年版，第20页。

② 中央文献研究室：《关于建国以来党的若干历史问题的决议注释本》，人民出版社1985年版，第143页。

冈山的情况，并留下了深刻印象。9月14日晚，毛泽东在上坪主持召开连以上干部会议。上坪会议面临的形势是严峻的。当时，毛泽东深感革命潮流的低落，在敌强我弱、部队严重受挫的情况下，如果按原定计划进攻长沙，这无异于以卵击石，自取灭亡；如果放弃进攻长沙的计划，就违背了中共中央和省委的决定。关键时刻，毛泽东坚持从实际出发，果断放弃了湖南省委原定攻打长沙的计划，并以前委书记名义，命令第一、第三团与第二团余部迅速到浏阳文家市会合。上坪会议具有重大的历史意义，它初步扭转了起义部队前进的方向，部队开始作战略退却。在秋收起义开始发动的时候，毛泽东的"上山"思想，还只有一个"设想"。只是一个部队进攻受挫时往哪里撤退的"设想"。但这时，提出"上山"已不是个"设想"问题，而是"实践"的问题了。一个正确的思想，也只有在实践中才能得到验证，得到发展。

毛泽东的"上山"思想，到秋收起义部队遭受严重挫折时出现了一次质的飞跃。即从"上山结交绿林朋友"对"上山"后依靠力量的思考，到上山干一番事业、以"革命的山大王"来对抗国民党反动派。对此，何长工曾撰文回忆说：在秋收起义失利后，毛泽东主张"上山当山大王"。当时，有些人不同意毛泽东同志的意见，觉得革命革到上山做大王去了，这叫什么革命。毛泽东同志耐心地说服大家。他说："我们这个山大王是特殊的山大王，是共产党领导的，有主张、有政策、有办法的山大王，是代表人民利益的工农武装。中国政治不统一，经济不平衡，矛盾很多，我们要找敌人统治力量薄弱的地方。"到了井冈山以后，就碰到一个问题，"就是这个地区有王佐、袁文才两支农民武装……当时不少人主张用武力消灭他们。毛泽东同志不同意，他说，谈何容易，你们太狭隘了，肚量太小了。三山五岳的朋友还多着呢，历史上有哪个把三山五岳的‘土匪’消灭掉了！我们要团结、改造他们，把三山五岳联合成一个大队伍，统治阶级就拿我们没办法”。① 可见，毛泽东的上山“做革命的山大王”思想，并非一般人所说的上山当“绿林”“响马”，更不是什么“落草”“藏匿”。毛泽东是在熟谙中国历代农民起义“占山为巢”的基础上，总结出来的革命经验。

上山“做革命的山大王”的思想，实际上就是建立革命根据地思想的萌芽。当年随毛泽东上山、解放后成为我军高级将领的朱良才，在回忆毛泽东讲到上山武装割据和革命根据地的关系时说：“毛主席打了一个通俗有趣的比喻，说革命要有根据地，好像人要屁股一样。因为一个人假若没有屁股，便不能坐下来，要老是走着，老是站着，定然是不会持久的。脚走酸，站软了，就会倒下去。革命有了根据地，才能够有地方休整，恢复气力，补充力量，再继续战斗，扩大发展，走向胜利。”②

中国革命正是靠着毛泽东这个“革命的山大王”，才一步一步走向胜利的。

从马日事变到秋收起义前毛泽东的历次发言和讲话看，他提出的“上山”思想蕴含着三个当时革命斗争急需解决的问题：一

① 何长工：《红旗插上井冈山》，《革命回忆录》第 1 集，人民出版社 1980 年版。

② 朱良才：《这座山，它革命》，《革命回忆录》第 1 集，人民出版社 1980 年版。

是注重军事斗争，组织革命军队；二是发动土地革命，建立红色政权；三是上山结交绿林，造成军事基地，即革命根据地。这三个基本问题的思考，构成毛泽东“上山”思想的科学内涵。

毛泽东精通中国历史，善于汲取历史营养为现实的革命斗争服务。他的“上山”思想，不仅借鉴了中国古代农民斗争的历史经验，而且是近现代农民革命经验的科学总结。毛泽东的“上山”思想是在同党内右的和“左”的错误倾向的斗争中产生和发展起来的。20 世纪 20 年代后期和 30 年代前期，在国际共产主义运动中和中国共产党内，教条主义盛行。共产国际和中共中央把十月革命先占城市后取乡村的经验神圣化，坚持城市中心论。就在毛泽东为书记的前敌委员会在文家市里仁学校作出“上山”决定的同一天，中共中央根据共产国际驻长沙代表马也尔的报告，又作出要求湖南省委再攻长沙的决议。决议指责中共中央特派员和湖南省委停止长沙暴动和实行战略退却是“临阵脱逃”，责令湖南省委命令秋收起义部队再攻长沙，并“立即爆发长沙的暴动”。中共中央这个决议送到湖南时，起义部队早已南下，无法执行了。后来，毛泽东因为没有执行中共中央决议而受了处分，他的中共中央临时政治局候补委员和中共湖南省委委员的职务被撤销了。毛泽东坚持一切从实际出发，顶住各方面的压力，率领秋收起义部队上井冈山，在这里创建了在全国具有重大影响的农村革命根据地。

毛泽东提出“上山”的思想，领导秋收起义队伍向井冈山进军，是中国共产党组织的最有秩序、最少损失的退却，但又是最强有力的进攻，即向敌人统治力量最薄弱的偏僻的山区、农村进攻。因此，毛泽东率部“上山”，是把战略退却与战略进攻巧妙地结合在一起的光辉典范。“上山”思想是对“城市中心论”的重大突破，是中国共产党把工作重心由城市转入农村的开端，具有伟大的现实意义和深远的历史意义。

“枪杆子里出政权”的思想、打出共产党新旗帜的决断以及“上山”思想，是中国共产党人早期探索中国革命道路的阶段性成果，体现了毛泽东思想活的灵魂：实事求是。这些思想在一定程度上体现了中国共产党人建立农村革命根据地、实行武装割据的理论自觉，在客观上构成了探索中国特色革命道路的思想和实践起点。在这之后，毛泽东逐步开始在理论上对“城市中心论”发生动摇，并开始产生“以乡村为中心”的思想萌芽。这些闪光的思想和由此而指导的革命实践活动，为毛泽东走进八角楼展开进一步的深入思考，系统阐述工农武装割据思想，提供了充分的理论基础；为中国共产党独立领导中国革命，走农村包围城市的中国特色革命道路奠定了思想和实践基础。

二、工农武装割据：理论创新指引方向

马克思说：“理论只要说服人，就能掌握群众；而理论只要彻底，就能说服人。所谓彻底，就是抓住事物的根本。”[①] 中国共产党 90 多年的历史，从某种意义上说，就是在马克思主义中国化的实践中，不断地使中国化的马克思主义理论掌握群众，使之

① 《马克思恩格斯文集》第 1 卷，人民出版社 2009 年版，第 11 页。

成为改造中国的强大物质力量的历史。毛泽东在开创井冈山革命根据地的伟大革命实践中，抓住了中国革命的根本问题，创造性提出工农武装割据的光辉思想。正是这一科学思想掌握了群众并成功开展了群众性的革命活动，为中国革命指引了前进的方向。同时，这一思想为日后提出农村包围城市、武装夺取政权的革命理论，提供了坚实的理论基础，形成了马克思主义中国化的初步轮廓。

从 1927 年 8 月至 1930 年 1 月，毛泽东的以农村为中心的工农武装割据的思想，经历了三次思想升华：

第一次是在 1927 年八七会议上提出了“须知政权是由枪杆子中取得的”的著名论断。他认为，在中国离开了武装斗争就不能取得革命的胜利。但这时尚不清楚究竟如何开展武装斗争，直到 1927 年 9 月秋收起义受挫后，毛泽东开始认识到原来以城市为中心开展武装斗争的路子是不现实的，并根据当时的实际情况，引兵井冈，将起义部队带进了罗霄山脉中段。

第二次是从 1927 年 10 月的宁冈古城前委扩大会议到 1928 年 10 月的湘赣边界党的第二次代表大会，毛泽东提出了工农武装割据的思想。1927 年 10 月，在古城前委扩大会议上，毛泽东明确提出进军井冈山，创建农村革命根据地。1928 年 5 月，在湘赣边界党的第一次代表大会上，他与朱德明确制定了一个详细的工农武装割据计划。

第三次是“两年争取江西”受挫后，认识到了中国革命的长期性。到 1929 年初，毛泽东已初步认识到了工农武装割据局面将是长期的，在短期内是不会取得成功的，必须作长期作战的准备。这个思想在《中国的红色政权为什么能够存在？》和《井冈山的斗争》等著作中已经有了明确的阐述。

分析中国革命的性质和任务

毛泽东不仅是政治家，更是思想家和战略家，他思考问题的一个重要的特点就是善于从大局入手来分析问题。这样就能够撇开枝节而抓住问题的实质，从大本大源上找到解决问题的根本方法。正因为如此，他能够深刻揭示中国社会的性质、中国革命的实质及其特征，从而找到中国特色的革命道路。

毛泽东从国际帝国主义分裂中国和国内军阀斗争的实际状况出发，从根本上抓住了大革命失败后国内政治状况的实质。他指出：大革命失败后中国进入到新军阀统治时期，这种新军阀统治，“依然是城市买办阶级和乡村豪绅阶级的统治，对外投靠帝国主义，对内以新军阀代替旧军阀，对工农阶级的经济的剥削和政治的压迫比从前更加厉害”，而“全国工农平民以至资产阶级，依然在反革命统治底下，没有得到丝毫政治上经济上的解放”[①]。中国内部的军阀矛盾和斗争是帝国主义各国之间矛盾的反映，所以只要帝国主义之间分裂中国的状况存在着，军阀之间的斗争就不可能停止。

中国社会矛盾的现状决定了中国革命的性质。国内的这种政治状况表明，当时，中国革命的性质仍然是资产阶级民主革命，而不是社会主义革命。就中国的实际情况来看，中国的资产阶级

---

① 《毛泽东选集》第 1 卷，人民出版社 1991 年版，第 47 页。

民主革命根本没有完成，因此，“中国迫切需要一个资产阶级的民主革命”。而中国特殊的社会阶级状况决定了，中国的资产阶级民主革命，“必须由无产阶级领导才能完成”[①]。在此，毛泽东揭示了当时中国革命的资产阶级民主革命性质以及这个革命的领导者。大革命之所以失败，一个至关重要的原因就是中国的无产阶级及其先锋队中国共产党没有坚决地执行自己的领导权，而让军阀攫取了这个革命的领导权，从而使无产阶级和广大民众在革命中遭到了巨大的打击。

中国的民主革命，有着自己的特殊性，这种特殊性不仅体现在它的领导者必须是无产阶级，而且体现在它的内容也与其他国家的资产阶级民主革命有所不同。毛泽东指出：“中国的民主革命的内容，依国际及中央的指示，包括推翻帝国主义及其工具军阀在中国的统治，完成民主革命，并实行土地革命，消灭豪绅阶级对农民的封建的剥削。”[②]推翻帝国主义及其工具军阀的统治完成民主革命，实现土地革命，推翻封建剥削，构成了中国资产阶级民主革命的主要内容。那么，要完成这样内容的民主革命，毫无疑问，以武装斗争对付军阀统治，进行土地革命打破旧的土地制度，建立新的革命政权，就成为中国革命三位一体的重要内涵，而这些恰恰是毛泽东在井冈山进行工农武装割据、建立红色政权的主要内容。

在《井冈山的斗争》一文中，毛泽东进一步阐述了中国革命

① 《毛泽东选集》第 1 卷，人民出版社 1993 年版，第 48 页。

② 同上。

的性质和内容。他指出："中国现时确定还是处在资产阶级民权革命的阶段。中国彻底的民权主义革命的纲领，包括对外推翻帝国主义，求得彻底的民族解放；对内肃清买办阶级的在城市的势力，完成土地革命，消灭乡村的封建关系，推翻军阀政府。必定要经过这样的民权主义革命，方能造成过渡到社会主义的真正基础。"[①] 在资产阶级民权革命尚未完成的时候，全国人民还没有普通的民权，工人农民以至民权派的资产阶级，一概没有言论集会的权利。为此，毛泽东指出，必须发动包括城市小资产阶级在内的政治的经济的民权主义斗争，促进全国革命高潮的到来。资产阶级民权革命的性质，决定了对小资产阶级的政策，决不能采取过"左"的政策，否则，就会把小资产阶级大部驱到豪绅一边，使他们挂起白带子反对我们。毛泽东还提议中央制订一个整个民权革命的政纲，包括工人利益、土地革命和民族解放，使各地有所遵循。在分析中国革命性质之后，毛泽东提出了中国革命的一个重要的特征就是以军事发展暴动，也就是要把军事斗争同群众运动有机结合起来。他说："以农业为主要经济的中国的革命，以军事发展暴动，是一种特征。"因此，他建议中央大力做军事运动。

毛泽东的这种分析显示了他能够把马克思主义的基本观点、基本方法同中国革命的具体实际密切相结合。马克思主义最基本的方法论就是分析方法，毛泽东就是把这种辩证法运用于中国的社会矛盾分析，中国特殊的社会矛盾决定了中国革命的特殊性

① 《毛泽东选集》第1卷，人民出版社1991年版，第77页。

质，而这种革命的性质要求中国的资产阶级民主革命必须由无产阶级领导，必须实现民族革命、土地革命、民主革命三位一体的总体性革命，这种革命的内涵就要求共产党在领导民主革命的过程中要把武装斗争、土地革命和政权建设紧密结合起来。

阐明红色政权存在和发展的条件

在《中国的红色政权为什么能够存在？》一文中，毛泽东指出："一国之内，在四围白色政权的包围中，有一小块或若干小块红色政权的区域长期地存在，这是世界各国从来没有的事。"[①]那么这种红色政权发生和存在的条件是什么呢？毛泽东从中国社会性质、良好的群众基础、中国革命形势发展、正式红军的存在、共产党的正确领导五个方面作了全面分析。

首先，中国是一个帝国主义间接统治的经济落后的半殖民地国家。中国经济是落后的地方性的农业经济而不是统一的资本主义经济，这就决定了中国的军阀都有特殊的地方性；另一方面，由于帝国主义分裂剥削的政策，这就使得各个帝国主义在中国的工具即不同的军阀之间存在着矛盾和斗争。这两方面的原因就导致了白色政权之间的战争，也就是不同军阀之间连续不断的战争。白色政权之间这种长期的分裂和战争，就造成了在四面白色政权包围当中，存在着一小块或若干小块共产党领导的红色区域。"我们只须知道中国白色政权的分裂和战争是继续不断的，

① 《毛泽东选集》第1卷，人民出版社1991年版，第48页。

则红色政权的发生、存在并且日益发展，便是无疑的了。”[①]懂得了这个道理，就懂得了红色政权、工农武装割据存在的根本条件，只要军阀割据存在着，共产党领导的红色政权就一直能够存在下去，因此那种怀疑红色政权存在的悲观主义是错误的。

其次，必须有良好的群众基础。毛泽东总结当时中国红色政权存在的地方都是在大革命时期工农兵群众曾经较大地发展起来的地方，这个地方曾经有过工会和农民协会组织，有过工农阶级反对地主阶级和大资产阶级斗争的经历，而不是在那些没有经过民主革命影响的地方。这就是说，没有足够的群众基础，红色政权的存在也是不可能的。

其三，全国革命形势的向前发展。毛泽东指出：“小地方民众政权之能否长期地存在，则决定于全国革命形势是否向前发展这一个条件。”[②]如果全国革命形势是向前发展的，小块红色区域的长期存在就不但没有疑义，而且必然地要作为取得全国政权的许多力量中间的一个力量。否则，如果全国革命形势不是继续地向前发展，则小块红色区域的长期存在是不可能的。而在当时条件下，中国革命形势是继续地向前发展的，所以小块红色区域的长期存在就没有疑义，而且这些红色区域将继续发展，日渐接近于全国政权的取得。那种怀疑红色政权存在的悲观主义是错误的。

其四，必须有正规红军的存在。“相当力量的正式红军的存

---

① 《毛泽东选集》第1卷，人民出版社1991年版，第49页。

② 同上，第50页。

在，是红色政权存在的必要条件。”① 否则，红色政权就不能对付敌人的正规军，就不能真正形成割据局面，更不能造成长期的和日益发展的割据局面。所以，毛泽东特别强调“工农武装割据的思想，是共产党和割据地方的工农群众必须充分具备的一个重要的思想”。

其五，必须有党的正确领导。毛泽东指出：“红色政权的长期的存在并且发展……还须有一个要紧的条件，就是共产党组织的有力量和它的政策的不错误。”

在《井冈山的斗争》一文中，毛泽东再次概括性地提出：“一国之内，在四围白色政权的包围中间，产生一小块或若干小块的红色政权区域，在目前的世界上只有中国有这种事。我们分析它发生的原因之一，在于中国有买办豪绅阶级间的不断的分裂和战争。只要买办豪绅阶级间的分裂和战争是继续的，则工农武装割据的存在和发展也将是能够继续的。此外，工农武装割据的存在和发展，还需要具备下列的条件：（1）有很好的群众；（2）有很好的党；（3）有相当力量的红军；（4）有便利于作战的地势；（5）有足够给养的经济力。”②

揭示工农武装割据理论的内涵

毛泽东明确提出了工农武装割据的概念，阐述了井冈山革命根据地的重要意义。他指出：“‘工农武装割据’的思想，是共产

① 《毛泽东选集》第1卷，人民出版社1991年版，第50页。

② 同上，第57页。

党和割据地方的工农群众必须充分具备的一个重要的思想。”[①] 他详细阐述了工农武装割据包括的三个方面内容，即武装斗争、土地革命和根据地建设，并指出这三者是相辅相成、缺一不可的完整体系。毛泽东认为，武装斗争是中国革命的主要形式和特点之一，“所谓割据，必须是武装的。哪一处没有武装，或者武装不够，或者对付敌人的策略错了，地方就立即被敌人占去了”[②]。针对农村中 80% 的土地集中在地主手中，而占农村 80% 以上的贫苦农民却只占有不到 10% 的土地的情况，他提出，只有解决农民的土地问题，才能够得到绝大多数农民的拥护，才能唤起农民参加革命的热情，巩固红色政权。在文中，毛泽东提出了土地革命是推动农民革命的强大动力的思想。紧接着，毛泽东提出了农村是中国民主革命的战略基地的思想。他说：“边界红旗子始终不倒，不但表示了共产党的力量，而且表示了统治阶级的破产，在全国政治上有重大的意义。所以我们始终认为罗霄山脉中段政权的创造和扩大，是十分必要和十分正确的。”[③] 正是在这个思想的指导下，井冈山的革命斗争取得了重大胜利，而也正是由于湘南特委或湖南省委不重视、不了解这个思想，造成了井冈山的“三月失败”和“八月失败”。

在《井冈山的斗争》一文中，毛泽东再次阐明了工农武装割据问题，论述了在罗霄山脉中段建立革命根据地的依据，指出了井冈山工农武装割据、红色政权存在和发展的重大意义。毛泽

---

① 《毛泽东选集》第 1 卷，人民出版社 1991 年版，第 50 页。

② 同上，第 63 页。

③ 同上，第 81 页。

东说，他领导部队把整个罗霄山脉都走遍了，相比而言，以宁冈为中心的罗霄山脉的中段，最利于军事割据。北段地势不如中段可进可守，又距离南昌、武汉等政治大都会太近，大部兵力放在这里很危险；南段地势虽然较北段好，但群众基础不如中段，政治上对湘赣两省的影响也小些，不如中段一举一动可以影响两省的下游。中段的长处：（1）有经营了一年多的群众基础。（2）党的组织有相当的基础。（3）经过一年多的时间，创造了富有斗争经验的地方武装，加上红军第四军的力量，是敌人不能消灭的。（4）有很好的军事根据地——井冈山，地方武装的根据地则各县都有。（5）影响两省，且能影响两省的下游，政治意义大。当然，中段也有自己的缺点，主要是"围剿"军多，经济问题特别是现金问题十分困难。正因为如此，湖南省委和湘南特委屡次要求红军离开井冈山远征湘南是错误的。

毛泽东阐述了红军留在根据地，发展井冈山工农武装割据和红色政权的重大意义。他指出，不论是从边界发展、红军扩大还是从对敌斗争而言，红军都应该留在根据地发展。毛泽东指出，边界红旗已经打了一年，虽然一方面引起了湘鄂赣三省乃至全国豪绅阶级的痛恨，另一方面却渐渐引起了附近省份工农士兵群众的希望；边界红旗始终不倒，不但表示了共产党的力量，而且表示了统治阶级的破产，在全国政治上有重大的意义。所以，创造和扩大罗霄山脉中段政权十分必要和正确。

在此基础上，毛泽东前瞻性地把小块红色政权的建立同全国政权的取得联系起来，指出了工农武装割据的发展前途。毛泽东指出，随着中国革命形势的发展，红色政权必然要"作为取得全国政权的许多力量中的一个力量”，这些红色政权的继续发展，“日渐接近于全国政权的取得”。毛泽东总是能够从大局、从根本上分析问题，他在井冈山斗争时期就能够富有远见地把小块红色政权的存在与发展同全国政权的取得联系起来，从而也就把红色割据政权建设作为夺取全国政权的一个起点、一个环节、一个步骤、一个试验。也正是从这个意义上，工农武装割据思想构成了农村包围城市、武装夺取政权的中国革命道路理论的有机组成部分。

在这两篇文章中，毛泽东还对工农武装割据中的军队建设、土地革命、根据地建设、政权建设、党的建设、武装割据的策略路线等问题做了系统阐述。

总之，在井冈山革命斗争实践的基础上，毛泽东系统论述了红色政权存在的原因和条件，明确提出了工农武装割据的概念和思想，并指出了红色割据政权的发展前途，形成了完整的工农武装割据、建立红色政权的理论。这个理论是井冈山斗争时期的重大理论创新成果，是继中央八七会议解决了要不要进行武装斗争的问题之后，对如何进行武装斗争问题的有效解决。这是毛泽东把马克思主义基本原理同中国革命具体实践相结合的典范，是马克思主义中国化的重大进展。

从“工农武装割据”到“农村包围城市，武装夺取政权”

工农武装割据和农村包围城市道路的理论是两个既有联系又有区别的概念，毛泽东对工农武装割据基本内容的阐述，只是为农村包围城市道路的理论奠定了理论基础。但并不意味着毛泽东此时就已形成了农村包围城市道路的理论。

工农武装割据的理论主要是回答农村根据地，即红色政权发生发展的原因和条件问题，而农村包围城市道路的理论，则是回答中国革命的根本途径问题。后者比前者进一步深化了两个方面的认识：

一方面是党的工作重心放在哪里？是放在城市还是放在农村？工农武装割据并没有明确回答这个问题，因为武装割据可以以城市为中心，也可以以农村为中心，而“以农村包围城市”的道路理论却明确了党的工作重心在农村。

另一方面是深化了对农村革命根据地在夺取全国政权中的作用的认识。在农村包围城市道路理论中，已把农村革命根据地的建设放到了战略的高度。

显然，这两者之间也有联系。要实现农村包围城市，武装夺取政权的道路，首先必须经过工农武装割据，即以建立巩固的农村根据地作为前提或基础，否则，这条道路就成了无本之木，无源之水。反过来，只有以农村包围城市并最后夺取政权、夺取全国的胜利，才是实行工农武装割据的最终目的。

因此，工农武装割据思想是构成中国革命道路理论的重要组成部分，但不是这个理论的全部。《中国的红色政权为什么能够存在？》和《井冈山的斗争》在农村包围城市道路理论形成中起了基础性的作用，这两篇光辉著作的问世，标志着毛泽东农村包围城市道路理论进入到了奠基阶段。而 1930 年 1 月毛泽东《星星之火，可以燎原》一文的发表，指出了红军和农村根据地的建立，是促进全国革命高潮的最重要因素，提出了以乡村为中心的思想，是“农村包围城市，武装夺取政权”道路理论基本形成的标志。

《星星之火，可以燎原》是当年毛泽东写给林彪一封信中的主要内容，收入《毛泽东选集》时定为此名。从空间概念上看，该文写于福建省上杭县古田镇赖坊村协成店，从时间概念上看，写就该文时仍属于井冈山斗争时期。毛泽东在文中明确地表达了以乡村为中心的思想，批评了“城市中心论”和背离“工农武装割据”的思想认识。

首先，《星星之火，可以燎原》从半殖民地半封建社会阶级斗争的特点和争取全国胜利的高度，指出了建立红色政权的意义，指出了这是“半殖民地农民斗争发展的必然结果”，也“是促进全国革命高潮的最重要因素”①。毛泽东针对某些人的悲观论调，批评其“没有在游击区域建立红色政权的深刻观念”②，总是试图用比较轻便的流动游击方式去扩大政治影响，并指出“这种全国范围的、包括一切地方的、先争取群众后建立政权的理论，是于中国革命的实情不适合的”。在这里，毛泽东实际上已批判了“城市中心论”，认为走城市武装起义的道路，在中国是走不通的，只有“用这种红色政权的巩固和扩大去促进全国革命高潮的深刻的观念”③，才能引导中国革命到胜利。

其次，《星星之火，可以燎原》肯定了朱德毛泽东式、方

---

① 《毛泽东选集》第1卷，人民出版社1991年版，第98页。
② 同上，第97页。
③ 同上。

志敏式的以农村为中心的革命形式，实际上已经明确了农村包围城市道路的理论。毛泽东多次强调："单纯的流动游击政策，不能完成促进全国革命高潮的任务，而朱德毛泽东式、方志敏式之有根据地的，有计划地建设政权的，深入土地革命的，扩大人民武装的路线……无疑义地是正确的。必须这样，才能树立全国革命群众的信仰，如苏联之于全世界然。必须这样，才能给反动统治阶级以甚大的困难，动摇其基础而促进其内部的分解。也必须这样，才能真正地创造红军，成为将来大革命的主要工具。总而言之，必须这样，才能促进革命的高潮。"①文中虽然没有出现"农村包围城市"、"以乡村为中心"等字眼，但通篇贯穿的是必须把党的工作重心放在农村的思想认识，因此，已经具有以农村包围城市、武装夺取政权，最后夺取全国革命胜利的思想。正如周恩来所指出的那样："到给林彪的信中才明确指出要创造红色区域，实行武装割据，认为这是促进全国革命高潮的最重要因素，也就是要以乡村为中心。"②

再次，《星星之火，可以燎原》预见了农村包围城市道路发展的长期性、复杂性。毛泽东认为，红色政权的发展是波浪式地向前扩大的，中国革命将经历一个长期的、曲折的、艰苦的斗争过程。他提醒"犯着革命急性病的同志们不恰当地看大了革命的主观力量，而看小了反革命力量"。不切合当时实际的，急于在中心城市发动起义，企图用一两次武装起义就消灭反动力量，不

① 《毛泽东选集》第 1 卷，人民出版社 1991 年版，第 98—99 页。

② 《周恩来选集》上卷，人民出版社 1984 年版，第 179 页。

愿意做长期的、艰苦的工作，是一种错误的思想认识。事实上，中国革命面临的敌人是强大而又凶残的，革命的力量又是相当弱小的。要取得革命的胜利，不能逞一时之勇，同敌人打消耗战，要通过革命力量积累，逐步壮大自己，逐步消灭敌人。中国的国情，决定了斗争的长期性、复杂性和艰巨性。

由此可见，到1930年1月毛泽东《星星之火，可以燎原》的发表，农村包围城市道路的理论内容、脉络已经很清晰了，毛泽东革命道路的理论已基本形成。

在反对教条主义中开创中国特色革命理论

中国特色革命道路理论，是毛泽东思想的一个重要内容。而这条道路的开创与形成，是在同“本世纪二十年代后期和三十年代前期在国际共产主义运动中和我们党内盛行的把马克思主义教条化、把共产国际决议和苏联经验神圣化的错误倾向”[①]作斗争中，并在深刻总结其历史经验的过程中逐步形成和发展起来的。

1927年以后，党领导了许多城市的和乡村的武装起义。但各地武装起义成功和失败的经验教训表明，在敌强我弱的形势下，企图以城市为中心的武装起义，不可能取得胜利。相反，毛泽东率领湘赣边界秋收起义军在井冈山站住了脚，向全党提出这样一个问题，即在当时中国的情况下，我们党应该走什么道路，才能夺取中国革命的最终胜利。

---

① 《关于若干历史问题的决议》、《关于建国以来党的若干历史问题的决议》，中共党史出版社2010年版，第98页。

解决这个问题的障碍来自共产国际和“左”倾中央。1928年2月召开的共产国际执行委员会第九次扩大会议，对中国革命道路问题产生了错误认识。会议决议指出：“党指导着各省区农民之自发的游击暴动，就应当注意到：这些农民暴动可以变成全国暴动胜利的出发点，只有在他们与无产阶级中心之新的革命高潮相联结的条件之下。党在这里也应当见着自己的主要任务，是在准备城市与乡村相配合相适应的发动，准备几个临近省区之间的相配合相适应的发动。”[①] 意思是农村暴动必须在城市革命高潮的条件下才能得到胜利，党的主要任务是准备城市与乡村相配合相适应的发动，不能只发动农村的武装起义。决议案接着批评了我党领导的农村游击战争。

根据共产国际的决议，中共中央不假思索地认为，各地农村武装起义是“因为缺乏城市领导，且没有适当的配合和联系”而失败，批评湖南、湖北省委在秋收暴动以来“主观上只号召农暴而不要城市”，单纯要求各地党部“恢复城市工作，建立城市工人对乡村的领导”，强调“城市是乡村的领导者”。这一精神体现在井冈山革命根据地的指导上，就是在1928年6月，要求井冈山的朱毛红军“立即向湘南发展”“开始革命的进攻”“极快速的开始乡村城市的割据”，以实现中央的“在湘粤大道沿赣边的割据”和全省的暴动。

毛泽东基于对形势的正确判断，对于中央和湖南省委的指示

---

① 《共产国际有关中国革命的文献资料（1919—1928）》第1辑，中国社会科学出版社1981年版，第350页。

表示了不同意见。他在回复湖南省委的信中总结了八七会议以来各地武装起义的经验教训，列举了六条理由说明红四军不应开往湘南，中心思想是主张建立以宁冈为中心的巩固的革命根据地。他主张“四军仍应继续在湘赣边界各县作深入的群众工作，建立巩固的根据地。有此根据地，再向湘赣推进，则红军所到之处其割据地方巩固，不易为敌人消灭”[①]。这是毛泽东从中国革命实际出发，创建井冈山根据地以来的经验总结。毛泽东提出要在农村建立巩固的革命根据地，是在吃透当时中国国情和敌强我弱形势的基础上提出的真知灼见，他的认识显然要高出不从实际出发的教条主义者许多倍。但是，毛泽东的正确意见没有被采纳，结果造成了井冈山革命根据地的“八月失败”。毛泽东后来总结了湘南“八月失败”的教训是：“不注意建立中心区域的坚实基础”，“未曾把统治阶级政权暂时稳定的时期和破裂的时期这两个不同的时期分别清楚”，“不顾主观力量的可能，只图无限量的推广”。毛泽东的这一正确总结也没有为当时的中央所接受。

1930年上半年，党内出现了一种以李立三为代表的过高估计革命形势，强调中心城市和无产阶级的伟大斗争是决定胜负的力量的“左”倾冒险主义思潮。他对毛泽东等人主张的农村包围城市，最后夺取城市的正确革命道路，进行严厉的批评和指责。他说：“想‘以乡村来包围城市’，‘单凭红军来夺取中心城市’都

① 逄先知、金冲及主编：《毛泽东传》(一)，中央文献出版社2011年版，第183页。

只是一种幻想，一种绝对错误的观念。”①

“左”倾中央不仅不接受毛泽东的正确主张，而且在后来到了中央苏区后，对毛泽东的正确主张进行清算，从对毛泽东思想的批评发展为对毛泽东个人进行排挤和打击。把毛泽东的正确意见冠以“右倾危险”“机会主义”等帽子。

毛泽东对于这些不正确的指责，可以忍受，但他不能眼看着中国革命在“左”倾教条主义者的主导下，滑向看不见胜利希望的城市中心道路的深渊。因而他不计较个人得失，坚持自己的主张，并对“左”倾教条主义的城市中心倾向提出质疑和批评。

1932年初，中央提出红军“占取一二个重要的中心城市，以开始革命在一省数省的首先胜利”的冒险主义方针。在此思想指导之下，命令红一方面军去打赣州，攻赣受挫后，3月中旬在赣县江口召开军事会议，讨论红军行动方针时，苏区中央局多数同志不顾主客观条件，继续主张贯彻中央夺取中心城市的军事冒险主义方针，坚持夺取赣江流域的中心城市。毛泽东在会上提出，红军同国民党军队相比，数量还是很小；各苏区仍处于敌人的分割包围之中。在这种形势下，红军不能进攻中心城市。因此，他主张中央红军应向赣东北方向发展，使中央根据地同赣东北、闽北根据地连成一片，依托有利地形，巩固和扩大革命根据地。但是，苏区中央局没有接受毛泽东的正确意见，继续贯彻夺取赣江流域的中心城市的冒险主义方针。在1932年10月召开的苏区中

---

① 李立三：《怎样准备夺取一省与几省政权的胜利的条件》，1930年4月2日。

央局宁都会议上，毛泽东同“左”倾教条主义者继续进行了激烈的斗争。他指出，中央自提出夺取中心城市，七个月来的方针是错误的，并反对中央主张继续夺取中心城市的决定。然而，“左”倾教条主义者不仅拒绝毛泽东的正确意见，反而指责他“失却胜利信心”，是“专去等待敌人进攻的右倾主要危险”。会后，错误地撤销了毛泽东红军总政委的领导职务，剥夺了他在军队中的领导权。

毛泽东关于农村包围城市、武装夺取政权道路的理论，是把马列主义普遍原理同中国的具体实际结合，并坚决抵制“左”倾错误的结果。这一理论是马列主义本本中找不到的，是对马克思主义的新发展。正如胡耀邦所说：“找到了用农村包围城市的正确道路，所以有毛泽东思想，所以干成了中国革命。如果不是这样，而是拘泥于城市武装起义夺取政权的近代欧洲革命的传统模式，结果会怎么样呢？那就没有中国革命的胜利。”①

可见，井冈山道路的开创，既充满了对敌斗争的考验，也有同革命队伍内部错误思想路线的纷争。没有正确思想路线的形成，没有实事求是闯新路的精神和勇气，是无法冲破传统观念和保守势力的障碍的。

中国特色革命道路理论的成熟和发展

1936年以后，毛泽东相继发表了《中国革命战争的战略问

---

① 胡耀邦：《马克思主义伟大真理的光芒照耀我们前进》，人民出版社1983年版，第17页。

题》《战争和战略问题》《〈共产党人〉发刊词》《中国革命和中国共产党》等光辉著作，进一步指明了武装斗争、农村根据地建设以及走农村包围城市道路的必要性，完善和发展了关于中国特色革命道路的理论。

第一，毛泽东再一次提出要根据中国实践来把握中国革命的特点，进一步揭示了中国革命走农村包围城市道路的历史必然性。1936年毛泽东在《中国革命战争的战略问题》一文中分析了中国革命战争的四个主要特点：一是中国是一个政治经济发展不平衡，由许多帝国主义国家互相争夺的半殖民地大国，长期的内战和混战造成了农村破败，成为统治阶级忽视的角落，所以在统治阶级力量薄弱的农村建立根据地，积蓄力量，进而夺取城市乃至全国政权，是可行的。这个特点说明中国革命必须而且可能走农村包围城市的道路。二是敌人的强大。三是红军的弱小。敌强我弱是当时一个最显著的特点。在强大的敌人面前，就产生了中国革命的长期性和残酷性，就决定了中国革命的主要形式是武装斗争，也决定了建立农村革命根据地的必要性和重要性。四是共产党的领导和土地革命。这个特点决定了中国革命所面临的敌人虽然是强大的，但最后是能够取得胜利的，“因为它有共产党的领导和农民的援助”[①]。最后，毛泽东断言：“这些特点，规定了中国革命战争的指导路线及其许多战略战术的原则。第一个特点和第四个特点，规定了中国红军的可能发展和可能战胜其敌人。第二个特点和第三个特点，规定了中国红军的不可能很快发展和

① 《毛泽东选集》第1卷，人民出版社1991年版，第190页。

不可能很快战胜其敌人，即是规定了战争的持久。”[①]显然，毛泽东对中国国情和中国革命特征的分析，使得农村包围城市道路理论的内容更具完整形态。

第二，对农村包围城市道路理论作了明确的表述，并指出这条道路的核心内容就是要以农村为中心。1938 年 11 月，毛泽东在党的六届六中全会上作了题为《战争和战略问题》的报告，次年 2 月他又写下了《中国革命和中国共产党》一文，指出：“必须把落后的农村造成先进的巩固的根据地，造成军事上、政治上、经济上、文化上的伟大的革命阵地，借以反对利用城市进攻农村区域的凶恶的敌人，借以在长期战斗中逐步地争取革命的全部胜利”，“由于中国革命主力军的农民的斗争是在无产阶级政党共产党的领导之下，这样，就使得在一方面，中国革命有在农村区域首先胜利的可能；而在另一方面，则又造成了革命的不平衡状态，给争取革命全部胜利的事业带来了长期性和艰苦性”[②]。毛泽东特别强调了要树立农村中心工作的意识，说：“忽视以农村区域作革命根据地的观点，忽视对农民进行艰苦工作的观点，忽视游击战争的观点，都是不正确的”[③]。

第三，进一步丰富了农村包围城市道路理论的内容。一是在军事上，把游击战争及其战术提高到战略高度。要求部队实行由正规军向抗日游击战的战略转变，在敌后广大的农村建立抗日根据地，逐步发展壮大以后，最终承担起战略反攻的任务。这实际

① 《毛泽东选集》第 1 卷，人民出版社 1991 年版，第 191 页。
② 《毛泽东选集》第 2 卷，人民出版社 1991 年版，第 635 页。
③ 同上，第 635—636 页。

上已经把农村包围城市道路从国内阶级战争运用到了民族革命战争；二是在政治上，要加强根据地的政权建设，以支持长期和残酷的战争；三是在经济上，要在农村根据地大规模地开展经济建设，搞好根据地的财政经济工作，在经济上做到自给自足，从而包围城市、孤立城市，最后战胜城市。这一系列理论创新和具体政策的运用，充分显示了在抗日战争时期，毛泽东井冈山斗争时期初具形态的农村包围城市道路的理论日臻成熟和完善，也说明了我们党已经能够完整掌握和自觉地运用农村包围城市道路的理论了。

第四，从抗日战争后期到解放战争，开始形成工作重心由农村转向城市的思想。农村包围城市说到底只是革命的道路问题，革命的目的则是要夺取全国政权。在抗日战争中后期毛泽东深刻地论述了工作重心的转移问题，指出：一方面，半殖民地半封建的中国社会，城市总是集中的，农村总是分散的，城市虽有领导农村的性质，但却不能完全控制农村，因城市太小，农村太大了，所以，党的工作重心在农村。另一方面，“着重农村根据地上的工作，不是说可以放弃城市工作和尚在敌人统治下的其他广大农村中的工作；相反，没有城市工作和其他农村工作，农村根据地就处于孤立，革命就会失败”①。因此，党的策略应该是：以农村工作为主，城市工作为辅，城市配合农村的斗争，推进革命形势，直至整个形势具备了夺取中心城市条件时为止。抗日战争后期，为了迎接抗日战争的战略反攻，夺取最后胜利，1944 年后，

① 《毛泽东选集》第 2 卷，人民出版社 1991 年版，第 636 页。

毛泽东又及时提出："要注意大城市和交通要道的工作，要把城市工作和根据地工作提到同等重要的地位。"[①]要在大城市和交通要道大力争取群众准备起义，里应外合收复大城市；要学会管理城市工商业和交通机关，等等。这实际上已提出了由农村向城市转变的思想，表明毛泽东的农村包围城市道路的理论更加完备。

抗日战争胜利后，美帝国主义帮助国民党反动派抢占了大城市，对解放区形成了分割包围之势。在敌强我弱的情况下，毛泽东再次强调要建立和巩固农村革命根据地，并在广大的农村根据地内，放手发动群众，深入进行土地革命。经过两年多的艰苦奋斗，我们建立了巩固的东北根据地，到 1948 年底进行辽沈、平津、淮海三大战役时，已最终形成农村包围城市的局面。1949 年初，毛泽东审时度势，再次明确提出了将党的工作重心从乡村转向城市的问题。在 1949 年 3 月召开的党的七届二中全会上，毛泽东强调指出："从 1927 年到现在，我们的工作重点是在乡村，在乡村聚集力量，用乡村包围城市，然后取得城市。采取这样一种工作方式的时期现在已经完结。从现在起，开始了由城市到乡村并由城市领导乡村的时期。党的工作重心由乡村转移到了城市。在南方各地，人民解放军将是先占城市，后占乡村。"[②]在此，毛泽东明确提出了"用乡村包围城市"的概念，从而完备了井冈山道路理论，是对井冈山道路理论的升华。

在毛泽东这一思想理论指引下，我们党适应形势的转变，在

① 《毛泽东选集》第 3 卷，人民出版社 1991 年版，第 945 页。

② 《毛泽东选集》第 4 卷，人民出版社 1991 年版，第 1426—1427 页。

较短时期内，就占领了全国大部分大中城市，并最后夺取了全国政权。中国革命从井冈山的山路走来，最终走向了取得全国政权的光明大道，这是井冈山道路理论的伟大胜利。

“农村包围城市、武装夺取政权”的井冈山道路理论，是毛泽东同志通过总结党的历史经验，在同党内教条主义作斗争中形成和发展起来的，它丰富和发展了马克思主义关于革命道路的理论，是以毛泽东为代表的中国共产党人对马克思主义中国化的杰出贡献。

三、马克思主义中国化：“经典之作”

2016 年 2 月，习近平在井冈山考察时说：“伟大的理想信念要有扎实的理论基础，井冈山道路是马克思主义中国化的经典之作，从这里革命才走向成功。”井冈山时期，毛泽东同志立足于中国革命实际，把马克思主义普遍真理同中国革命具体实践紧密结合，提出了“以农村为中心”的革命道路思想，提出和发展了“思想建党”“党指挥枪”“支部建在连上”“官兵平等”等建党建军思想，在武装斗争、土地革命、根据地建设等方面进行了一系列成功实践。这些探索创新，马克思主义经典作家没有相关论述，国际共产主义运动没有现成经验，受到党内“左”倾路线与教条主义不断干扰打压，殊为不易。

马克思主义中国化是一个历史过程，即马克思主义的基本原理同中国的具体实际日益结合的过程。在一定意义上，中国共产党的历史就是一部探索马克思主义中国化，并在实践中不断推进马克思主义中国化的历史。马克思主义中国化是一个不断探索的过程，具有明显的过程性特征。在这个过程中，马克思主义中国化的“开篇”无疑是一个经典之作。

马克思主义中国化“经典之作”的核心和主旨，就是把马克思主义基本原理与中国革命具体实际相结合，独立自主地走出一条有别于苏俄模式的“农村包围城市，武装夺取政权”道路——中国特色革命道路。

毛泽东在井冈山时期的理论探索

理论的基础是实践。任何科学的理论都是在总结人类实践活动丰富经验的基础上形成的。诞生在“本世纪二十年代后期和三十年代前期”的毛泽东思想，就是“以毛泽东同志为主要代表的中国共产党人，根据马克思列宁主义的基本原理，把中国长期革命实践中的一系列独创性经验作了理论概括，形成了适合中国情况的科学的指导思想”。[①] 井冈山斗争经验的理论概括，形成了我党最早的“山沟里的马克思主义”，是毛泽东思想形成的奠基石。

井冈山斗争时期，毛泽东不仅在实践上领导井冈山军民开辟了中国革命的正确道路，创造了极其丰富的革命经验，而且对井冈山斗争“一系列独创性经验作了理论概括”，进行了理论上的创新，从而奠定了毛泽东思想的坚实基础，构建了毛泽东思想的本源框架。

---

① 《关于若干历史问题的决议》、《关于建国以来党的若干历史问题的决议》，中共党史出版社 2010 年版，第 97—98 页。

毛泽东对井冈山斗争的“一系列独创性经验”进行理论概括、理论创新主要有以下六个方面的内容：

1. 关于工农武装割据的思想

工农武装割据即红色政权的思想，就是在共产党领导下，开展武装斗争，实行土地革命，建立革命根据地的三位一体的总观念，就是“以乡村为中心”的思想。毛泽东在《中国的红色政权为什么能够存在？》一文中指出：“‘工农武装割据’的思想，是共产党和割据地方的工农群众必须充分具备的一个重要的思想。”毛泽东的这一思想，是在汲取中国历代农民领袖、山大王和封建军阀的经验教训，尤其是总结湘赣边工农武装斗争经验的基础上，逐步形成并予以科学概括的。为了造成工农武装割据和红色政权的深刻观念，毛泽东从理论上论证了工农武装割据和红色政权在白色政权包围下存在和发展的条件，并指出其存在和发展的影响与前途：“这种割据在湘鄂赣三省工农暴动夺取三省政权的过程中是有很大的意义的。”“这些红色区域将继续发展，日渐接近于全国政权的取得。”[①] 可见，毛泽东从“工农武装割据”思想的提出，到“夺取三省政权”，到“日渐接近于全国政权的取得”，是一种大胆而又成熟的战略构想，也是富有远见与独创的理论概括。这种战略构想与理论概括，无疑为以后的农村包围城市、武装夺取全国政权的中国革命道路理论，奠定了重要基础。

2. 关于人民军队的建设与游击战术思想

从三湾改编以来，毛泽东就创立了“支部建在连上”的原则

① 《毛泽东选集》第 1 卷，人民出版社 1991 年版，第 50 页。

和党代表制度，确立了党对军队的绝对领导；规定了人民军队的“三大任务”和“三大纪律、六项注意”；首创了正规红军、地方赤卫队和暴动队三结合的人民军队体制；实行了军民一致、军政一致、官兵一致的建军原则和民主制度，以及正确对待俘虏的政策等。同时，毛泽东、朱德等总结提出了著名的“敌进我退，敌驻我扰，敌疲我打，敌退我追”的“十六字决”，以及“分兵以发动群众，集中以应付敌人”“固定区域的割据，用波浪式的推进政策，强敌跟追，用盘旋式的打圈子政策”等一套游击战术原则。这些都是在井冈山斗争实践中总结提出来的。毛泽东在总结红军斗争的经验时特别强调指出：“红军所以艰难奋战而不溃散，‘支部建在连上’是一个重要原因。”“党代表制度，经验证明不能废除。”[①] 这个重要思想到 1929 年 12 月红四军党的九大（即古田会议）时，得到了更充分的发挥。从井冈山斗争到古田会议，是毛泽东军事思想形成的重要阶段。

3. 关于土地革命的思想和政策

毛泽东在井冈山时就提出了民主革命的内容主要是“实行土地革命”的思想，提出：“中国的民主革命的内容，依国际及中央的指示，包括推翻帝国主义及其工具军阀在中国的统治，完成民族革命，并实行土地革命，消灭豪绅阶级对农民的封建的剥削。”[②] 在 1928 年 5 月湘赣边界党的一大上，又提出了“深入割据地区的土地革命”的方针，随后掀起了湘赣边界土地革命的风

① 《毛泽东选集》第 1 卷，人民出版社 1991 年版，第 65—66 页。
② 同上，第 66 页。

暴。1928 年 12 月，毛泽东总结一年来井冈山土地斗争的经验，亲自起草和主持制定了中国共产党在土地革命战争时期的第一部土地法——《井冈山土地法》，明确规定了根据地内土地分配的原则、标准、方法及土地税的征收等一系列具体政策。它不仅直接指导了湘赣边界的土地斗争，而且为以后中央苏区大规模的土地斗争提供了鲜活、宝贵的经验，为我党土地革命路线和政策的形成作出了原创性的贡献。

4. 关于根据地建设的思想

毛泽东在井冈山斗争时期，自始至终十分重视根据地的建设。一是提出了“以宁冈为大本营”的思想。大本营是根据地的腹心、堡垒，大本营不建设好、巩固住，根据地就有后顾之忧。二是提出了“建立中心区域的坚实基础”的思想。这是巩固大本营的重要保证，具体举措就是“大力经营永新”。在毛泽东看来，“永新比一国还重要”，他亲率部队在永新塘边、夏幽等地蹲点，调查研究，草拟分田纲领。三是关注根据地的政权建设。他批评了在政权建设中“把政权机关搁置一边”的“独裁专断的恶习惯”的党政合一现象，提出“党要执行领导政府的任务”，但“执行的时候必须通过政府的组织”。四是建设井冈山（大小五井）和九陇山两个军事根据地，认为“在四围白色政权中间的红色割据，利用山险是必要的”。毛泽东的上述思想对建设和巩固井冈山根据地起了重要的指导作用。

5. 关于政策和策略指导思想

政策和策略是党的生命，是党和红军一切行动的出发点和归宿。以毛泽东为首的边界党在井冈山斗争的实践中，总结和概括了一整套对敌斗争的政策和策略，在《井冈山的斗争》中归纳为："当时边界特委（毛泽东为书记）和军委（陈毅为书记）的政策是：坚决地和敌人作斗争，造成罗霄山脉中段政权，反对逃跑主义；深入割据地区的土地革命；军队的党帮助地方党的发展，军队的武装帮助地方武装的发展；对统治势力比较强大的湖南取守势，对统治势力比较薄弱的江西取攻势；用大力经营永新，创造群众的割据，布置长期斗争；集中红军相机迎击当前之敌，反对分兵，避免被敌人各个击破；割据地区的扩大采取波浪式的推进政策，反对冒进政策。"① 这七条对敌斗争的政策和策略，是井冈山斗争经验的理论概括，是毛泽东在红军初创时期的独特创造，闪耀着马克思列宁主义策略思想的光辉，对中国共产党人在中央苏区和后来的军事斗争有重要的影响。

6. 关于农村环境下党的建设的思想

在一个无产阶级人数很少，农民和其他小资产阶级占人口大多数的国家里，建设一个具有广大群众性的、马克思列宁主义的无产阶级政党，是极其艰巨的任务。毛泽东在井冈山时就感叹地说道："'斗争的布尔什维克党'的建设，真是难得很。"② 毛泽东所说"真是难得很"一语，道出了在农村环境下党的建设的艰辛与困难。当时，尤为棘手的是"支部会议简直就是家庭会议""各县之间地方主义很重"，土客籍的矛盾和纷争很厉害，以至出现"土籍的党，客籍的枪"的格局。针对这种状况，毛泽东

① 《毛泽东选集》第 1 卷，人民出版社 1991 年版，第 59 页。
② 同上，第 74 页。

提出了从思想上建党的原则。他指出："我们感觉无产阶级思想领导的问题，是一个非常重要的问题。边界各县的党，几乎完全是农民成分的党，若不给无产阶级的思想领导，其趋向是会要错误的。"[①] 毛泽东的这一思想，是对马克思列宁主义建党学说的重大发展。由于时局的变化，毛泽东的这一重要思想在井冈山来不及充分发挥和阐述，到古田会议期间才作了系统而深刻的阐发，撰写和发表了《关于纠正党内的错误思想》一文，奠定了中国共产党的建党路线。作为中共建党路线的核心思想——思想建党的原则，最早是毛泽东在井冈山斗争时期提出的。

此外，如《关于建国以来党的若干历史问题的决议》所指出的，毛泽东思想的活的灵魂，还有三个基本方面，即实事求是、群众路线、独立自主。这三个方面的思想，可以说贯穿于井冈山斗争的全过程。一部井冈山斗争史，就是坚持马克思主义与中国革命实际相结合，一切从实际出发，实事求是的历史；就是坚持群众路线、发动和依靠人民群众实行工农武装割据的历史；就是坚持独立自主、自力更生，发扬艰苦奋斗优良传统的历史。

总之，井冈山革命根据地的斗争经验是极为丰富的。毛泽东对中国共产党人创造的井冈山斗争的丰富经验进行了科学的理论概括，探索出以农村包围城市、武装夺取政权的中国革命道路理论，这就为毛泽东思想的形成构建了一个基本的框架，投下了一块坚实的奠基石。因为作为马克思主义中国化的最初理论成果——毛泽东思想的最显著标志，就是中国革命道路理论。而这

① 《毛泽东选集》第 1 卷，人民出版社 1991 年版，第 77 页。

一正确理论，正是以毛泽东为代表的中国共产党人在井冈山斗争时期开始创立的。

毛泽东是马克思主义中国化的开拓者

毛泽东思想是马克思主义中国化的第一个重大理论成果，其主要创立者是毛泽东，与此同时，毛泽东思想又是集体智慧的结晶，党的许多卓越领导人，包括刘少奇、周恩来、朱德、任弼时、邓小平、陈云等，都对它的形成和发展作出了重要贡献。

井冈山是马克思主义中国化“开篇”的发祥地，而完成“开篇”的旗手则是毛泽东。毛泽东是党的八七会议后第一个上山下乡的中央要员，是井冈山革命根据地的主要创始人，也是马克思主义中国化的开拓者。其重大贡献主要表现在：

1. 毛泽东领导、首创了中国第一块农村革命根据地，取得了马克思主义中国化的最初实践成果。

井冈山革命根据地的创建，是中国共产党人和井冈山军民集体奋斗的结果。然而，建树盖世之功的当首推毛泽东。毛泽东在创建井冈山革命根据地的过程中，做出了最重要、最卓越的贡献。

一是毛泽东领导文家市退兵，点燃了井冈山斗争的“圣火”。文家市退兵是中国共产党人的工作重心由城市向农村转移的重要举措。毛泽东在秋收暴动严重受挫时，果断地作出了“保存实力，退兵萍乡”的决策，摒弃了攻打长沙、夺取中心城市的计划，从而开始了从“引兵井冈”到“以乡村为中心”的新征程。中国的革命者在毛泽东的率领下，从文家市迈出了具有历史转折意义的关键一步。

二是毛泽东领导改造袁、王部队，确定了在井冈山建立革命根据地的决策。袁文才、王佐是盘踞在井冈山一带的草莽英雄，为了工农革命军能在井冈山安营扎寨、落脚生根，毛泽东以他独特而高超的睿智，从大仓赠枪到进驻茨坪，从步云山练兵到大陇升编，一步步地做工作，晓以大义，悉心教化，使袁、王为之折服，真诚接纳毛部，“溃不成军”的秋收起义部队方得以在井冈山休养生息，建立革命大本营。

三是毛泽东领导创建了边界红色政权，奠定了井冈山革命根据地的坚实基础。革命政权是根据地赖以存在的根本。毛泽东领导井冈山军民开展游击暴动，实行分田斗争，发展群众武装，推翻反动政权，在取得军事上三大战斗胜利的基础上，建立了茶陵、遂川、宁冈等县红色政权，标志着井冈山革命根据地的初步形成。这是在朱毛两军井冈山会师之前所取得的重大成果，是毛泽东独自领导开辟的。

四是毛泽东创造性地解决了根据地建设中的一系列重大问题，确保了井冈山革命根据地沿着正确的航道健康发展。如：在党的建设中如何实行“无产阶级的思想领导”？在军队建设中如何确立“支部建在连上”的领导体制？在政权建设中如何克服“把政权机关搁置一边”的不良倾向？在经济斗争中如何解决“吃饭大难”、“食盐奇缺”的问题？在地方工作中如何摆平“土籍的党，客籍的枪”的纷争？等等。毛泽东以他超凡的智慧，依据马克思列宁主义的基本原理，从农村根据地的实际情况出发，科学地提出和制定了一系列切合实际、行之有效的方针、政策和举措，将这些十分棘手的问题圆满而又合理地解决了，使井冈山革命根据地雄踞在罗霄山脉中段，在四围白色政权的包围下巍然屹立。

2. 毛泽东创建了红色政权理论，提出了“反对本本主义”的思想路线，取得了马克思主义中国化的最初理论成果。

红色政权理论是毛泽东农村包围城市、武装夺取政权理论的雏形和基石。这个理论是毛泽东科学解读井冈山的“奇事”而提出的。毛泽东说：“一国之内，在四围白色政权的包围中，有一小块或若干小块红色政权的区域长期地存在，这是世界各国从来没有的事。”[①] 毛泽东认为这是一件“奇事”，由此引发了他的深思。

毛泽东运用马克思列宁主义关于暴力革命和武装夺取政权的学说，根据半殖民地半封建中国经济政治发展不平衡的规律，科学地论证了在四周白色政权的包围中，中国红色政权发生、存在和发展的主客观条件，这就是：（1）中国地方性的农业经济和帝国主义划分势力范围的分裂剥削政策，造成反动统治的缝隙，给革命以可乘之机；（2）第一次大革命的影响为红色政权的建立奠定了良好的群众基础；（3）全国革命形势向前发展是小块红色政权能够长期存在的重要原因；（4）相当力量的正规红军的存在，是红色政权赖以存在的必要条件；（5）共产党组织的有力量和它的政策不错误，更是“一个要紧的条件”。毛泽东坚持认为：湘赣边界“小块红色区域的长期存在，不但没有疑义，而且必然地

① 《毛泽东选集》第 1 卷，人民出版社 1991 年版，第 48 页。

要作为取得全国政权的许多力量中间的一个力量”。“这些红色区域将继续发展，日渐接近于全国政权的取得。”[①]在这段论述中，毛泽东两次提到“取得全国政权”。可见，井冈山时期的毛泽东，胸怀全局，高瞻远瞩，他在井冈山就把目光投向了日后“取得全国政权”的宏伟目标了，而且坚信“星星之火，可以燎原”。毛泽东关于红色政权的理论，是马克思主义中国化的最早成果，是中国革命史上具有独创性的理论贡献。

毛泽东继创造红色政权理论之后，到出击赣南时，又适时地提出了反对“本本主义”的思想路线。马克思主义中国化，是在同马克思主义“教条化”的斗争中形成和发展的。1930 年 5 月，毛泽东在赣南寻乌这个中国南部偏僻的小县城，做了一件惊世骇俗的大事情：他针对党内盛行的“左”倾教条主义，大声疾呼：“反对本本主义”“没有调查，没有发言权”，马克思主义“必须同我国的实际的情况相结合”！这一喊，竟喊出了一条中国共产党人实事求是、求真务实、“从斗争中创造新局面的思想路线”。在《反对本本主义》中，毛泽东精辟、深刻地指出：“中国革命斗争的胜利要靠中国同志了解中国情况”，“马克思主义的‘本本’是要学习的，但是必须同我国的实际情况相结合。我们需要‘本本’，但是一定要纠正脱离实际情况的本本主义”[②]。

毛泽东的这一论断，奠定了中国共产党实事求是思想路线的理论基础，同时也奠定了马克思主义中国化的思想基础，标

---

① 《毛泽东选集》第 1 卷，人民出版社 1991 年版，第 50 页。

② 同上，第 111—112 页。

志着我们党在政治上已日趋成熟。虽然当时没有使用“实事求是”“中国化”的概念，但其精神实质、思想倾向是再清楚不过的了。毛泽东“反对本本主义”的呐喊，是马克思主义中国化的先声；毛泽东《反对本本主义》的雄文，是马克思主义中国化的见证。

3. 毛泽东领导创建了中华苏维埃共和国中央政府，取得了中国共产党治国安邦、局部执政的丰富经验，这是马克思主义中国化的又一重大实践成果。

从上山到下山，从井冈山到中央苏区，是中国革命的发展和创新，也是马克思主义中国化的延续和深化。

中央苏区的苏维埃中央政府是马克思主义中国化的重要实践基地。中央苏区时期马克思主义中国化的实质内涵和主体构架，主要体现在以毛泽东为代表的中国共产党人的建国实践和治国理念上。

中国共产党治国安邦、局部执政的伟大预演，始于中央苏区，始于红都瑞金。中共“局部执政”的政治舞台，就是中华苏维埃共和国临时中央政府。在此之前，中共在全国各地创建了13块革命根据地，但在这些根据地建立的苏维埃政权都只是地方性政权，还没有上升为“国家政权”形态；中共执掌管理的还只是各块根据地的地方政事，而未上升到执管“国家政事”层面。苏维埃临时中央政府成立后，情况就不大一样了，中共执掌的是与南京政府相对峙的、具有国家形态的中央政权，管理的是治国安邦的“国家政事”。从1931年11月7日中华苏维埃共和国中央政府诞生，到1934年10月中旬红一方面军（中央红军）主力长征，中国共产党在以红都瑞金为标帜的中央苏区“局部执政”近三年之久。

在这三年中，中共的“局部执政”主要做了六个方面的工作：一是成功地召开了“全苏一大”，宣告成立了中华苏维埃共和国临时中央政府，建立了比较完备的国家政权机构，实行了精干、高效的国家管理机制；二是确立了苏维埃共和国的国体、政体及其政治、经济制度，凸现了苏维埃国家政权的性质，保障了苏维埃国家政权的运转；三是制定和颁布了《中华苏维埃共和国宪法大纲》以及土地法、劳动法、婚姻法等一系列苏维埃法令法规，创立了苏维埃中国独特的国家法律体系，使苏维埃中央政权在法律的轨道上开展有序活动；四是领导苏区（尤其是中央苏区）军民开展各项必要、可能的社会改革、合作社运动和经济文化建设，发展经济，关注民生，充裕战争经费，巩固红色政权；五是大力加强红军和地方武装建设，完善战争动员保障体制，领导苏区对外发展革命战争，巩固和扩大苏维埃疆域；六是领导苏区军民在第五次反“围剿”失败后进行战略转移的准备工作，率领红军主力安全撤离苏区，保留了中国革命的火种。

中国共产党通过在中央苏区的局部执政，初步学会了治国安民的艺术，积累了管理国家政权的经验，培养和造就了一大批善于治党治政治军的领导骨干和栋梁之才。

4. 毛泽东最早强调“马克思主义必须通过民族形式才能实现”，率先提出了“马克思主义中国化”的科学概念。

1938年召开的党的六届六中全会，是中国共产党领导集团发生重大变化的具有转折意义的一次会议。正如毛泽东后来在党的七大所言："六中全会是决定中国之命运的。"

毛泽东之所以看得这么重，之所以说"六中全会是决定中国之命运的"，可从两方面去领悟：从实践层面看，六中全会根据王稼祥传达的共产国际执委会总书记季米特洛夫关于中共中央要"以毛泽东为首"的指示，进一步确立了毛泽东在全党的领导地位，批准以毛泽东为核心的中央政治局的政治路线。从理论层面看，毛泽东在六中全会上提出了"马克思主义必须通过民族形式才能实现"的重要论断，第一次提出了"马克思主义中国化"的科学概念，确立了马克思主义中国化认识史上的一块里程碑。

毛泽东说："马克思主义必须通过民族形式才能实现。没有抽象的马克思主义，只有具体的马克思主义。所谓具体的马克思主义，就是通过民族形式的马克思主义，就是把马克思主义应用到中国具体环境的具体斗争中去，而不是抽象地应用它。成为伟大中华民族之一部分而与这个民族血肉相连的共产党员，离开中国特点来谈马克思主义，只是抽象的空洞的马克思主义。因此，马克思主义的中国化，使之在其每一表现中带着中国的特性，即是说，按照中国的特点去应用它，成为亟待了解并亟须解决的问题。"① 在这里，毛泽东明确地提出了马克思主义必须民族化、中国化的科学概念。这是一个极为重要的突破，一个极为精辟的论断。

5. 毛泽东创立了马克思主义中国化的核心理论——新民主

---

①《中共中央文件选集》第 11 册，中共中央党校出版社 1991 年版，第 658—659 页。

主义理论。

抗日战争时期，中国共产党面临的形势、任务非常复杂、繁重，新的实践召唤着新的理论创造。农村包围城市的中国革命道路理论无疑是中国革命的重要理论基础，但在抗日战争的环境中，许多新出现的重大实际问题，需要外延更大、层面更高的理论来解决。于是，1940 年初，新民主主义理论应运而生。

在此之前，蒋介石在国民党五届五中全会上作了《唤醒党魂，发扬党德，巩固党基》的报告，大肆鼓吹实行“一个主义”“一个政策”“一个领袖”的专制主义。国民党的“理论家”叶青、张君劢等叫嚷“将马克思主义暂搁一边”“共产主义不适合中国的历史道路”等等。正是在这样的背景下，为了科学回答“中国向何处去”的重大理论、实践问题，毛泽东在延安《解放》杂志上发表了《新民主主义论》。这篇文章，总结了中国革命的历史经验和抗日战争的新鲜经验，阐述了新民主主义的政治、经济、文化特征，指出了中国革命的性质和前途，解决了“什么是新民主主义革命，怎样进行新民主主义革命”的重大问题。叶青看后表示折服，毛泽东曾对曾志说：“我写《新民主主义论》时，《共产党宣言》就翻阅过多次。”

《新民主主义论》的发表，为实现马克思主义中国化第一次历史性飞跃作了最重要的理论建构，标志着马克思主义中国化的重大理论成果——毛泽东思想已趋成熟。

在党的七大，全党形成共识，确定“中国共产党，以马克思列宁主义的理论与中国革命的实践之统一的思想——毛泽东思想，作为自己一切工作的指针”。这样，中国共产党终于将创党以来历尽艰辛获得的马克思主义中国化的伟大理论成果——毛泽东思想，确定为党的指导思想，写在自己的旗帜上。

马克思主义是随着实践的发展而发展的科学。理论传脉，贵在常青。马克思主义活的灵魂，是解放思想、实事求是、与时俱进。只有坚持以发展着的马克思主义指导新的实践，才能使马克思主义永葆生机和活力。

党的十八大以来，以习近平同志为主要代表的中国共产党人，顺应时代发展，从理论和实践结合上系统回答了新时代坚持和发展什么样的中国特色社会主义、怎样坚持和发展中国特色社会主义这个重大时代课题，创立了习近平新时代中国特色社会主义思想。习近平新时代中国特色社会主义思想是对马克思列宁主义、毛泽东思想、邓小平理论、“三个代表”重要思想、科学发展观的继承和发展，是马克思主义中国化最新成果，是党和人民实践经验和集体智慧的结晶，是中国特色社会主义理论体系的重要组成部分，是全党全国人民为实现中华民族伟大复兴而奋斗的行动指南，必须长期坚持并不断发展。在习近平新时代中国特色社会主义思想指导下，中国共产党领导全国各族人民，统揽伟大斗争、伟大工程、伟大事业、伟大梦想，推动中国特色社会主义进入了新时代。

启示：中国化马克思主义在实践中创新，在曲折中发展

马克思主义中国化是一个不断发展的过程，随着革命和建设实践的发展，马克思主义中国化不断进入到新境界。在每一个历

史发展关口，面对新形势，只有创新发展马克思主义，才不会迷失前进航向。

从根本上说，马克思主义中国化是一个动态的过程，或者说是一个过程性的存在。马克思主义中国化，就是把马克思主义基本原理同中国具体实际和时代特征结合起来，运用马克思主义的立场、观点、方法研究和解决中国革命、建设、改革中的实际问题，坚持和发展马克思主义；就是运用中国人民喜闻乐见的民族语言来阐述马克思主义理论，揭示中国革命、建设、改革的规律，使之成为具有中国风格、中国气派的理论。

从历时态的纵向展开上来说，马克思主义中国化包含着三个逻辑环节。

第一，学习与坚持。这个过程就是全面准确地学习、宣传、掌握马克思主义基本原理，并以正确的实事求是的态度坚持和运用这些原理，即用马克思主义科学真理武装头脑的过程。这既是马克思主义中国化的前提，也是它的有机组成部分。自从十月革命一声炮响给中国人民送来了马克思主义，以中国共产党人为杰出代表的中国人民就不断地在学习中坚持马克思主义基本原理，中间尽管有这样那样的曲折，但总的来说走的是一条上坡路，中国人对马克思主义的学习越来越深入，理解越来越透彻，运用越来越娴熟，信念越来越坚定。

第二，结合与转化。这个过程就是在学习坚持马克思主义的基础上，把马克思主义基本原理同中国革命和建设实践相结合，而不是教条主义地坚持马克思主义的个别论断；突出马克思主义理论的实践性、针对性、具体性，并在结合的过程中把马克思主义基本原理转化为中国风格、中国特色的马克思主义，实现理论风格的空间转换，理论应用域的时间转换。当然在特定的时间、空间问题上，马克思主义的某些问题会得到特殊的重视和运用。

第三，发展与创新。这个过程就是在结合运用的基础上，不断推进马克思主义中国化的理论创新，根据时代特点和实践要求，思想上不断有新解放，实践上不断有新创造，理论上不断有新发展，提出新的理论体系、新的概念论断、新的对策思路，形成中国气派、中国风格、中国特色的马克思主义。

从共时态的横向展开上来说，马克思主义中国化包含着四个理论维度。

第一，马克思主义中国化是一个由世界性理论向民族性理论转化的民族化过程。马克思主义作为一种世界性的科学思想体系，是放之四海而皆准的科学真理。这种世界性的真理必须同各国的具体实践、各民族的文化相结合，才能发挥其真理性力量，才能真正对这个国家和民族产生科学指导意义。在领导中国革命、建设、改革的长期实践中，中国共产党就是坚持把马克思主义基本原理同中国具体实际和民族特点相结合，不断推进马克思主义中国化，实现了两次历史性飞跃，形成了毛泽东思想和中国特色社会主义理论体系两大理论成果。

第二，马克思主义中国化是一个由经典性理论向当代性理论转化的当代化过程。马克思主义的根本特质就在于，它是无产阶级的世界观和方法论，是一种新的彻底的唯物主义，这一特质决定了它与自然科学和人类知识走向相一致，与社会生活和人类历史趋势相一致，与人的发展和人类文明进步相一致，因而具有真正的科学真理性、当代开放性。要实现马克思主义中国化，就必须把马克思主义的经典性理论同当代科学理论、当代社会实践相结合，从而使之总能够展示出其当代性价值。

第三，马克思主义中国化是一个由普遍性真理向具体性实践转化的实践化过程。马克思主义最重要的特征就在于它的实践性，它必须同广大人民群众的实践相结合，才能焕发出强大的生命力、创造力、感召力。毛泽东所说的“有的放矢”就是强调要把马克思主义基本原理运用到中国革命的具体实践当中，提出适合中国实际的方针政策。

第四，马克思主义中国化是一个由精英化理论向大众化理论转化的大众化过程。马克思主义中国化的一个至关重要的工作，就是要在坚持马克思主义精髓的基础上，把马克思主义的根本原理以通俗化的语言、简明化的形式、大众化的风格，转化为广大人民群众所乐于并能够接受的形态，转化为人民群众自己的思想观念，成为一种集体意识，真正掌握群众并形成强大的实践力量，实现时代精神精华向民众群体意识的转化。

动态化的过程在其展开的不同阶段上会凝结出自己的成果，马克思主义中国化的动态性发展在不同历史时期形成了丰硕的理论创新成果，这就是中国化马克思主义。

中国化马克思主义作为综合性的创新成果，具体地展现为三种存在形态。

第一，中国化的科学理论体系。在新民主主义革命和社会主义革命时期，以毛泽东为杰出代表的中国共产党人以科学的马克思主义态度和巨大的理论创新勇气，创造性地实现了马克思主义中国化的第一次历史性飞跃，形成了毛泽东思想的科学理论体系。在社会主义建设和改革时期，以邓小平、江泽民、胡锦涛、习近平等为杰出代表的中国共产党人，继续以科学的马克思主义态度和巨大的理论创新勇气，创造性地实现了马克思主义中国化的第二次历史性飞跃，形成了包括邓小平理论、“三个代表”重要思想、科学发展观和习近平新时代中国特色社会主义思想在内的中国特色社会主义理论体系。

第二，中国化的实践道路。以毛泽东为代表的中国共产党人在坚持马克思主义基本原理的前提下，结合中国的具体国情，开辟了一条农村包围城市、武装夺取政权的中国革命道路和适合中国特点的社会主义改造道路，领导中国人民取得了新民主主义革命和社会主义革命的伟大胜利；以邓小平等为代表的中国共产党人，结合和平与发展的时代特征和社会主义初级阶段的基本国情，开辟了一条中国特色社会主义道路，领导中国人民取得了改革开放和社会主义现代化建设的伟大胜利。党的十八大以来，在以习近平同志为核心的党中央坚强领导下，党和国家事业发生历史性变革，取得历史性成就，中国特色社会主义进入新时代。

第三，中国化的民族风格。马克思主义的伟大力量就在于它是同各个国家的具体实践和文化传统相联系的，马克思主义必须同中国的具体特点相结合并通过一定的民族形式才能发挥其伟大的真理性力量。毛泽东、邓小平、江泽民、胡锦涛、习近平等杰出的中国化马克思主义理论家的一个鲜明的特点，就在于他们在全面理解马克思主义基本原理的同时，对中国的文化传统和民族特点有深刻的把握，从而使马克思主义在中国获得了新鲜活泼的、为中国老百姓所喜闻乐见的中国作风和中国气派，形成了中国化马克思主义鲜明的民族风格。

中国化马克思主义的奠基、萌芽、形成、发展、丰富和不断完善，是一个长期而开放的历史过程。具体来说：五四运动时期，马克思主义开始传入中国，中国化马克思主义开始奠基；第一次大革命时期，中国化马克思主义开始萌芽；土地革命时期，中国化马克思主义在曲折中产生；抗日战争时期，马克思主义中国化第一次历史性飞跃得以实现，中国化马克思主义的第一个重大科学理论体系即毛泽东思想成为全党的指导思想；在以后的革命和建设的实践中，中国化马克思主义不断发展、丰富和完善。

显然，土地革命时期在中国化马克思主义的形成发展史上具有承上启下的重要意义。在这个时期，马克思主义中国化的历史进程大大加快，中国化马克思主义的一系列重大创新成果已经产生。但是，这个过程并不是一帆风顺的。

大革命失败后，举什么旗，走什么路，怎样坚持马克思主义，坚持什么样的马克思主义，成为中国共产党人必须面对和回答的重大问题。八七会议尽管提出中国共产党要独立领导中国革命，要进行武装斗争和土地革命；但是，中国共产党怎样独立领导中国革命，怎样进行武装斗争，怎样从事土地革命，并没有现成的答案。

中国共产党不仅遭遇了来自国民党反动派的空前镇压和“围剿”，处在极其艰辛的生存状态当中；同时，来自共产国际的一些错误指示不绝如缕，严重影响中国共产党人的独立探索之路；在此情况下，党内特别是党的高层领导中连续出现了过分估量革命形势下的“左”倾盲动主义、革命顺利情况下的“左”倾冒险主义和共产国际严重影响下的“左”倾教条主义，导致了党的路线长期不能在正确的轨道上发展，给中国共产党和中国革命事业带来了重大损失。而且，因为“左”倾思潮往往带着共产国际的背景，在它同从实际出发的中国化马克思主义之间的交锋中往往取得压倒优势，从而进一步增加了马克思主义中国化进程的曲折性。

但是，黑云遮不住太阳的光芒，谬误阻挡不了真理的发展。以毛泽东为代表的一大批中国共产党人，高高打出共产党的新旗帜，进行了卓有成效的武装斗争新实践，实现了土地革命政策新创造，在斗争实践中探索开辟了一条中国特色的革命道路；反对以唯心主义为根源和实质的形式主义、本本主义及各种错误思想，提出了以实事求是、一切从实际出发为核心的思想路线，形成了中国化马克思主义的初步成果，并在艰难的条件下不断把这些理论创新成果推向深入，把这些科学理论用于实践。中国共产党尽管历经磨难，但是越来越走向实践和理论上的独立与成熟。

土地革命时期，中国化马克思主义在曲折中产生和发展的历程，昭示我们，要真正把马克思主义同中国的具体实际相结合，实现马克思主义中国化，形成中国化马克思主义创新成果，就必须：全面准确地理解和把握马克思主义的科学体系和基本原理，这是马克思主义中国化的理论前提，任何教条主义的做法都不仅在实践上而且在理论上造成严重的后果；实事求是地、一切从实际出发地把握中国革命和建设的时代任务，这是马克思主义中国化的实践基础，任何照搬照抄别国经验和模式的做法都不可能真正形成实践和理论的成果；着眼于用马克思主义的基本原理来分析和解决中国革命和建设实践中的问题，这是马克思主义中国化的理论生长点，任何主观主义的空谈和盲动都是有百害而无一利的；有独立自主地从事革命和建设实践的政党及其理论家，这是马克思主义中国化的理论主体基础，任何幼稚的、不成熟的、缺乏理论涵养的人占据了党的主要领导岗位，并以某种所谓的权威为支撑来强行引导理论发展的方向，都会给党的革命实践和理论事业带来重大挫折。

第四章

星火：燎原神州

大革命失败后，神州大地，阴霾笼罩。但共产党人并没有被血腥屠杀所吓倒，他们毅然奋起，在茫茫黑夜中擎起点点革命星火，艰难探索革命新道路。秋收起义失利后，毛泽东引兵井冈，在湘赣边界创建第一块农村革命根据地，最早燃起了中国革命的希望星火。星星之火，可以燎原。90多年前井冈山燃起的革命火种，最后照亮了神州大地。

一、星火起：革命航船再扬帆

翻开一页页当年革命亲历者的回忆录，我想象着革命者当年行走在生死边缘的场景。他们不畏身体的创伤和病痛，忍受着缺食少衣，居无定所；他们别妻离子，抛家舍业，穿行于枪林弹雨之间。但他们无怨无悔！究竟是什么样的力量，让这些鲜活的面孔这么坚定和执着?

在这些大多已经逝去，成为历史人物的革命者的回忆中，许多次提到“星星之火”、“火苗”、“焰火”、“火种”等等，透过“火”我们看清了那种支撑革命者勇往直前视死如归的无形力量。“火”是革命者心中升腾起的无尽革命热情，“火”是革命者胸怀的坚定理想信念！每一个革命者以自己血肉之躯做烛燃起的点点革命星火，是中国革命弥足珍贵的火种。

锤炼：蓄势以待发

1927 年，国民党右派发动四一二反革命政变和七一五反革命政变，标志着国民党反动派彻底背叛了孙中山先生制定的国共合作政策和反帝反封建纲领。第一次国共合作彻底破裂。国民党反动派大肆逮捕和屠杀共产党人。从 1927 年 3 月到 1928 年上半年，全国被杀害的共产党人和革命群众达 31 万多人，其中共产党员约 2.6 万余人。一大批共产党的领导人和革命骨干分子遭到杀害。在白色恐怖中，全国共产党员由近 6 万人减少到 1 万多人。一时间，大江南北一片腥风血雨，中国成了“全世界最悲惨的白色恐怖的国家”[①]。轰轰烈烈的大革命失败了。

大革命失败后，面对着国民党反动派的疯狂屠杀，革命形势陷入谷底。

大革命时期，党对革命诸多重要问题，如革命领导权，中国阶级状况、革命策略等问题认识不断深入，思想不断发展、成

---

① 《惨无人道之白色恐怖》,《布尔什维克》第 1 卷第 3 期，第 69 页。

熟，各级党组织教育下的共产党员和革命群众思想上不断进步。

大革命时期，借助于国共合作平台，党的领导下的工人运动、农民运动、士兵运动蓬勃发展，涌现出“农运大王”彭湃、兵运领袖刘志丹等一大批运动领袖和骨干分子。他们经受了磨练，创新了工作方式方法，积累了丰富的斗争经验，在斗争中不断成长。

一批党的高级干部进入国民党领导层，得到了实践锻炼的机会，积累了领导工作经验。在国民党一大选举产生的中央执行委员和候补中央执行委员中，中共党员李大钊、谭平山、于树德、沈定一、林伯渠、毛泽东、于方舟、瞿秋白、韩麟符、张国焘 10 人当选，约占委员总数的四分之一。在中央执行委员会下设的各部中，谭平山担任组织部部长，林伯渠担任农民部部长，毛泽东任代理宣传部部长。

1924 年 6 月 16 日，黄埔军校正式成立。成立之初，共产党员在军校中担负起重要职责，周恩来担任学校的政治部主任。彭湃、邓中夏、张太雷、刘少奇等共产党人应邀来校演讲。大量的优秀青年进入黄埔军校学习，其中很多人成为中国共产党独立领导武装革命的军事骨干，林彪、徐向前、陈赓、罗瑞卿、许光达、许继慎、萧克、杨至诚等人都是黄埔军校毕业生。井冈山革命根据地斗争时期，经史料考证确认的就有卢德铭、王尔琢、王展程、朱云卿、伍中豪等 41 人。黄埔军校培养了一大批优秀革命干部，为中国革命胜利立下汗马功劳。1955 年，共和国授衔的将军中有 33 人曾在黄埔军校学习过。

1924 年 6 月 30 日，国民党中央执行委员会召开第 39 次会议，决定组织农民运动讲习所。从 1924 年 7 月到 1926 年 9 月，广东革命政权在广州先后举办了六届农民运动讲习所。在共产党人彭湃、罗绮园、阮啸仙、谭植棠、毛泽东相继主持下，农讲所为广东和全国 20 个省区培训了 700 多名农运骨干，有力地促进了全国农民运动的大发展。

在风起云涌的大革命斗争中，中国共产党人经受了血与火的考验，积累了丰富的斗争经验，锻炼和培养了大批人才。大革命失败后，大批共产党员和工农运动骨干或是惨遭屠杀，或是退出革命队伍，对党的革命事业造成重大破坏。面对白色恐怖，有的党员退缩了，他们脱党甚至叛变投敌。但仍然有大批共产党员坚持斗争。他们深入基层，发动群众，发展党员，恢复和重建党的基层组织，开展工农运动，为革命高潮再次到来积蓄着能量。

暴动：革命地火重燃

正是在大革命失败的腥风血雨中，中国共产党人认识到：要革命，就得掌握武装，开展武装斗争。掌握军队，以革命的暴力反对反革命的暴力，是保卫革命成果，取得中国革命胜利的根本保证。

为了应对国民党反动派背叛革命，最大限度地减少对革命事业的损失，迎接新一次革命高潮的到来，1927 年 7 月 12 日，中共中央召开了政治局会议，改组了中央常务委员会，张国焘、张太雷、李维汉、李立三、周恩来组成临时中央常务委员会。会议结束了陈独秀在中央的领导工作，初步总结了大革命失败的教训，决定进行秋收起义和武装起义。

1927 年 7 月 20 日，《中央通告农字第九号——目前农民运动总策略》中明确提出："需要一个无产阶级领导的工农小资产阶级的民主政权和工农武装"，"必需革命武装才能保障其胜利"，建立自己的武装是现阶段农民运动的"最严重而紧迫的问题"。在八七会议上，毛泽东进一步强调了武装对于无产阶级革命的重要性，明确指出，"以后要非常注意军事，须知政权是由枪杆子中取得的"①。

海陆丰是广东东江地区的海丰县和陆丰县的统称。它南面临海、西北倚靠莲花山，是平原及半丘陵地带，与惠阳、紫金、普宁等县相邻，交通方便。它自然资源丰富，有山有水有平原，地腴水丰，自古有"南海物丰"之说。它也是潮汕文化、闽南文化、广府文化、客家文化的交汇地。

"天顶雷公，天下海陆丰"，这句话在海陆丰地区广为流传。当遭到不公时，旧时海陆丰人寄托"雷公神"为他们主持公道。

历史上，由于地主阶级与军阀、政府相勾结，海陆丰地区农民受到残酷的剥削和压迫。大革命时期，在彭湃等人的领导下，海陆丰地区是农民运动的模范地区。大革命失败后，海陆丰人民发动武装起义，做了自己命运的"雷公神"。1927 年 5 月 1 日，在"农运大王"彭湃等人的领导下，海陆丰爆发了武装起义。11 月中旬，陆丰和海丰相继建立苏维埃政府。海陆丰起义是四一二大屠杀之后中共领导的最早的一次农民起义，而且树起了以革命的武装反抗国民党反动派的旗帜，从而揭开了武装斗争的序幕。

① 《毛泽东文集》第 1 卷，人民出版社 1993 年版，第 47 页。

中央临时政治局指出，“在中国革命之中，这是第一次由几万、几十万农民群众自己动手实行土地革命的口号，第一次组织成工农兵群众的无限制的政府”[①]。

大革命失败后，国民党右派和其他反动势力欣喜若狂，以为革命火种就此熄灭。面对国民党反动势力的嚣张气焰，中央领导机关一度无人负责，部分党员脱党、退党、叛党。然而更多的中国共产党人并没有屈服于反动力量的淫威，他们擦干眼泪，高举先烈们以血肉之躯呵护的革命火种，踏着烈士鲜血染红的道路坚定地前行。海陆丰人民在土地革命时期燃起了中国革命的第一把烈火。中国共产党人从南粤大地开始拉开了新民主主义革命的序幕！

南昌起义、秋收起义、广州起义是土地革命时期的三大武装起义，它们连同国内大大小小一百多次武装起义和暴动，共同把中国革命推向了高潮。

1927 年 8 月 1 日凌晨 2 时，在以周恩来为书记的中共前敌委员会领导下，贺龙、叶挺、朱德、刘伯承等率领起义部队 2 万余人向驻在南昌城内的敌军发起攻击。经过数小时激战，全歼守敌 3000 余人，占领南昌城。

因为南昌起义是在党中央直接策划和领导下进行，其影响力更大，因此，一般认为南昌起义打响了武装反抗国民党反动派第一枪。南昌起义中，共产党人用血与火的语言，宣告了不畏强暴、坚持革命的坚定决心。它在全党和全国人民面前树立起一面

---

① 《新民主革命通史》第 4 卷，上海人民出版社 2001 年版，第 129 页。

革命武装斗争的旗帜，标志着中国共产党独立领导革命战争、创建人民军队和武装夺取政权的开始。

1927 年 9 月 9 日，在毛泽东任书记的前敌委员会领导下，湘赣边界秋收起义爆发，工农革命军分别从修水、安源、铜鼓等地出发，向长沙进击。由于当时革命形势已处于低潮，敌强我弱，加上起义军缺乏作战经验，队伍损失惨重。为了保存革命力量，毛泽东决定起义军放弃攻打长沙的计划，进入江西，沿罗霄山脉南移。

1927 年 12 月 11 日，根据中央指示，在张太雷、叶挺、周文雍、叶剑英等人领导下，国民革命军第四军教导团全部、警卫团一部和广州工人赤卫队七个联队以及市郊部分农民武装联合发动武装起义。起义军占领了广州的绝大部分地区，随即成立了以苏兆征为主席的广州苏维埃政府。起义军同粤系军阀张发奎进行顽强战斗，终因寡不敌众，队伍遭受重大损失，起义失败。

1927 年注定是中国共产党人值得大书特书的一年，在大革命失败后，全国各地的武装起义和暴动风起云涌。1927 年 9 月 23 日，琼崖全岛武装总暴动开始。11 月 13 日，黄麻起义。1928 年 1 月，赣东北弋横起义，方志敏“两条半枪闹革命”。1927 年 9 月至 1928 年春，湘鄂西人民在中国共产党的领导下，举行了秋收暴动、年关暴动、桑植起义。1928 年 3 月到 6 月，闽西爆发系列农民武装起义和暴动。1928 年 4 月至 6 月，陕西渭华地区爆发起义。1928 年 7 月，平江起义。

南昌起义、秋收起义、广州起义和全国其他地方党领导的一系列起义，为后来建立党领导下的工农武装，创建农村革命根据地，奠定了初步的基础。

涅槃：井冈深处惊雷起

秋收起义，毛泽东按计划带队伍去攻打长沙。虽短暂占领醴陵、浏阳县城和一些集镇，但在国民党反动军队的反扑下，队伍遭受重大损失。1927 年 10 月初，在文家市退兵、三湾改编之后，毛泽东带领队伍来到了宁冈茅坪。

1928 年 4 月，朱德带着南昌起义和湘南暴动的队伍也来到了井冈山上。南昌起义失利后，朱德等人带着队伍南下广东，希望恢复大革命时期建立的广东革命根据地，并占领出海口，取得国际援助，重新举行北伐。起义军没有认识到应该就近到江西、湖南、湖北广大的农村，同还没有完全被反革命势力镇压下去的农民运动相结合，以逐步积蓄和扩大革命力量。革命队伍反而劳师远征，使自己陷于不利的境地，最终失败。

几经周折，按照中央指示，朱德、陈毅等人带领队伍向井冈山地区转移，并与毛泽东取得联系。南昌起义和秋收起义的两支革命军队终于在宁冈砻市会师。1928 年 4 月 24 日，宁冈龙江书院，朱德、毛泽东这两位世纪伟人的大手紧紧握在一起！5 月 4 日，南昌起义和秋收起义两支队伍合编成立了工农革命军第四军。“两支铁流汇合到了一起，从此形成红军主力，使我党领导的武装斗争的大旗举得更高更牢。”[①] 朱毛会师壮大了井冈山根据

① 《井冈山革命根据地》(下)，中共党史资料出版社 1987 年版，第 323 页。

地的武装力量，有力地推动了井冈山革命根据地的斗争。

新城会师是井冈山根据地的又一件大事。1928 年 7 月 22 日，彭德怀、滕代远、黄公略等领导了著名的平江起义。之后，红五军宣布成立。在国民党反动力量的围追堵截下，红五军损失惨重。根据湖南省委指示，红五军向江西万载一带发展。1928 年 11 月底，红五军彭德怀、滕代远率领队伍从万载出发，取道株萍、西村、宣风镇等地抵达莲花高州，与红四军接应队伍在莲花九都汇合。12 月 14 日，在宁冈新城，举行了红四军、红五军胜利会师大会。红四军和红五军会师，进一步增强了井冈山根据地的武装力量。两支队伍相互配合，相互支持，为巩固和发展井冈山革命根据地做出了巨大贡献。

朱毛会师、红四军与红五军会师是中国革命的大事。大革命失败后，从没有如此多的共产党人和革命者积聚在一起，形成如此强大的力量公开同国民党反动势力做坚决的斗争。

两年零四个月的艰苦斗争，井冈山上的革命者，第一次独立地面对强大的敌人，开展了卓有成效的军事斗争：先后击溃反动军队对井冈山革命根据地四次“进剿”和三次“会剿”，取得了龙源口大捷、黄洋界保卫战等军事斗争的胜利，巩固和扩大了根据地。通过土地改革，初步满足了广大群众的根本利益，充分调动起群众的积极性，最大限度地发动了群众参加和支持革命。井冈山斗争时期，党组织不断恢复、发展，党员队伍日渐壮大起来。三湾改编后，确立了“支部建在连上”的原则，保证了军队党组织的发展。自进入井冈山地区伊始，毛泽东发现根据地的地方党组织大多“垮塌”了。1927 年 11 月初，毛泽东召集宁冈、永新、莲花三县党组织负责人在象山庵开会，提出要在斗争中恢复，重建党的组织，让党员成为“布尔什维克战斗员”，领导群众开展斗争。象山庵会议推动了各地党组织的发展，加之“军队的党帮助地方的党”，井冈山地区地方党组织很快发展起来。边界党员最多时达到一万人以上。随着根据地的巩固和发展，边界各县相继成立了工农兵政府。五百里井冈出现了“割据地区一天一天扩大，土地革命一天一天深入，民众政权一天一天推广，红军和赤卫队一天一天扩大”的可喜局面。

然而，井冈山道路一路走来不可谓不难！不可谓不苦！

以往在分析井冈山革命根据地建立的有利自然条件时，大致可以归结为：湘赣边界地势险峻，易守难攻；物产丰富，盛产粮油。当时井冈山五大哨口，人口不到二千，产谷不上万担。宁冈县有一年耕而三年食的自供自给的经济力。然而，由于井冈山地区较早形成了割据状态，“进剿”的国民党军队也比较多，当他们对井冈山周边形成合围之势以后，险峻地势的优势就可能成为劣势，山上的后勤补给就容易断绝。此外，物产丰富仅指相对于本地区的人口而言。近乎原始的农业生产方式使得当地的农业生产率极低，远远保证不了大量增加人口的给养。当红四军、红五军上山之后，就必然会打破原有的人口与资源的平衡状态，导致物资的匮乏。因为供应不足，井冈山军民的粮食及其他生活必需品出现了大问题。谭震林指出，当年毛泽东也认识到了这个问题，“毛泽东同志考虑红四军、红五军都留在山上，山上养不起”。井冈山斗争后期，山上既生产不了大量的粮食，也不能把山下的粮食运上来，造成了根据地军民生活物资的极端贫乏。此种情况，毛泽东在《中国的红色政权为什么能够存在？》中指出：“一年以来，边界政权割据的地区，因为敌人的严密封锁，食盐、布匹、药材等日用必需品，无时不在十分缺乏和十分昂贵之中，因此引起工农小资产阶级群众和红军士兵群众的生活的不安，有时真是到了极度。”当年的红军老战士对此印象尤为深刻。杨梅生说：“那时根据地就那么一块，敌人从四面把我们包围起来，对我们进行封锁困难是很大的。”曾志清楚地记得：“山上的生活是十分艰苦的。首先是缺乏粮食，这里吃的粮食完全靠下面运上来。前方打了土豪，弄到了粮食，就通知我们下山去背回来……在山上，穿的、盖的比吃的更困难。8月的井冈山经常细雨蒙蒙，浓雾重重，空气潮湿而寒冷。上山后我和那些有病的同志挤在一间房子里。泥土地很潮很脏，我们就用剥下来的杉树皮，铺在地上当床板，盖的很少，我当时还有一床夹被子，算是很不错了。有些同志连夹被都没有，就用禾草往身上盖。”一段时间，工农革命军的物资补给甚至到了绝境，“在（一九二八年）九月至（一九二九年）一月，四月中红军经过空前的艰难，在浓冬之际边界丛山积雪不消，红军衣履饮食非常困难，又因敌封锁，红军未能到远地游击以致经济没有出路，在此时期中红军官兵单衣御寒，日食红米南瓜，二月没有一文零用钱。”

思想是行动的先导，革命思想不能统一，革命行动很难取得胜利。思想上的不统一，造成井冈山斗争时期党内、军内在革命究竟该朝哪个方向走，该怎么去走的问题上产生严重分歧。

思想不统一集中体现在对革命道路选择的认识上不统一。八七会议上，中央在确定以革命的武装力量反对反革命的武装力量的目标时，主张以中心城市为攻打目标进而夺取革命在全国的胜利。“农村中四处蜂起暴动的环境之中，城市工人暴动便成了革命胜利的关键。革命势力的发展，到了有几县，半省，甚至一、二省内工农暴动胜利前途的时候，城市自然要成为暴动的中心和指导者”[①]。在南昌起义、秋收起义、广州起义以及全国各地起义大多遭遇挫折的情况下，中央仍然不顾中国革命处于低潮的现实，坚持攻打中心城市。中央的路线对广大党员及广大干部战士的思想影响很大。即便是在毛泽东率领工农革命军上井冈山之后，这种影响仍未能完全消除。井冈山斗争时期的失利，如“三月失败”、“八月失败”，乃至最后失去井冈山根据地，从根本上说，正是中央的错误路线造成了革命根据地遭受重大挫折。

在要不要上山的问题上，文家市会议上的争议就比较大，余洒度等人坚决反对，后来尽管通过了上山的决议，人们的思想上并没有完全接受。一定范围内存在着抵触情绪，对此，谭震林深有感触，“当时，毛泽东同志提出的要在罗霄山脉中段建立政权，表面上大家都同意，但不是每个人思想上都接受了。”[②]思想上没有想通，行动上就不坚决。思想上的疙瘩没有解开，而是潜伏起来，每当革命斗争遇到挫折和困难，这种矛盾就被激发出来，阻碍革命斗争沿着正确的方向前进。此外，“在井冈山初期，我们非但对建立红色政权没有经验，对苏维埃斗争、土地革命也缺乏

---

① 《瞿秋白文集》(第五卷)，人民出版社1995年版，第161页。

② 谭震林:《回顾井冈山斗争历史》,《井冈山革命根据地》(下),中共党史出版社1987年版，第18页。

经验”[①]，由于缺乏经验，井冈山斗争过程中难免会犯错误，难免带来行动的失误，并因此招致挫折，这加重了革命队伍中一些人对上山之路的忧虑和怀疑。“我们平时也议论过‘红旗到底打得多久’的问题”[②]，“这个问题不是哪一个人提出来的，而是代表了当时一部分同志的一种思想。因为在全国白色政权中间建立红色政权，这在中外都是从来没有过的事，所以相当一部分人缺乏信心，怀疑红色政权能否长久建立。”[③]

湘赣边界的土籍居民，主要是指土生土长的当地人及历史上因战乱从北方迁入湘赣边界的移民，因为来得早，他们占据了平地和良田。客籍居民则是特指明末清初从北方及广东梅州地区及福建泉州、莆田迁入湘赣边界的移民。因为平原地带被先来的土籍占据，他们只得住在山脚或山里面。他们讲的是客家语言，又客居在别人的地盘上，故被称为客籍。随着客籍人大规模的迁入，特别是随着客籍人经济、政治地位的上升，土客籍之间的冲突和矛盾也逐渐增多了。土客籍矛盾，既表现在土客籍居民中的地主阶级和广大受压迫群众之间阶级矛盾，也表现在因经济利益差异和政治权利区别引发的矛盾，还表现在文化、习俗、观念等方面存在不同而产生的矛盾。

井冈山斗争时期，毛泽东也很早就注意到土客籍矛盾。他

---

① 谭震林：《回顾井冈山斗争历史》，《井冈山革命根据地》（下），中共党史出版社1987年版，第13页。

② 同上，第18页。

③ 陈政：《创立湘赣边界“工农武装割据”的斗争》，《井冈山革命根据地》（下），中共党史资料出版社1987年版，第39页。

在《井冈山前委给中央的报告》中提到："边界各县还有一件特别的事，就是土客籍的界限。土籍的本地人和数百年前从北方移来的客籍人之间存在着很大的界限，历史上的仇怨非常深，有时发生很激烈的斗争。……我们的区域内，宁冈、遂川、酃县、茶陵，都有土客籍问题，而以宁冈的问题为最严重。……这种土客籍的界限，在道理上不应引到被剥削的工农阶级内部来，尤其不应引到共产党内部来。然而在事实上，因为多年遗留下来的习惯，这种界限依然存在。"①

毛泽东同志做了大量工作以缓解土客籍矛盾，避免其进一步加剧，尤其是避免把这个矛盾带到党内来。然而，由于一部分党员和骨干分子农民意识严重，边界各基层党组织恢复和成立时间尚短，对党员教育不力，土客籍矛盾还是被带进党内来。在外部因素推动下，这种矛盾激化对党的斗争和边界工作的开展造成重大损失。比如，中央六大决议案中有关土匪问题的处理政策在执行过程中，由于土客籍矛盾加剧，造成袁文才、王佐被错杀的惨剧。

井冈山革命根据地位于湘赣边界的罗霄山脉中段，尽管毛泽东同志在此创建根据地被指责为"偏安一隅，乐不思蜀"，但根据地与湖南省委与江西省委的联系几乎从未长时间中断过。毛泽东同志通过给湖南省委、江西省委，甚至亲自给中央写信，报告井冈山革命根据地创建的基本情况。力主在罗霄山脉中段，建立以宁冈为中心的红色武装根据区域。

① 《毛泽东选集》第 1 卷，人民出版社 1991 年版，第 74 页。

此时，中共中央的基本路线从一个极端走向另一个极端。

面对国民党反动派咄咄逼人的进攻，陈独秀坚持“右”倾错误路线，步步后退、一味忍让。国民党的血腥屠杀激起了全体党员和革命群众的仇恨，对陈独秀“右”倾错误路线的极端愤怒发展到顶点。八七会议撤销陈独秀党内最高领导职务，对党内“右”倾错误进行了初步清算。但同时，党内的“左”倾情绪一点点蔓延开来，并逐渐在党中央领导机关占据主导地位。“左”倾错误表现在革命道路上以城市为进攻核心，在具体的斗争中不区分革命对象和矛盾性质，大肆烧杀。这些错误导致了革命力量的严重损失。在“左”倾盲动主义影响下，乱烧乱杀等极“左”行为严重激化了党内矛盾，脱离了群众，恶化了干群党群关系。

井冈山革命根据地的创建与发展不能不受中央错误路线干扰。当得知秋收起义失败后，毛泽东同志没有按照中央指示继续攻打长沙，反而带着队伍进入偏僻的井冈山。中央批评毛泽东放弃攻打长沙，转向井冈山是“完全违背中央策略”，是“单纯的军事投机”，为此，毛泽东被撤销中央临时政治局候补委员、湖南省委委员。

不仅如此，中央和湖南省委屡次派出特派员来到根据地，传达中央和湖南省委的指示。毛泽东在写给中央的报告中提到：“湖南省委对于此间的行动计划，六七月间数星期内，曾三变其主张。第一次袁德生来，赞成罗霄山脉中段政权计划。第二次杜修经、杨开明来，主张红军毫不犹豫地向湘南发展，只留二百支枪会同赤卫队保卫边界，并说这是‘绝对正确’的方针。

第三次袁德生又来，相隔不过十天，这次信上除骂了我们一大篇外，却主张红军向湘东去，又说是‘绝对正确’的方针，而且又要我们‘毫不犹豫’。我们接受了这样硬性的指示，不从则迹近违抗，从则明知失败，真是不好处。”①

中央和湖南省委的错误主张，给井冈山革命根据地的对敌斗争带来重大损失，一定意义上是造成“三月失败”、“八月失败”的主要原因。

不从中国国情出发，不从中国革命的实际出发，必将造成中国革命的失败。井冈山斗争时期，毛泽东同志就告诫：“这种痛苦的经验，是值得我们时时记得的。”②

20 多年后，毛泽东在延安反思这段历史时，认为这是中国共产党走向成熟过程中付出的代价。“这时的党终究还是幼年的党，是在统一战线、武装斗争和党的建设三个基本问题上都没有经验的党，是对于中国的历史状况和社会状况、中国革命的特点、中国革命的规律都懂得不多的党，是对于马克思列宁主义的理论和中国革命的实践还没有完整的、统一的了解的党。”③

相对于其他地方来说，井冈山地处湘赣交界的山区，敌人力量相对比较薄弱，但这只是相对于国民党反动派盘踞的中心城市而言。纵观整个井冈山斗争时期，参加进剿的敌人的兵力并不算少。“因为我的毫不客气的打地主阶级，动摇了统治阶级

① 《毛泽东选集》第 1 卷，人民出版社 1991 年版，第 79—80 页。
② 同上，第 80 页。
③ 《毛泽东选集》第 2 卷，人民出版社 1991 年版，第 610 页。

的基础，扰乱了敌人的后防。加之敌人进攻我们时，又常常为我们所败，以此促起统治阶级豪绅地主的恐慌，引为心腹大患，不惜竭力和我们为难，于是一次‘会剿’以至二次、三次‘会剿’，一幕一幕地演来。当地土劣及其武装的向我们进攻，更是无时无日不在努力进攻。敌人向我进攻，除土劣地方武装外，正式的军队常以八九团多到过 15 团之众来剿我们。土劣的武装也有 2000 余之众（各县的保安队，挨户团，计遂川有枪 500 余枝，酃县 300 余，宁冈 100 余，茶陵未详，莲花四五十枝，永新 600 余枝）。”[①] 最艰难的时候，革命军要面对湘赣两省军阀十八个团的军队战斗。客观地说，相比较以后中国革命各个阶段面对的敌人，井冈山斗争时期敌人的绝对数量并不是最多的，但由于当时革命的力量相对弱小，就显得敌人的力量相对强大，敌我双方力量的对比尤为悬殊。

身处如此艰险境地，共产党人如何让革命火种在井冈山越烧越旺，走出井冈山，红遍神州？两个支点缺一不可：一是对中国革命道路具有清醒认识；一是革命者具有坚定的理想信念。

没有对革命的坚定的信念，就不可能有坚决的革命行动。对革命的坚定信念既非盲从，更不是冲动，而是认识到革命事业的伟大、革命道路的正确，看清革命终将有一个光明的前途。只有这样，才能在面临大是大非的关头，不畏惧，不退却，为革命舍身成仁。

---

① 杨克敏：《关于湘赣边苏区情况综合报告》，《井冈山革命根据地》（上），中共党史资料出版社 1987 年版，第 245 页。

中国革命究竟该走怎样的道路呢？苏俄革命模式已经在实践中证明是行不通的。走别人的路走不通，只能在革命实践中不断摸索，找到自己的正确道路。如何独辟蹊径，找到自己的路？毛泽东后来在1939年12月发表的《中国革命和中国共产党》中完整地阐述了“农村包围城市，武装夺取政权”的依据和思路：“因为强大的帝国主义及其在中国的反动同盟军，总是长期地占据着中国的中心城市，如果革命的队伍不愿意和帝国主义及其走狗妥协，而要坚持地奋斗下去，如果革命的队伍要准备积蓄和锻炼自己的力量，并避免在力量不够的时候和强大的敌人作决定胜负的战斗，那就必须把落后的农村造成先进的巩固的根据地，造成军事上、政治上、经济上、文化上的伟大的革命阵地，借以反对利用城市进攻农村区域的凶恶敌人，借以在长期战斗中逐步地争取革命的全部胜利。”[①] 井冈山斗争，正是通过把中国革命引向农村，努力把“落后的农村造成先进的巩固的根据地”。这种理论上的科学分析回应了井冈山斗争时期“红旗到底能打多久”的疑问，反映了革命者理论上的清醒，理论的清醒反过来促使革命者更加坚定了他们崇高的理想信念。

尽管明确了革命前行的方向，革命者离开了坚强的意志力仍不可能完成如此艰巨的历史任务，这种意志力只能来源于对革命坚定的理想信念。

邓小平指出：“我们过去几十年艰苦奋斗，就是靠用坚定的

---

① 毛泽东：《中国革命和中国共产党》，《毛泽东选集》第2卷，人民出版社1991年版，第635页。

信念把人民团结起来，为人民自己的利益而奋斗。没有这样的信念，就没有凝聚力。没有这样的信念，就没有一切。”[①]

大革命之后，国民党反动派对共产党人和革命群众展开了疯狂屠杀。在血与火的考验面前，继续革命很大程度上意味着把生命献出来。前途迷茫，许多人并没有清楚地知道革命要向哪里走，也不知道革命什么时候能够成功。没有人向他们许诺过高官厚禄，也没有人保证有鲜花、美酒在前方迎接他们。然而，为了革命，有人放弃了高官厚禄，有人离开了优越的家庭生活。因为他们坚信，为了天下劳苦大众的解放，无论付出多大的代价，都是值得的。正是坚定的革命信念使他们舍弃个人一切投身伟大的革命事业。坚定的革命信念是他们克服艰难困苦的强大精神支柱。

井冈山斗争之“苦”是出了名的，但是井冈山军民不畏艰苦、敢于斗争的精神也是出了名的。面对着恶劣的自然环境和艰苦的生活条件，因为有了崇高的革命理想和坚定的革命信念，井冈山军民才有了强大的精神动力，这种强大的精神动力支撑着他们在困境中百折不挠。

井冈山斗争时期，尽管在相当长的时间里，革命队伍都面临着缺少衣服，尤其是缺少冬装的巨大困难，粮食缺乏也是常有的事，然而，“生活虽然艰苦，但却很少听到有人叫苦发牢骚。这是因为有革命的信念，革命的热情，激励着每个人。大家心情舒畅，生气勃勃”[②]。崇高的革命理想，坚定的革命信念，由此产生

① 《邓小平文选》第3卷，人民出版社1993年版，第190页。

② 曾志：《回忆在井冈山的战斗生活》，《井冈山革命根据地》（下），中共党史资料出版社1987年版，第71页。

的革命的乐观主义态度是革命队伍克服生活上的困难的精神力量。“当时，红军指战员都一样，吃的是红糙米、南瓜，有时还把红薯、南瓜切成丝晒干合起吃，有时吃这样的东西也很困难，一天只能吃一二顿”。“由于经济困难，当时每人每天的伙食费很少，就是五分钱的菜金，有时筹到了款子也会发一些零用钱，筹不到款子就没有发”。“衣服也很缺乏，当时到了 12 月的天气，外面很冷，红军官兵仍然是穿两层单衣，但大家的情绪都很高”。曾志回忆道：“我们后方留守处 100 来人差不多天天吃的都是辣椒干拌盐泡的汤，好的时候才能吃点南瓜，那时能吃上南瓜就像吃肉一样。所以，当时红军战士有个歌谣：‘红米饭，南瓜汤，吃起来，喷喷香！’这是红军战士对美味的南瓜，出自内心的颂扬。”[①]

朱德曾经身居高位，为了革命理想，放弃了军阀队伍中高级军阶和优厚待遇，加入中国共产党。南昌起义失利后，他率军辗转上了井冈山。在天心圩整顿时，朱德说，大革命失败了，革命的旗帜不能丢，武装斗争的道路一定要走下去。1927 年的中国革命好比 1905 年的俄国革命。俄国在 1905 年革命失败后是黑暗的。但是黑暗是暂时的，到了 1917 年革命终于成功了。只要坚持斗争下去，只要能保持实力，革命就有办法，革命就能成功。朱德对大家说：“无论如何不要走，我是不走的。”“要革命的，跟我走，不革命的，可以回家，不勉强！”[②]这体现了一个革命者

① 同上，第 70 页。

② 粟裕：《激流归大海》，《井冈山革命根据地》（下），中共党史资料出版社 1987 年版，第 310 页。

身处逆境仍对革命事业矢志不渝的坚定信念。平江起义后，彭德怀面对叛徒的枪口，临危不惧，不为所动。彭德怀义正词严：“我们暴动是为了干革命，干革命就不能怕吃苦，怕流血牺牲，如果谁还想走，可以走。但就我个人来说，我认定的道路就一定要走到底，就是剩下我一个人，我也要干下去。”①

1929 年，时任中共莲花县委书记的刘仁堪，因叛徒告密被捕，面对敌人的利诱，他严词拒绝。尽管被施以百般酷刑，敌人也未能从他口中得到一点消息。在刑场，他对群众慷慨陈词，揭露国民党反动派的罪恶，敌人竟然残忍地割去了他的舌头。刘仁堪就用脚蘸着自己的鲜血在地上写下了“革命成功万岁！”从容就义。他们身上表现出的，正是众多革命者为革命死也不回头的坚定信念！

当然，并不是所有进入革命队伍中的人都有坚定的信念，都能坚持跟着党革命到底的决心。秋收起义前敌委员会委员、曾担任过工农革命军第一师师长的余洒度，团长苏先骏就脱离了革命队伍，“（1929 年 10 月中旬）到水口的第三天，原师长余洒度和三团团长苏先骏开小差，经过我们的岗哨，被我们拦住了，问他们到哪里去，他们说：‘我们要走，是毛委员允许我们走的。’我们说：‘没有证明不能过。’结果还是把他们两个拦住，并立即报告毛委员。毛委员气量大，他说：‘他们要走，就让他们走吧！’当时在大革命失败以后，部队小了，有些立场不坚定的人，主要是那些在旧军队当过官的，看不到革命的前途，经不起考验，就

① 《李聚奎回忆录》，解放军出版社 1986 年版，第 41 页。

当了逃兵，脱离革命了。”[①] 此外，第一团团长陈皓，副团长徐庶，参谋长韩昌剑，第一营营长黄子吉在湖南茶陵密谋投敌，被发现后处决。

大浪淘沙，那些革命意志不坚定，丧失革命理想和信念的人离开革命队伍，不仅不会给革命带来丝毫损失，反而消减了对革命潜在的内在危险，纯洁了队伍，提高了队伍凝聚力，提升了战斗力。

两年零四个月的井冈山斗争，众多的革命者以自己的实际行动告慰了地下长眠的先烈们，他们有的后来也如先烈们一样，壮烈牺牲，甚至连名字都没有留下。更多的人则是掩埋好烈士的遗体，擦干眼泪，沿着已开辟的道路大踏步前行。江泽民深刻地揭示出革命者战胜艰难险阻的根本原因：“井冈山革命的星星之火所以能燃遍全国，走向胜利，就在于老一辈无产阶级革命家坚定的共产主义理想和始终不渝的信念。”[②]

1930 年 2 月以后，井冈山尽管不再是全国革命者关注的中心，然而，自井冈山燃起的中国革命火种，已经逐渐在神州大地蔓延开来，集聚成中国革命的燎原之势。

---

① 谭希林：《回忆井冈山斗争的几件事》，《井冈山革命根据地》（下），中共党史资料出版社 1987 年版，第 161 页。

② 《江泽民视察江西革命老区号召要像战争年代一样自力更生锐意进取，实行开发式扶贫，让老区人民尽快富裕起来》，《人民日报》1989 年 10 月 20 日。

二、燎原势：各具特色苏区路

1928 年 10 月 5 日，毛泽东在《中国的红色政权为什么能够存在？》一文中科学地预见到，“不但小块红色区域的长期存在没有疑义，而且它们将继续发展，日渐接近于全国政权的取得”。[①]

1930 年 1 月，毛泽东在给林彪的一封信中提出了“星星之火可以燎原”的著名论断。毛泽东说：“中国的一句老话：‘星星之火可以燎原。’这就是说，现在虽只有一点小小的力量，但是它的发展会是很快的。”“中国是全国都布满了干柴，很快就会燃成烈火。‘星火燎原’的话，正是时局发展的适当的描述。”[②]

大革命失败后，其他各个地方的起义和暴动虽然出现了挫折，但各地以武装暴动队伍为核心和骨干，继续发动群众开展各种形式的斗争。他们立足于不同地区的实际情况，借鉴和汲取井冈山斗争的成功经验，对创建根据地进行了有益探索和尝试，形成各具特色的发展道路。

井冈山斗争经验的推广

大革命失败后，中国共产党吸取到不少教训，其中很重要的

---

① 《毛泽东选集》第 1 卷，人民出版社 1991 年版，第 50 页。

② 余伯流、凌步机：《中央苏区史》，江西人民出版社 2001 年版，第 17 页。

一点就是："要革命，必须掌握军队，准备武装斗争。"[①]然而，自南昌起义等革命初始，借鉴苏联革命的成功经验，中国共产党把打击的重点放在中心城市，试图以此为突破点，由点及面，带动革命在全国胜利。然而，中国的反动势力也是盘踞在大中城市，这种硬碰硬的对决，只能是以处于绝对劣势的共产党人的失败告终。一系列以中心城市为攻击目标的起义和暴动的失败，充分说明模仿苏联革命的道路是行不通的。

井冈山斗争的实践也一再证明，脱离中国革命的具体实际，生搬硬套马克思主义理论，不但不会打开革命的新局面，在真理的指导下获得更大的自由，相反作为科学真理的马克思主义理论还会成为我们行动的羁绊，成为束缚革命者自由的枷锁，甚至会使中国革命迷失正确方向。

在井冈山革命根据地创建过程中，面对着挫折和暂时的失利，产生了"红旗到底能打多久"的疑问。到底该如何开展斗争？革命发展的前途究竟是怎样的？应该通过何种道路走到那个美好的、光明的未来？当毛泽东在井冈山尝试着走自己的道路的时候，其他的根据地也面对着同样的问题。贺龙在回忆录中谈到："党交给我们的任务是搞红军，不是搞白军。但是红军怎么搞，根据地怎么建设，由于我们当时还处在幼稚阶段，对这些问题理解得不深、不全。"[②]他们迫切希望看到革命道路该怎么走，迫切希望有较为成熟的经验以借鉴和参考。

---

① 贺龙：《湘鄂西初期的革命斗争》，《星火燎原》，解放军出版社1979年版，第374页。

② 同上，第353页。

井冈山斗争时期，毛泽东、陈毅等多次给中共中央写报告，汇报根据地创建情况，总结斗争经验教训。此外，湖南、江西两省委也向中央汇报了湘赣边界的情况。这样，中共中央及时地掌握了井冈山革命根据地斗争的情况。当时，尽管中央仍然坚持“城市中心论”的错误路线，但是，中央十分重视朱毛在井冈山斗争中积极探索的成功做法。

1928 年 6 月 4 日，中共中央在《中央致朱德、毛泽东并前委信》中指出：“数月来，你们转战数千里与反动势力奋斗，中央对你们在这种刻苦的劳顿的生活中而能努力不懈的工作甚为欣慰。”同时指出：“你们仍然是以选择你们现在已经占领的地方为根据地为适宜。”[①]

1928 年 11 月 28 日，中共中央在给共产国际的报告中也指出：“（如赣西朱毛区域）斗争比前更为深入”，“惟朱、毛在湘赣边界所影响之赣西数县土地革命确实深入了群众”[②]。中央在给红四军前委的“二月来信”中提及，“朱毛两同志来到中央后更可将一年来万余武装群众斗争的宝贵经验贡献到全国以至整个的革命”[③]。

1929 年 4 月 13 日，中共中央主办的《红旗》杂志刊文指出：“湘赣边境的工农武装队伍，在朱德、毛泽东领导之下，与屠杀

---

① 《中共中央文件选集》第 4 册，中共中央党校出版社 1989 年版，第 239 页、第 251 页。

② 同上，第 716 页。

③ 《中国新民主革命通史》第 4 卷，上海人民出版社 2001 年版，第 316 页。

工农的国民党新军队及地方豪绅的武装队伍作殊死战以来，于今年已一年多了。在这一年之间，经过国民党调动四五万以上的军队，先后围剿三次，朱毛的红军因为得到湘赣工农劳动群众的拥护，不但没有被反动军队消灭，反而继续增长，农村的斗争局面日益扩大，弄得湘赣粤三省的反动政府手忙脚乱。”

1930年2月5日，《红旗》再次发文强调：“只有朱毛所领导的农民游击队，能以代表着一切革命民众的物质反抗的要求，横行于湘、鄂、闽、赣、粤各处。这种英勇的斗争，无论他这一次的结果是胜利还是失败，它在这个革命的历史上将有非常严重的意义。”

同时，南京国民政府和地方的一些报纸，如《中央日报》、《申报》、《民国日报》、《大公报》等对井冈山革命根据地的歪曲报道也在客观上起到宣传作用，人们通过这些报道逐渐了解到井冈山斗争的进程。

与此同时，中央通过《红旗》、《军事通讯》、《政治通讯》和《布尔什维克》等刊物，通过给各地的指示、信件、报刊以及全国性的会议等途径，大力推广朱毛红军在井冈山斗争的经验。

链接：《军事通讯》为陈毅报告所加的编者按

（1930年第1期）

这是很值得我们宝贵的一个报告。朱毛红军这个怪物在我们看了这个报告以后都可以一目了然。从他们几个时期的历史来看，已经很可以明了他们两年来是在怎样的艰苦斗争，在困苦到

“衣不得暖，食不得饱”的时候，还不改勇往直前的精神，卒至造成今日“有八十万武装的拥护”（见毛泽东来信）的巩固基础！

这里面有很多宝贵的经验值得我们每一个同志注意，如他们的编制，他们的战术，他们的筹款给养的方法，他们与群众的关系，他们对内的军事和政治训练，他们处置军中供给开支的原则（官兵伕经济平等，开支绝对公开）……都是在中国“别开生面”，在过去所没有看过听过的。①

1929 年 3 月 17 日，在《周恩来给湘鄂西党组织的指示信》中，周恩来高度评价了朱毛红军的革命实践和探索。信中指出：“在朱毛军队中，党的组织是以连为单位，每连建立一个支部，连以下分小组，连以上有党委、团委等组织。……据朱毛处来人说，这样的组织，感觉还好，将来你们部队建党时，这个经验可以备你们参考。”

1929 年 6 月 15 日，在《中央给云卿（贺龙）并前委诸同志的指示信》中，就明确指示：“据朱毛几年战争所得战争经验是：‘分兵以发动群众，集中以应付敌人’，‘敌进我退，敌驻我扰，敌疲我打，敌退我追’，‘固定区域割据，用波浪式的推进政策。强敌跟追，用盘旋式的打圈子政策’。这些经验很可以做你们参考。”

---

① 《井冈山革命根据地》（上），中共党史资料出版社 1987 年版，第 357 页。

1929年11月13日，在《中央给福建省委的指示信》中着重指出："现在你们对这部分工作最主要的是加强对他们的政治指导，使他们能深切地了解游击战争的任务，并扩大其组织发展群众斗争深入土地革命，尤其应注意朱毛许多战争经验与他们行动的轨范。"

井冈山斗争经验的推广，促进了其他根据地斗争的发展。紧邻的湘鄂赣根据地比较早地学习了井冈山斗争的经验。1928年8月，湘鄂赣边界党组织明确指出，要在这一地区创造一块新的苏维埃区域，并与湘赣边红四军活动的区域打成一片。湘鄂赣根据地的主要创始人彭德怀强调：只有在井冈山革命旗帜的指引下，我们才有胜利的前途。中共鄂东北特委明确提出"学江西井冈山的办法"，希望在整个大别山脉创建工农武装割据。

1929年8月8日，针对中央的指示信，中共湘鄂西前委在《湘鄂西前敌委员会报告》中向中央表示："我们的战术，也同朱、毛方面红军所指示的军事原则一样，我们对于此一重大的军事，绝不冒险，当视敌我力量，斟酌处（置），或进或退，自当随机应变，请中央勿念。"1929年上半年，贺龙根据中央的精神，对队伍进行了整顿，"部队面貌，也有相当改变。新的建军路线——官兵一致，军民一致的原则已经开始执行。接受了井冈山斗争的经验，连队普遍建立了党、团组织，加强了党对部队的领导。建立了政治机关，加强了政治工作"。"这样才把这支部队，逐渐改造与建设成新型的人民革命的武装。"①

---

① 贺龙：《湘鄂西初期的革命斗争》，《星火燎原》，解放军出版社1979年版，第353—354页。

左右江根据地自觉学习朱毛红军的做法，受到了中央的赞扬。中央指出："你们的编制，能利用朱毛红军的经验，这是对的，中央对于你们目前的编制是同意的。"[①]

可见，井冈山根据地的经验，虽然没能从根本上扭转中央坚持的以中心城市带动全国革命胜利的错误路线，没能立刻成为中央指导全国革命发展的战略发展方向，但是它对中国革命新道路探索的成果，让人们看到了中国革命发展的正确方向，看到了革命的希望和前途。井冈山根据地的斗争经验对推动各地工农革命根据地的发展，形成中国革命武装夺取政权，农村包围城市的正确道路有重大贡献。

各具特点的根据地发展模式

朱德、毛泽东在井冈山根据地边实践边摸索，逐渐形成了符合中国革命实际的发展模式。2002 年 4 月 16 日，胡锦涛在纪念谭震林将军 100 周年诞辰的座谈会上，将朱毛在井冈山斗争时期的探索，概括为井冈山道路。

在艰苦的革命斗争中，各地共产党人认识到，没有革命根据地，就不能让队伍站住脚，革命就不能继续前进。创建根据地的观念逐渐深入人心。徐向前元帅感触最深："这支年轻的红军，只知道打仗攻城，不注意巩固根据地，再加上对工农武装割据缺乏足够的认识，不积极建设革命武装，因而，经过多次战斗

---

① 《中央给红七军前委的指示信》（1930 年 3 月 2 日）。

之后，部队的人数一天天减少。”[①] 刘志丹总结大革命失败后在陕甘边地区参与和领导多次兵变失败的教训时，认为“最根本的原因就是军事运动没有同农民运动结合起来，没有建立起革命根据地。如果我们像毛泽东同志那样，以井冈山为依托，搞武装斗争，建立根据地，逐步发展扩大游击区，即使严重局面到来，我们也有站脚的地方和回旋的余地。现在最根本的一条是要有根据地。”[②] 多年以后，王绍南还清楚地记得：“贺总指挥（引者注：贺龙）说：‘野鸡有个山头，白鹤有个滩头，一支红军没有根据地怎么行呢？’”[③]

1930 年初，毛泽东在《星星之火，可以燎原》一文中指出：“朱毛式、贺龙式、李文林式、方志敏式之有根据地的，有计划地建设政权的，深入土地革命的，扩大人民武装的路线是经由乡赤卫队、县赤卫队、区赤卫队、地方红军直至正规红军这样一套办法的，政权发展是波浪式地向前扩大的，等等的政策，无疑义地是正确的。”[④]

各地借鉴井冈山根据地斗争的经验，在根据地建设和对敌斗争实践中，形成了各具特色的根据地发展模式。“朱毛式”的、“贺龙式”的、“李文林式”的、“方志敏式”的以及“刘志丹式”

① 《奔向海陆丰》，《星火燎原全集》(01)，解放军出版社 2009 年版，第 180 页。

② 《习仲勋革命生涯》，中共党史出版社、中国文史出版社 2002 年版，第 4 页。

③ 《黔东的春天》，《星火燎原》(2)，解放军出版社 1983 年版，第 327 页。

④ 《毛泽东选集》第 1 卷，人民出版社 1991 年版，第 98 页。

的根据地发展模式，都是各地党组织根据本地区实际情况探索革命新路的宝贵经验总结。

1.“朱毛式”发展模式

“朱毛式”的发展模式的最大特点是“公开割据”。这种割据就是公开亮出共产党人的旗帜，以自己的根据地为立足点，与敌人进行公开的斗争。“红军坚守割据区域，波浪式地向外推广；割据区党组织和政权机关以及群众革命组织和武装组织都是公开的；割据区与非割据区‘红白’界线较分明”①。

“朱德毛泽东式”的武装割据，首先得益于他们拥有“相当力量的正式红军”。1927 年 10 月，毛泽东率秋收起义后的队伍上山；1928 年 4 月，朱德、陈毅率领南昌起义后保留的队伍到井冈山和毛泽东的队伍会合，组成了红四军；1928 年 12 月，彭德怀、滕代远率领平江起义的红五军一部和朱毛率领的红四军会师。朱毛率领的红四军，其队伍骨干是叶挺贺龙旧部、前武昌国民警卫团的官兵，他们经过南昌起义、秋收起义的锤炼，经历过多次战斗的洗礼，队伍有着相对成熟的政治教育方法，保证党对革命队伍的领导和革命队伍中官兵平等，造就了革命队伍较强的组织性、纪律性，使工农革命军成为一支具备较强战斗力的队伍。朱毛式的根据地拥有数量大、战斗力强的武装力量，其硬实力是朱毛式割据得以实现的雄厚资本。

其次得益于他们有相对稳固的大本营。1928 年冬，毛泽东、

---

① 《“朱德毛泽东式”、“方志敏式”、“李文林式”革命根据地的比较研究》，《长春市委党校学报》2010 年第 3 期。

朱德领导井冈山军民，建立了两块坚实的军事根据地，一是井冈山军事根据地，二是九龙山军事根据地。在这两块军事根据地，他们修建了比较完备的工事，竭尽可能地储备粮食，因陋就简地建立了红军医院、兵工厂。这就为“朱德毛泽东式”的根据地发展模式提供了一个大本营，使边界的工农武装割据有了较为稳定的立足点，一定程度上使得工农革命军对敌斗争进退自如。

2.“李文林式”的发展模式

李文林在江西东固地区创造了有别于“朱德毛泽东式的”的“李文林式”的发展模式。“李文林式”发展模式的特点是“秘密割据”。“李文林式”的发展模式也就是“游击秘密割据形式”。“它是小规模游击战争和根据地还是小块的游击根据地时期，使红色政权存在和发展的一种好形式。”[①] 和井冈山根据地相比，东固革命根据地没有强大、正规的武装力量，不以固守某一区域为目标。它经营以东固为中心，以周边数县为范围内的大根据地为目标。在这个大的区域内，能守就守，该弃就弃，开展灵活多变的游击战争。“李文林式”的发展模式提供了革命根据地在初创阶段发展的另一种思路。

1929 年 4 月 13 日，毛泽东以红四军的名义致湘赣边界特委的信中，比较了井冈山的割据方式与“李文林式”的东固革命根据地割据方式，对东固革命根据地的经验作了充分的肯定。他认为：“在全国或一省总暴动以前政权的形式和武装的组织大须讨

---

① 《“朱德毛泽东式”、“方志敏式”、“李文林式”革命根据地的比较研究》,《长春市委党校学报》2010 年第 3 期。

论，依照两年的经验，在全国至少有一省用总暴动的方法推翻统治阶级的政权以前，小区域苏维埃政权公开的割据是有害而无利的。如湘南，如醴陵，如平江，如永新、如莲花、遂川，不仅失掉群众，连党亦几乎失掉完了，不仅不能解脱群众若干的经济痛苦，农村城市的经济基础一起毁坏完了，即此问题即是使群众失掉而有余。这番我们到了东固，则是另一种形式，反动势力是驱逐了，权力完全是我们的，但公开的政权机关和固定的赤卫队却没有。邮路是照常的，商业贸易是照常的，边界所受的痛苦此间完全没有。敌军到来寻不到目标，党的组织和群众组织（农民协会）完全秘密着。在接近总暴动之前，这种形式是最好的，因为这种形式取得了群众而不致失掉群众。"①

3. "贺龙式"发展模式

"贺龙式"的发展模式是对贺龙、周逸群等在湘鄂西根据地斗争经验的总结。

"贺龙式"模式的一大特点在于他依靠对旧部、家族势力以及对"神兵"的改造，创建起红色革命武装。

南昌起义失败后部队南下广东，主力部队在潮汕失败后，贺龙、周逸群按照中央的指示回湘鄂西创造割据局面。

1928 年 2 月 28 日，贺龙、周逸群来到桑植县洪家关。这是贺龙的家乡。桑植县有 8 个乡，各乡的地方实力派都有自己的武装，号称"八大诸侯"。这些地方武装，多有浓厚的封建思想和

---

① 毛泽东：《前委来信（摘要）》（1929 年 4 月 13 日），《党的文献》2008 年第 2 期。

不良习气。贺龙、周逸群到桑植后，立即开展争取地方武装的工作。当地的地方武装，除了个别坚持反动立场外，大多愿意接受改编，接受贺龙的指挥。同时，贺龙在南昌起义前的旧部王炳南、李云清等也带人前来会合。此后，贺龙又联系了他的姐姐贺英的队伍。到了 1928 年 3 月下旬，贺龙利用亲族关系召集了 1000 余人，利用自己以前的老部下召集了 1000 余人，以此为基础，建立起一支有 3000 多人的革命武装队伍，正式建立起工农革命军。此时正逢湘鄂军阀战争刚刚结束，工农革命军乘局势混乱之际攻取了桑植县城，在湘鄂边竖起武装起义的大旗。工农革命军由于组建时间很短，没有得到整顿和改造，战斗力不强。当敌龙裕仁旅和地方军阀陈渠珍部联合向桑植革命政权发起进攻时，队伍大部分溃散。贺龙和周逸群也失去联系，周逸群更因为敌人盘查严紧而返回石首。在给中央的报告中，贺龙描述了当时的情况，“此间闰二月洪家关和苦竹坪之役，此后因受四十三军的严重压迫和逸群同志等的失散，党的工作即陷于停顿状态”[①]。面对万分艰险的环境，贺龙没有悲观失望，他一面寻找鄂西特委，一面派人向中央汇报工作。在收集失散队伍的同时，他利用旧部属和亲朋关系，积极筹集粮饷和弹药。经过一段时间的工作，革命队伍又有了迅速的发展。7 月以后，湘西前委正式将部队改编，成立了工农革命军第四军。此时，湘西前委意识到

① 《贺龙同志给中央的报告》(1928 年 9 月)，《贺龙同志丰碑永存》，上海人民出版社 1985 年版，第 27 页。

了“部队的内部，非常复杂，一切行动多与党的政策违背”[1]。部队存在着某些负责干部公然反对对部队实施教育，坚持旧军队的作风，甚至把亲族及旧关系，与革命军队内部关系相混同等严重问题。前委深感必须加强对队伍进行思想政治教育。部队在休整过程中，注意开展对士兵的政治训练，积极发展党员，对个别犯错误的干部给予了适当的处分，此外，还在大队以上设立了党代表。这些措施对提高工农革命军第四军的战斗力，对部队成长为新型人民军队具有重大意义。以工农革命军第四军为基础，吸收其他起义的部队，建立了著名的红二军团。它成为湘鄂西革命根据地的重要保障。

利用对神兵组织的改造扩大红军力量是湘鄂西根据地的又一特点。神兵组织的主要源流是前清秀才王锡九因不满军阀的横征暴敛，在1920年成立的地方武装力量。王锡九曾指挥当地土家、苗族群众击败“靖国军”，形成割据，因而蜚声四方。此后，慕名加入神兵的人越来越多，其势力的发展甚至达到川东北、贵东、贵北一带。但是神兵组织没有明确的政治纲领，思想保守，崇尚神灵，易为反动派利用。鄂西特委注意到神兵组织的影响以及它对共产党持友好态度。自1928年贺龙率红四军游击到湘鄂边地区以后，红四军军部、中共湘鄂西前委便拿出主要精力做好争取这些地区神兵的工作，并确定了当时的方针为“改造神兵”“扩大武装”，“对神兵领袖采取分化政策，吸收其下层党

---

① 《贺龙同志给中央的报告》（1928年9月），《贺龙同志丰碑永存》，上海人民出版社1985年版，第28页。

悟群众”。贺龙回忆说，对王锡九“以袍哥的办法分化他；还分头做中小头子及神兵的工作。”[①] 经过一系列艰苦细致的工作，先于1928年冬在鄂西宣恩县收编乾文统的神兵联英会40余人，接着在利川境内收编了杨维藩所部神兵和汪家营部分神兵，随后又于1929年初收编鹤峰邬阳关神兵。此后，红四军便以收编的咸丰、利川、宣恩等地神兵编为三个特科大队。尔后，又在杜家村以鹤峰神兵为基础，组建了红四军第四团。不久，以神兵势力和地方武装组建了红四军第五路军。1933年，红三军又在咸丰、利川吸收神兵群众700余人，组成军部特科大队，后来发展成为红三军独立团。由于正确地执行了正确的收编、改造和团结神兵的方针政策，红军得以摆脱危险境地，并且在广大神兵群众的协助下，才攻占建始、鹤峰、桑植、利川四县县城，建立鹤峰县苏维埃政府，为湘鄂边根据地的建立奠定基础。

4．“方志敏式”发展模式

“方志敏式”的发展模式是以方志敏为代表的共产党人在赣东北革命根据地探索中国革命新道路的经验总结。与“朱德毛泽东式”的模式相比较，“方志敏式”的发展也是公开的武装割据，所不同的是，方志敏在根据地初创阶段并没有强大的武装力量，没有像井冈山根据地那样有毛、朱、彭等人率领的正规的红军队伍。方志敏走的是一条边发展边壮大，稳步推进的道路。“方志敏式”的发展模式是在没有强大的正规军队帮助的情况下，依靠农民革命团武装起义建立革命根据地，通过对群众武装和地方武

① 贺龙：《回忆红二方面军》，《近代史研究》，1981年第1期。

装的教育和整顿，创建了红十军、红十一军，它成为巩固和发展革命根据地的坚强后盾。“方志敏式”的发展轨迹是采取武装斗争与白区工作相结合的方法，推动根据地边发展边巩固，波浪式地向前推进。由于采取了边发展边巩固的策略，即便是全国各地多数地方的起义暴动都被镇压的情况下，当时，“公开打着红旗坚持下来没有被打垮的，主要的是毛主席领导的这一部分和方志敏在赣东北领导的一小部分武装力量”。[①]

1934年1月，在中华苏维埃共和国第二次全国代表大会上，毛泽东称赞赣东北省是“苏维埃模范省”。他指出，“赣东北的同志们也有很好的创造”。“他们把革命的工作方法问题和革命的工作任务问题同时解决了。他们是认真地在那里进行工作，他们是仔细地在那里解决问题，他们在革命面前是真正负起了责任，他们是革命战争的良好的组织者和领导者”。[②]“方志敏式”的发展模式同样给中国革命新道路的探索作出了重要贡献。

5.“刘志丹式”发展模式

“刘志丹式”的发展模式是刘志丹、谢子长、习仲勋等共产党人在西北地区进行工农武装割据的尝试。武装斗争是革命之本，枪杆子里面出政权。通过大量的兵运工作奠定革命武装的基础是“刘志丹式”发展模式的鲜明特点。刘志丹在陕甘边根据地非常重视武装斗争，发展革命的武装力量。刘志丹强调“变敌人的武装为革命的武装”的重要性。刘志丹通过直接派共产党员到

① 黄克诚：《关于对毛主席评价和对毛泽东思想的态度》，《解放军报》1981年4月10日。

② 《毛泽东选集》第1卷，人民出版社1991年版，第140页。

白军中开展兵运工作，争取、教育和改造绿林武装，发动组织工农武装，即“白色”、“灰色”、“红色”三种形式开展武装斗争。在此基础上，通过对几种途径建立起来的队伍的教育、整顿和改造，经过战斗的洗礼，创建了红二十六军。这为陕甘边根据地的创建和发展奠定了基础。

刘志丹等人在革命的实践中创造性地运用和发展统一战线的思想。刘志丹指出：革命要建立统一战线，敌人越少越好，朋友越多越好。陕甘边根据地在创建和发展的过程中，注意开展统一战线工作，尽可能团结一切可以团结的力量，不断壮大和发展革命的力量。在实际工作中，根据地对各种社会力量和地方武装采取区别对待的策略。对极端反动的民团和群众痛恨的惯匪坚决消灭，如沉重打击了土匪张廷芝部和杨谋子部。对同情、靠近共产党、红军及苏维埃政府的，予以团结、争取、教育和改造，使之走上革命道路。1934 年 10 月，有黄龙山“大王”之称的郭宝珊率部在庆阳新堡宣布起义，边区特委和军委将其改编为西北抗日义勇军，它后来发展成为红二十六军的主力团队。对那些既不反对，也不愿接近共产党、红军和苏维埃政府的社会力量，就在实际斗争中教育他们，使他们向共产党靠拢，或者与之建立互不侵犯的关系。边区根据地和当地的哥老会、扇子会和红枪会等社会组织长期保持着这种统战关系，一些社会组织的头目也为革命做过好事。正是这种统战关系的建立为根据地创建和发展营造了有利的外部条件。

“刘志丹式”的发展模式是刘志丹、谢子长、习仲勋等老一辈无产阶级革命家创造性地开展创建革命根据地工作的成果，在土地革命战争后期是全国“硕果仅存”的一块根据地。它为党中央和红军长征提供了落脚点，为中国革命的胜利作出了重大贡献。

“朱毛式”、“贺龙式”、“李文林式”、“方志敏式”和“刘志丹式”的发展模式，以及其他根据地的发展经验，反映了党对中国革命新道路深入探索的成果。走出中国自己的革命新道路是中国共产党人最大的收获。

在根据地发展和对敌斗争的实践中，对敌斗争的策略、战术也随之丰富发展。

东固革命根据地采取飘忽不定的游击战术，避免了和强大的敌人硬碰硬。他们可以在比较大的区域内伸缩自如。更重要的是，这种飘忽不定的战术，在沉重打击敌人的同时，自身也得到最大限度的发展。以后勤补给为例，由于经济困难，在井冈山革命根据地每人每天的菜金是五分钱。最艰难的时候一分零用钱也没有。与之相比，东固革命根据地要宽裕得多了，他们经常的是一角五分一天的士兵伙食费，而且从不发生经济问题。

红四军前委在给边界特委的信中明确指出：“守势的根据地的观念，以后应该抛弃，再不必固守了，强敌来了就用盘旋式的打圈子政策对付他。”[①] 朱德也指示东江特委：在较大的区域内，只能通过游击战争来发动群众，打击反动派势力。此外，湘鄂西根据地等也在实践中作出了有益的探索。

1929 年 3 月 20 日，毛泽东在汀州的前委扩大会议上，作出

---

① 《前委来信（摘要）》（1929 年 4 月 13 日），《党的文献》，2008 年第 2 期。

了在赣南、闽西20余县范围内，以游击战术建立和发展新的革命根据地的重大决策。

1929年4月5日，毛泽东代表红四军前委回复了中央的“二月来信”，明确了游击战术的基本原则，指出了运用游击战术战胜强敌的可能性。复信中说：“我们三年来从斗争中所得的战术，真是和古今中外的战术都不同。……我们的战术就是游击的战术。大要说来是：‘分兵以发动群众，集中以对付敌人。’‘敌进我退，敌驻我扰，敌疲我打，敌退我追’，‘固定区域的割据，用波浪式的推进政策’。‘强敌跟追，用盘旋式的打圈子政策。’‘很短的时间，很好的方法，发动很大的群众。’这种战术正如打网，要随时打开，又要随时收拢。打开以争取群众，收拢以应付敌人。”

1929年7月，中共闽西第一次代表大会在上杭蛟洋召开。会议通过的《中共闽西第一次代表大会之政治决议案》在总结根据地建设的经验时，高度肯定了游击战术的作用及在斗争中的进步。

在中央革命根据地三次反“围剿”战争中，游击战术的原则得到了丰富和发展，在此基础上，形成了红军作战的全部原则。这些原则是：第一，红军反围剿作战，必须实行和广大人民群众相结合的人民战争原则；第二，红军反“围剿”的基本作战指导思想是歼灭战，基本战略方针是“诱敌深入”，基本作战形式是运动战；第三，为实现在运动战中歼灭敌人有生力量，红军必须坚持集中优势兵力，避强击弱、各个歼灭敌人；战略上的防御战、持久战、以少胜多；战役、战斗上的进攻战、速决战、以多胜少等。

这些原则成了红军克敌制胜的法宝，连他们的敌人也不能不惊叹游击战术的成功。红军“灵活运用正规战术和游击战，行动机敏，分合自如。且熟悉复杂地形，得内线作战之利。故能彻底集中优势兵力，打击国军之一部，以达其突破围剿之目的。”①

主要革命根据地的创建

1981 年 6 月 27 日，中国共产党第十一届六中全会通过的《关于建国以来党的若干历史问题的决议》明确指出：“从 1927 年到 1934 年，党先后创建了 13 块农村革命根据地。即：井冈山革命根据地、中央革命根据地、湘鄂西革命根据地、海陆丰革命根据地、鄂豫皖革命根据地、琼崖革命根据地、闽浙赣革命根据地、湘鄂赣革命根据地、湘赣革命根据地、左右江革命根据地、川陕革命根据地、陕甘革命根据地、湘鄂川革命根据地。”上述革命根据地的创建，体现了中国共产党人逐渐把工作重点由城市转入农村，反映了中国共产党人在大革命失败后对中国革命农村包围城市，武装夺取政权新道路的历史自觉。

链接：土地革命时期农村革命根据地一览

井冈山革命根据地

1927 年 10 月，毛泽东率领湘赣边界秋收起义的工农革命军，

① 《“剿匪”战史》第 1 册，第 113 页。转引自《中国新民主革命通史》第 4 卷，上海人民出版社 2001 年版，第 516 页。

开始了创建井冈山农村革命根据地的艰苦斗争。井冈山地处湘赣边界的罗霄山脉中段。1927 年 11 月，工农革命军攻占茶陵县城，建立湘赣边界第一个红色政权——茶陵县工农兵政府。1928 年 1 月，部队攻占遂川县城。2 月上旬，打破江西国民党军的第一次“进剿”。至此，奠定了井冈山根据地的基础。1928 年 4 月，朱德、陈毅率领南昌起义余部和湘南起义农民军与毛泽东领导的部队在宁冈砻市会师，部队合编为工农革命军第四军（后改称红军第四军），增强了井冈山地区的武装力量，为进一步扩大革命根据地创造了条件。1928 年 12 月，彭德怀等率领平江起义后组成的红五军，到达井冈山和红四军会师，进一步增强了井冈山地区工农武装的力量。

井冈山农村革命根据地，是大革命失败后中国共产党领导工农群众建立的第一块农村革命根据地。

湘赣革命根据地

湘赣革命根据地是在井冈山根据地的基础上发展起来的。1929 年 5 月，红五军重返湘赣边界。至年底，在宁冈、莲花、永新、遂川、泰和等县恢复和重建了革命政权。1930 年 1 月，赣西特委成立。在赣西革命斗争恢复和发展的同时，湘东各县革命斗争也有较大发展。经过第一、第二次反“围剿”，湘东和赣西根据地连成一片。1931 年 10 月，湘赣省党的第一次代表大会和第一次苏维埃代表大会召开，成立省苏维埃政府。至此，湘赣根据地形成。

湘鄂赣革命根据地

在湘鄂赣边，彭德怀等率平江起义主力转移井冈山后，黄公略率红五军一部留在边区，坚持游击战争。到1929年四五月，将割据区域扩大到浏阳、平江、铜鼓、修水、万载等县。同年8月，由湘赣边返回的彭德怀部与黄公略会合，共同开展边界的武装斗争。到1930年四五月，在湘东北的平江、浏阳，赣西北的修水、铜鼓、万载，以及鄂东南的大冶、阳新、通山、通城、崇阳的广大地区，建立起较为巩固的根据地。

鄂豫皖革命根据地

鄂豫皖根据地，由位于湖北、河南、安徽三省边界地区的鄂豫边、豫东南、皖西三块根据地组成。1928年10月，中共鄂东特委组建。同年10月，中共鄂东特委提出“学江西井冈山的办法”，向中央建议把黄安、麻城、光山、龙山、商城、六安等划为鄂豫皖特区，以创建整个大别山区域的武装割据局面。1929年5月，商南起义爆发，初步建立了豫东南根据地。1930年1月，红军一度攻占英山，两次攻克霍山县城，初步建立了皖西根据地。1929年11月20日，中共鄂豫边特委成立。同年12月，鄂豫边第一届工农兵代表大会召开，成立鄂豫边革命委员会和鄂豫边军事委员会。至此，鄂豫边根据地形成。1930年4月，鄂豫边、豫东南、皖西三个地区的党组织组成中共鄂豫边特别区委员会。同年6月，召开鄂豫皖第一次工农兵代表大会，宣布成立鄂豫皖特区苏维埃政府。这样，就形成了以大别山为中心的鄂豫皖革命根据地。

闽浙赣革命根据地

在赣东北，方志敏等领导弋阳、横峰起义后，推动红色政权波浪式向前发展。到1929年下半年，赣东北根据地发展到弋阳、横峰、德兴的大部分地区和上饶西北的部分地区，同新开辟的贵溪、余江、万年等县的根据地连成一片。1930 年 8 月 1 日，成立赣东北革命委员会，方志敏为主席。随后，根据地扩大到闽北、浙西等地，形成闽浙赣根据地。

左右江革命根据地

在广西西部，邓小平、张云逸等于 1929 年 12 月 11 日领导了百色起义，建立了工农红军第七军。接着，在恩隆县（今田东县）平马镇召开右江第一届工农兵代表会议，成立右江苏维埃政府。1930 年 2 月，邓小平等领导了龙州起义，成立红八军，随后成立左江革命委员会。在右江苏维埃政府建立后，百色、恩隆、东兰、凤山、奉议（后改为田阳县）、思林（今属田东县）、果德（今平果县）、隆安、向都（今属天等县）等县区，也相继成立各级苏维埃政权，并同左江根据地一起，称为左右江根据地。

海陆丰革命根据地

1927 年 10 月 30 日，广东海陆丰人民发动了第三次武装起义，击溃了反革命武装，占领了公屏镇，接着又攻占了汕尾。11 月 1 日，陆丰县城也被起义军攻克。11 月中旬，海丰和陆丰先后召开了工农兵代表大会，宣布了中国第一个红色政权工农兵苏维埃革命政府的诞生，标志着海陆丰革命根据地正式建立。

赣南、闽西革命根据地

1929 年 5 月至 10 月，红四军先后两次进入闽西，歼灭了当地军阀。到 1930 年春，包括兴国、雩都（今于都）、宁都、瑞金、安远、寻邬（今寻乌）等县的赣南根据地和包括龙岩、永定、上杭、武平、长汀、连城等县的闽西根据地初步形成。赣南、闽西革命根据地的形成和发展，为后来中央革命根据地的建立奠定了基础，并对各地区红军游击战争的发展和根据地的建设起到了鼓舞和示范作用。

湘鄂西革命根据地

湘鄂西根据地主要由湘鄂边、洪湖根据地组成，后来还包括巴（东）兴（山）（秭）归和襄（阳）枣（阳）宜（城）根据地。1928年春，周逸群、贺龙领导群众，开展游击战争。1929年1月，部队攻占鹤峰县城，6月，攻占桑植县城。到1929年上半年，逐步形成以鹤峰、桑植为中心的湘鄂边革命根据地。1928年6月，周逸群回到洪湖地区，开展游击战争，建立了若干小块根据地。1929年2月后，中共鄂西特委运用机动灵活的游击战术，使被分割的根据地基本连成一片。1930年2月，红六军成立后，先后攻占沔阳（今仙桃市）、潜江、石首、华容等城镇，建立各县苏维埃政权。4月，建立管辖沔阳、潜江、监利、石首、华容、江陵6县的鄂西联县苏维埃政府，创建了洪湖根据地。1930年7月，红二军团组成后，湘鄂边、洪湖两块根据地形成湘鄂西根据地。此外，到1930年夏，建立起襄枣宜根据地和巴兴归根据地，成为湘鄂西根据地的组成部分。

琼崖革命根据地

在海南岛，中共琼崖特委领导的工农红军在非常艰苦的条件下坚持斗争。在中共琼崖特委遭到敌人多次破坏后，于1929年下半年成立了中共琼崖临时特委。1930年4月，成立以冯白驹为书记的琼崖特委。新特委成立后，利用国民党新军阀混战、海南岛国民党兵力空虚的时机，广泛发动群众，有力地打击地方反动武装，迅速恢复和扩大了红军和根据地。

中央革命根据地

中央革命根据地，亦称中央苏区，位于江西南部、福建西部，是土地革命战争时期全国最大的革命根据地，是全国苏维埃运动的中心区域，是中华苏维埃共和国党、政、军首脑机关所在地。中央革命根据地是以赣南、闽西两块根据地为基础创建的。

1931 年 1 月，根据中共中央决定，中共苏区中央局成立。9 月，中央苏区军民粉碎了国民党军第三次“围剿”后，使赣南、闽西两部分连成一片。11 月，中华苏维埃第一次全国代表大会在江西瑞金举行，成立了中华苏维埃共和国临时中央政府，毛泽东任主席；同时，组成中华苏维埃共和国中央革命军事委员会，朱德任主席。中华苏维埃共和国临时中央政府设在瑞金。至此，中央革命根据地正式形成，并统辖和领导全国苏维埃区域的斗争。1933 年 1 月，以博古为首的中共临时中央政治局由上海迁入中央革命根据地。

川陕革命根据地

1932 年 10 月，红四方面军主力 2 万余人越过平汉路，向西转移。红四方面军离开鄂豫皖根据地后，于 1932 年底到达川陕边，利用四川的几个军阀正在为争夺地盘而混战的时机，建立了以通江、南江、巴中为中心的川陕革命根据地。1933 年 2 月，先后建立了中共川陕省委和川陕苏维埃政府。川陕根据地北依巴山，南抵仪陇，东起万源，西至苍溪和广元，有人口 200 余万。

湘鄂川黔革命根据地

1934 年 7 月 23 日，中共中央和中央革命军事委员会命令红六军团离开湘赣根据地，转移到湖南中部开展游击战争，并同红三军取得联系。10月24日，红六军团与红三军主力在贵州省印江县的木黄会师后，红三军恢复红二军团番号。在任弼时、贺龙、关向应等的领导下，向湘西的永顺、保靖、龙山、桑植等地挺进。11月7日占领永顺县城。同月，成立了中华苏维埃共和国湘鄂川黔省革命委员会，由贺龙任主席。至1935年1月，湘鄂川黔根据地已初具规模。

闽东革命根据地

1933年下半年，由于国民党调集重兵对中央根据地发动第五次“围剿”，减轻了对闽东的压力，闽东党组织趁机发动了全区的武装暴动。1934年2月成立了闽东苏维埃政府，6月成立中共闽东临时特委，统一领导闽东的斗争。经过艰苦斗争，把闽东各县的小块根据地连成一片，形成了以福安、连江为中心的面积约1万余平方公里、拥有近100万人口的根据地。

陕甘革命根据地

陕甘根据地是谢子长、刘志丹等领导红二十六军和红二十七军经过多年艰苦战斗创建的。1934年夏，这两支部队先后进行了两次反“围剿”战争，巩固和发展了根据地。红十五军团组成后，又在陕甘根据地进行了第三次反“围剿”战争，并取得重大胜利。1935年九十月，“左”倾教条主义的执行者在陕甘根据地实行错误的肃反，逮捕了刘志丹等领导干部，造成了陕甘根据地的严重危机。中共中央到达陕甘根据地后，立即把刘志丹、高岗等人释放出来，及时制止并纠正了这个严重错误，从而使陕甘根据地转危为安。

南方游击根据地

1934年下半年，红军主力长征后，至1937年全国抗日战争爆发，留在长江南北（包括江西、福建、广东、浙江、湖南、湖北、安徽、河南等8省）的一部分红军和游击队，在中国共产党的领导下，面对国民党军的反复“清剿”和血腥镇压，和人民群众一起，进行了英勇顽强的抵抗。他们钳制了国民党的军事力量，在战略上配合了红军主力的长征，坚持游击根据地。这些根据地后来成了中国人民抗日战争在南方的战略支点。全国抗战爆发后，这些保存下来的红军和游击队被改编为新四军，成为长江两岸抗日前线一支重要的武装力量。

三、星火燃神州

星火传播长征路

于都河擦着于都县城静静地流过，它见证了80多年前的那个夜晚，发生在河边的故事。“十月里来秋风凉，中央红军远征忙；星夜渡过于都河，古陵新田打胜仗。”陆定一同志的这首诗，生动地记录了当年红军夜渡于都河，踏上漫漫长征路的真实场景。

由于执行了正确的军事斗争路线，红军先后四次粉碎了国民党军队对中央革命根据地的“围剿”。但是由于博古、李德等“左”倾领导人的错误指挥，中央红军没能击溃国民党军队对根据地的第五次“围剿”。1934年4月，广昌战役，红军伤亡5000

于都河边“长征渡口”碑

余人。广昌失守后，根据地日益缩小，军力、民力和物力消耗巨大。广昌失守意味着中央红军不可能粉碎国民党军队的第五次“围剿”，不可能在中央苏区赢得足够的发展空间。5月，中央书记处决定中央主力红军撤出根据地。这一决定得到共产国际的同意。1934年10月初，国民党军队推进到中央根据地的腹地。由于调动敌人的策略并未奏效，国民党军队又大兵压境，1934年10月10日，中央红军开始实行战略转移。17日，中央红军五个主力军团及中央、军委机关和直属部队共8.6万人，从于都河边出发，踏上了战略转移的漫漫征途，开始了闻名中外的长征。

红军跋涉一年多时间，走过了赣、闽、粤、湘、桂、黔、滇、川、康、甘、陕11个省份，翻越了五岭山脉、苗山、娄山、大凉山、六盘山，渡过了湘江、乌江、赤水河、金沙江、大渡河、白龙江、渭水，跨过了雪山草地、万水千山。蒋介石调集了中央军、粤军、湘军、桂军、黔军、滇军、川军、东北军、西北军、马家军及少数民族中反动土司、头人的部队，千方百计地进行围追堵截，企图将各路红军逐次歼灭。面对重重险阻，红军战士们硬是靠着一双脚，跋山涉水，完成了震惊中外的两万五千里征途。

当结束两万五千里征程抵达陕甘地区时，红军的力量遭受了巨大的损失。红一、红二、红四方面军和红二十五军在长征出发前，共有将近 20 万人，到达陕、甘地区时，只剩下了五六万人。然而，抵达陕甘地区的红军除了摆脱国民党的围追堵截，成功地实现了战略转移外，最大的收获就是一路行军打仗，一路宣传革命，让更多的人认识了中国共产党和红军，理解了中国共产党是为全天下百姓谋利益的党。甚至可以说，长征最大的成就在于在更广阔的范围充分发动了群众，赢得了民心。因此，毛泽东说，长征是宣言书，是宣传队，是播种机。

红军长征本来是被迫的战略转移，但共产党人却将这样一次危机四伏的被动撤退，客观上变为一个开创革命新局面的起点。

离开故乡，离开曾经战斗过的熟悉土地，充满着不舍、依恋。“这里的一草一木都是那样的熟悉、亲切；这里的山林、田野，都有过我们的足迹；这里的叔伯、兄弟、姐妹，都是我们的阶级弟兄。为了这自由的土地，我们在这里抛过多少头颅，洒过多少鲜血啊？”①

① 《星火燎原全集》第 3 卷，解放军出版社 2009 年版，第 14 页。

周恩来题词："于都人民真好，苏区人民真亲"①

长征路上，有着想象不到的困难在等着英勇的红军战士们。长征，一路艰辛！这种艰辛只有亲历者感触最深。"在中央根据地的时候，每逢作战，群众都自动送情报、出担架，拿着梭镖、大刀来配合；战斗结束，又杀猪宰鸡慰问我们……可是自从撤出中央根据地以后，我们好像失了娘的孩子，战斗中再看不到有组织的人民群众的支援配合；伤病员难以得到妥善的安置和治疗；粮弹物资也没有可靠的补给。"②没有经历革命洗礼的地区，老百

① 1934年10月17日—20日，红军在于都架桥时，当地曾姓老人把棺材板拿出来，周恩来感动地说出这句话。

② 《星火燎原全集》第3卷，解放军出版社2009年版，第36页。

姓并不了解共产党和红军。红军长征开始后，国民党就加大了对红军的反动宣传，他们诬蔑共产党人和红军是“共匪”，说共产党人“共产共妻”。受国民党的反动宣传误导，红军所到之处，老百姓有的早早地躲起来，有的在国民党势力的支持和利用下，向红军队伍发动袭击。

如果不能赢得人民的理解和支持，党和红军必将陷入到孤军奋战、孤立无援的境况中，这关系党和红军的生死存亡。长征中，红军每到一处，指战员们不顾一路劳累，走村串户，访贫问苦，调查了解政治、经济、思想等方面情况，宣传红军的性质和主张，发动群众，组织群众，用实际行动疏导、消除反面宣传的影响，动员群众安心生活生产，使人民群众充分了解和认识红军是中国共产党领导的人民自己的队伍，是救国救民的军队，和国民党反动军队有本质区别。

红三军团第五师宿营到大苗川的时候，全川一个老百姓都找不到。经过耐心地做一个偷着回家老乡的工作，陆陆续续地找回了其他村民。接下来，他们“与群众一起开座谈会、联欢会……经过一番宣传解释，群众都纷纷将粮食、鸡、鸭、鱼、鸡蛋、菜干等拿出来，送给住在自己房子的部队”。老乡们见战士们不肯收他们的东西，就异口同声地说：“我们不懂得你们是什么军队，就跑上了山，实在对不起；现在我们回来了，你们倒客气起来了。”[①] 这种情况在长征途中无数次地重现，红军战士小鹏叙述了类似的场景，“村里的群众，因为受了敌人的欺骗宣传，不了

① 《星火燎原全集》第 3 卷，解放军出版社 2009 年版，第 21 页。

解红军的政策，都离开了。当他们听说鱼肉他们的铲共团已被我们消灭之后，很多人又自动回到村里。红军的实际行动和宣传教育，立刻使他们明白了红军是穷人的队伍”。①

湖南汝城地区至今还流传着“半床棉被”的故事。1934 年的一个傍晚，凛冽的寒风中，3 名女红军战士来到了湖南省汝城县一个小山村。一对身居茅屋，家中只有稻草铺盖的年轻的夫妇，倾其所有为她们做了一顿饭，她们打开随身携带的一床棉被睡下，第二天醒来发现，男主人一直睡在门口的草堆上守护着她们。临走时，女红军战士拿剪刀将那床唯一的棉被剪成了两半，说：“等革命成功以后，我们一定会来看你们，到时候带一床很新很暖和的棉被给你们。”据说，那位女主人将那半床棉被保留了几十年，大娘去世之前还对后辈说：“一定跟共产党走，因为共产党是有一条被子也要分一半给你的好人。”

群众慢慢地开始对红军不害怕了，慢慢地开始敢于接近红军了，开始和红军交朋友直至支援红军、参加红军。长征途中，红军先后经过了瑶、苗、彝、羌、回、藏、东乡、裕固等少数民族聚居区。由于历史形成的民族隔阂以及语言、风俗习惯和宗教信仰的不同，红军初到少数民族聚居区时困难重重。但红军尊重当地的风俗习惯，与少数民族群众坦诚相见、广交朋友，用千般真情、万般挚爱，熔化了汉族与一些少数民族之间经年形成的坚冰，被很多老百姓称为“菩萨兵”。

“彝海结盟”的故事传诵至今。1935 年 5 月，红军在四川冕

---

① 《星火燎原全集》第 3 卷，解放军出版社 2009 年版，第 15 页。

宁，需要争取时间抢渡大渡河，以粉碎敌人的阴谋。而从冕宁到大渡河，必须经过彝族聚居区。这一带的彝族家支，受国民党反动派的唆使煽动，对红军进行封锁袭击。红军立即派人到彝族民众中宣传党的政策，刘伯承同志还和沽鸡（果基）家支首领小叶丹歃血结盟，代表中国工农红军，授与他一面书有“中国夷民红军果基支队”的红旗和一张委任状，还送给他一批枪支。这些举动，充分表明党和红军团结各少数民族的真诚愿望，获得彝族人民的热烈拥护。红军在小叶丹及其武装的护送下，顺利通过彝区，向北挺进，取得了抢渡大渡河，飞夺泸定桥的胜利。

斯诺在著名的《西行漫记》中写道：“红军经过的省份有二亿多人民。在战斗的间隙，他们每占一个城镇，就召开群众大会，举行戏剧演出，重‘征’富人，解放许多‘奴隶’（其中有些参加了红军），宣传‘自由、平等、民主’，没收‘卖国贼’（官僚、地主、税吏）的财产，把他们的财物分配给穷人。现在有千百万的农民看到了红军，听到了他们讲话，不再感到害怕了。红军解释了土地革命的目的，他们的抗日政策。”他认为，“在某种意义上来说，这次大规模的转移是历史上最盛大的武装巡回宣传”[①]。正是红军在万里长征途中的宣言、宣传和秋毫无犯的严明军纪，让饱尝帝国主义侵略和国民党腐败统治迫害的中国人民，从鲜明对比中看到了民族的前途和希望。实践证明，红军长征在人民心中播种了信任，在中华大地上收获了民心。毛泽东

---

① 〔美〕埃德加·斯诺：《西行漫记》，生活·读书·新知三联书店1979年版，第180—181页。

坚信，长征在 11 个省内散布了许多种子，这些种子发芽、长叶、开花、结果，将来是会有收获的。

遵义会议放光芒

中国革命进程中，但凡中国革命在关键时刻，总有一些关键的会议作出重要决策，遵义会议就是其中之一。

为什么要召开遵义会议？这还得从中央苏区第五次反“围剿”说起。前四次，由于正确地执行了毛泽东灵活机动的游击战术，中央苏区先后成功地挫败了国民党政府剿灭根据地的图谋。当国民党发起第五次“围剿”时，中央军事上负总责的是博古、李德。在这次反“围剿”的初期阶段，他们坚持御敌于根据地外，在与国民党军硬碰硬的战斗中遭遇重大损失时，战略防御中又犯了保守主义的错误，以至于根据地完全失守，被迫开始长征。即便是在这种情况下，当时的中央领导人也没有真正认识到失败的根本原因。第五次反“围剿”以及红军开始战略转移以来的失利，并没有让当时负责军事指挥的主要领导人认识到军事斗争方针的错误。面对失利，党的主要领导人不能拿出有效的应对之策。从第五次反“围剿”初期的御敌于根据地之外到撤退过程中的惊慌失措，以及长征初期军事斗争中的失败，博古、李德等人并没能制定和贯彻实施有效的军事斗争策略，使得红军主力一再遭到重创，损失惨重。湘江一战，部队减员严重，中央红军从出发时的 8.6 万人锐减至 3 万人。面对危险形势，广大干部战士强烈要求纠正错误，改变领导。还在中央革命根据地时，许多干部就对中央主要领导人在军事指挥上的错误产生怀疑，一些军团指挥员多次提出批评意见，有人甚至同李德发生激烈的争论。长征开始以来不断的失利，让大家对中央军事指挥领导人的不满情绪在湘江战役之后达到顶点。最后，党和军队到底该走么走，也需要重新确定发展的方向。

1935 年 1 月 15 日至 17 日，中共中央在贵州遵义召开了政治局扩大会议。遵义会议是中国革命史上生死攸关的转折点。遵义会议及其前后的一系列会议明确地回答了红军的战略战术方面的是非问题，指出了博古、李德军事指挥上的错误，同时改变中央的领导特别是军事领导，解决了党内所面临的最迫切的组织问题和军事问题，结束了“左”倾错误在中央的统治，确立了毛泽东在中共中央和红军的领导地位。

遵义会议根据变化了的形势，改变了先前做出的以黔北为中心、再去川南创建根据地的决议，决定红军渡过长江在成都之西南或西北地区建立根据地，之后，又根据敌情，决定中央红军在川滇黔三省广大地区创造新的根据地。

遵义会议在极端危急的历史关头挽救了党，挽救了红军，也挽救了中国革命。

尽管长征的外部形势没有发生明显变化，但由于中央和红军的领导人及领导机构做了正确的调整，执行了正确的路线，中国革命逐渐回到了正确的轨道。

长征路上，艰难依旧。在正确路线指导下，英勇的红军战士却像插上了神奇的翅膀，辗转腾挪于大山大河之间，机动灵活地和敌人周旋，取得了一个又一个战斗的胜利。

遵义会议之后，在新的中央领导的指挥下，制定并坚定不移地执行了正确的战略方针和战术原则。面对强大敌人的围追堵截，中央红军展开了灵活的运动战。从 1935 年 1 月底到 3 月底，中央红军四渡赤水，5 月初，抢渡金沙江。中央红军摆脱了优势敌人的追堵拦截。5 月下旬，红军强渡大渡河，飞夺泸定桥，翻越夹金山。6 月 12 日，中央红军一部与红四方面军一部在达维镇会师。6 月 18 日，中共中央与中央红军主力到达懋功地区。6 月 26 日，中央政治局在懋功北部的两河口召开会议，确立了红军北上的战略方针。8 月 4 日至 6 日，中央政治局在毛儿盖附近的沙窝召开会议，重申两河口会议确定的北上方针，强调长征川陕甘根据地是当前红一、四方面军面临的历史任务。在甘肃岷县以南的哈达铺，毛泽东了解到陕北红军和根据地仍然存在，提出到陕北去。9 月 27 日，中央政治局在通渭县榜罗镇开会，决定队伍前往陕北，保卫和扩大根据地。10 月 19 日，队伍抵达吴起镇。中央政治局在此召开会议，指出历时一年的长途行军已经结束，今后的战略任务是保卫和扩大西北的根据地，领导全国革命斗争，并以陕、甘、晋为发展的主要区域。11 月初，中共中央和由北上部队改编的陕甘支队在甘泉地区与在陕甘根据地的红十五军团会师。11 月 3 日，中华苏维埃共和国决定成立中国工农红军西北革命军事委员会。

1936 年 10 月 9 日，红四方面军指挥部到达会宁，与红一方面军会合。10 月 21 日，红二方面军在贺龙、任弼时、关向应、刘伯承的带领下，在平锋镇与左权、聂荣臻率领的红一方面军第一军团会师。10 月 22 日和 23 日，红二、红六军团分别在将台堡、兴隆镇与红一方面军会师。至此，红军三大主力实现了会师，完成了长征。1936年10月19日，陕甘支队到达陕甘根据地的吴起镇。22日，中央政治局会议指出，今后的战略任务是保卫和扩大西北的根据地，领导全国革命斗争，并以陕、甘、晋三省为主要发展区域。11月7日，中共中央机关到达陕甘根据地的中心瓦窑堡。自此，陕北成为中国共产党新的政治领导中心，中国革命揭开了新的篇章。

独特革命道路新发展

1. 农村包围城市的道路还要走下去吗？

20世纪30年代上半期，法西斯势力日益成为世界人民的主要威胁，迫切需要共产党同社会民主党等政党联合起来，建立工人阶级统一战线，共同反对法西斯。《共产国际第七次大会的总结》指出："在反对法西斯主义与战争的斗争中，无产阶级在那些绝不主张无产阶级专政及社会革命的各种社会派别、阶级及民族中，扩大一切可能的同盟者的战线"，这"要求共产党适当的改变方针"[①]。鉴于日本帝国主义加快了侵略中国的步伐，中日民族矛盾急剧上升，中央红军完成长征到达陕北后，根据1935年华北事变后的形势，着手考虑制定抗日民族统一战线的新策略。共产国际适时地帮助中国共产党认清时局的发展变化，逐步确立了建立抗日民族统一战线的政治路线和斗争策略。

---

① 《共产国际第七次大会的总结（节录）》，中国人民大学中共党史系资料室：《中共党史教学参考资料　第二次国内革命战争时期（下）》，第117—118页。

1937年7月7日，以卢沟桥事变为导火索，日本帝国主义开始了全面的侵华战争。“中国革命的主要敌人是日本帝国主义和勾结日本公开投降或准备投降的一切汉奸和反动派”①，“反对侵入国土的日本帝国主义”②成为中华民族的主要任务。

国际国内形势都发生了巨大变化，依托建立农村根据地，走农村包围城市的道路还需要走下去，还能走下去吗？这考验着中国共产党人的智慧。

毛泽东对此有着清醒的认识。他在六届六中全会的发言稿《论新阶段抗日民族战争与抗日民族统一战线发展的新阶段》中，对开展游击战争的必要性、建立根据地的必要性和可能性进行了深刻的分析。

毛泽东认为，日本是“一个强的帝国主义国家，它的军力、经济力和政治组织力在东方是一等的，在世界也是五六个著名帝国主义国家中的一个”③。中国“依然是一个弱国，我们在军力、经济力和政治组织力各方面都显得不如敌人”④。中国和日本实力的强弱悬殊，造成了“敌人占领中国主要的大城市与交通线”，“敌据城市以对我”⑤的态势。然而，“由于他的兵力不足，在中国的坚强抵抗面前又不得不分散与消耗，使他无法占领全中国。即在其占领地区，由于中国的广泛发展游击战争，亦实际只能占领

① 《毛泽东选集》第2卷，人民出版社1991年版，第633页。

② 同上，第637页。

③ 同上，第447页。

④ 同上，第449页。

⑤ 毛泽东：《论新阶段》，《中共中央文件选集》第十一册，中共中央党校出版社1991年版，第590页。

大城市、大道与某些平原地区，其他仍然是中国的”[①]。城乡相对分割的格局，决定了在战争发展进程中，除了和敌人在中心城市进行大规模的争夺外，还需要在敌人力量不足以控制的广大农村建立根据地，开展游击战争。因此，党的工作重心必须放在农村。

中日实力的巨大悬殊，决定了战争的长期性和残酷性，它同时也“规定了游击战争不能不做许多异乎寻常的事情”[②]。“建立根据地的问题”也是随着“战争的长期性和残酷性而来的”[③]。如果“没有这种战略基地，一切战略任务的执行和战争目的的实现就失掉了依托”[④]。所以，根据地的存在是必要的。

毛泽东进一步分析了抗日战争时期根据地存在的可能性。毛泽东认为，“日本国度比较地小，其人力、军力、财力、物力均感缺乏”[⑤]。正是由于日本国小、人少，在中国战场上只能龟缩在其占领的中心城市。“敌人在我们这个大国中占地很广，但他们的国家是小国，兵力不足，在占领区留了很多空虚的地方”，我们要“将敌人的后方也变成敌人的前线，使敌人在其整个占领地上不能停止战争”[⑥]。加之，“共产党领导的坚强的军队和广大的人民群众的存在”[⑦]，给共产党创建抗日游击根据地提供了可能性。

---

① 毛泽东：《论新阶段》，《中共中央文件选集》第 11 册，中共中央党校出版社 1991 年版，第 569 页。

② 《毛泽东选集》第 2 卷，人民出版社 1991 年版，第 405 页。

③ 同上，第 418 页。

④ 同上，第 418 页。

⑤ 同上，第 448 页。

⑥ 同上，第 418 页。

⑦ 同上，第 405 页。

建立农村革命根据地，在敌后开展游击战争，其结果必然是“乡村能够战胜城市”。首先是由于敌占区内的社会条件决定的。敌占区虽已沦为殖民地社会，但是它的经济形态仍然是封建半封建性的、地方性的农业经济占优势。政治经济发展不平衡的情况不但并未改变，反而更加加剧了这种形势。同时日本侵略者残酷的殖民统治，迫使除汉奸之外的中国各阶层、各党派团体团结起来坚决抗战。因此，敌占区的农村坚持抗战、建立根据地的群众基础，较之以往建立红色政权的根据地还要广泛的多。其次，我国作为大国的优势。中国地大物博，人多兵多。日本是小国，人力、财力、资源不足以支撑长期的战争消耗。再次，半殖民地国家的国情，决定了“城市虽带着领导性质，但不能完全统制乡村”，“因为城市太小，乡村太大，广大的人力物力在乡村不在城市”。此外，在和侵略者的斗争中，我们是“失去一部，还有一部”[①]。一部分地方虽然损失了，但另一部分地方却进步了。

2. 抗日战争时期农村包围城市道路的发展

1937 年 7 月 7 日，卢沟桥事变爆发，中国进入全国抗战时期。7 月 17 日，蒋介石发表演说，承认了中国共产党的合法地位，第二次国共合作的政治基础形成。

1937 年 8 月 22 日至 25 日，中共中央在陕北洛川召开政治局扩大会议，史称洛川会议。会议决定把党的工作重心放在战区和

① 毛泽东：《论新阶段》，《中共中央文件选集》第 11 册，中共中央党校出版社 1991 年版，第 591 页。

敌后，在敌后放手发动群众，开展独立自主的游击战争，开辟敌后战场，建立敌后抗日根据地，使游击战争担负起配合正面战场的战略任务。

尽管国民党在正面战场上相继组织了太原、淞沪、徐州、武汉等大战役，在正面战场上给敌人以沉重打击，打破了日本帝国主义“速战速决”的企图。然而，整个战场的走势还是国民党军队节节败退，华北、华中和华南的大部分国土沦陷。

中国共产党领导下的八路军、新四军和各地方武装游击队，不畏强敌，在敌后战场英勇作战，沉重打击和牵制了大量日本军队，有力地支援了正面战场作战的国民党军队。

在上海、太原被占领后，八路军、新四军开始深入敌后，广泛发动群众，开展游击战争，建立敌后抗日根据地。在武汉失守前，就已经建立起晋察冀、晋冀鲁豫、晋绥、山东和华中五个抗日根据地。随着敌后游击战的深入开展，党组织、人民军队和抗日根据地的规模日渐扩大。到 1940 年底，共产党员发展到 80 万，党领导的武装力量增加到近 50 万人，根据地中心区和游击区的人口增加到约 1 亿人。

1941 年开始，由于侵华日军加大对敌后抗日根据地的“扫荡”力度，加之国民党军队消极抗日和自然灾害，根据地的发展遭遇到前所未有的困难。至 1942 年，根据地人口锐减过半，只有约 5 千万人口了，八路军也由 40 万减至 30 万，新四军由 13.5 万减至 1 万。面对艰险的形势，中国共产党领导根据地军民想尽各种方法积极应对，使得党、军队和根据地人民经受住了考验和磨练。不仅保存了革命的有生力量，而且在严酷的斗争中提升了党和军队克服困难、打击敌人的本领。随着世界反法西斯战争形势的发展，在党的领导下，在全体军民的共同努力下，根据地从1943年开始，逐渐得到恢复并不断扩展，成为坚实的战略基地，为夺取抗日战争的最后胜利作出了重大贡献。

链接：抗日战争主要根据地一览

抗战时期，全国共建立了21块抗日根据地。它们分别是：陕甘宁、晋察冀、晋绥、晋冀豫、冀鲁豫、山东、华中、东北、苏北、苏中、苏浙皖、淮北、淮南、皖中、浙东、河南、鄂豫皖、湘鄂、华南等。

陕甘宁边区：陕甘宁边区的基础是原陕甘宁革命根据地。1937年9月6日，原陕甘宁革命根据地的苏维埃政府（中华苏维埃共和国临时中央政府西北办事处），正式改称陕甘宁边区政府。陕甘宁边区政府管辖范围为23个县，即陕西肤施、甘泉、鄜县（今富县）、延川、延长、安塞、安定、保安、靖边、定边、淳化、栒邑（今旬邑）、吴堡、清涧、绥德、米脂、葭县（今佳县），甘肃的正宁、宁县、庆阳、合水、环县、镇原。此外，宁夏的花马池（盐池县），陕西的神（木）府（谷）区、关中的部分地区。边区东靠黄河，北起长城，西接六盘山脉，面积约13万平方公里，人口约150万。陕甘宁边区是中共中央所在地，是人民抗战的政治指导中心，是八路军、新四军和其他人民抗日武装的战略总后方。

晋察冀抗日根据地：抗日战争时期，晋察冀抗日根据地是党领导的敌后抗日武装创建的第一个敌后抗日根据地。晋察冀抗日根据地，地处同蒲铁路以东，正太、石德路以北，张家口、多伦、宁城、锦州一线以南，东临渤海，以山西东北部和河北的冀中、冀东为主，包括察哈尔、热河、辽宁三省的一部，行政上划分为北岳、冀中、冀察、冀热辽四个区。中共中央和毛泽东誉之为“敌后模范的抗日根据地及统一战线的模范区”。

晋绥抗日根据地：晋绥抗日根据地是抗日战争时期中国共产党领导的八路军和敌后抗日军民创建的重要解放区之一。晋绥抗日根据地下辖50县，600多万人口，由师长贺龙、政治委员关向应等领导八路军第一二〇师创建，后在当地武装相互支持下，开辟了大青山抗日游击根据地。晋绥抗日根据地巍然屹立在黄河以东，在陕甘宁边区的门户上给敌人竖起一道难以逾越的屏障，使日军始终未能越过黄河进犯陕甘宁边区，保卫了延安和党中央，并确保了党中央与敌后各根据地联系的交通线。

晋冀豫抗日根据地：以太行山为依托，西起同蒲铁路，东至平汉铁路，北接正太铁路，南临黄河北岸，是抗日战争时期中国共产党在山西、河北、河南三省边界地区领导创建的抗日根据地。它是中共中央北方局和八路军总部机关所在地，是华北战略要地之一。

冀鲁豫抗日根据地：抗日战争时期，党领导的敌后抗日武装在河北、山东、河南三省交界的广大地区创建的东至津浦路，西至平汉路，北至石德路、滏阳河，南跨陇海路的敌后抗日根据地。

山东抗日根据地：包括渤海、鲁中、鲁南、胶东、滨海五区，还有河北、江苏各一部分，下辖96县，约350万人口。1937年冬至1938年，共产党先后建立鲁南、胶东、清河根据地。从1937年至1944年，粉碎日军多次“扫荡”，和日伪军作战1.9万余次，毙伤日伪军15万余人。

华中抗日根据地：包括江苏绝大部分，安徽、湖北、河南、浙江和湖南的一部分。1938年4月，粟裕率新四军先遣支队深入苏南敌后，开展游击战争。陈毅和张鼎丞分别于6月和7月率新四军第一、第二支队挺进江南，创建苏南根据地。8月，谭震林率新四军第三支队进入皖南，开辟豫皖苏根据地。6月，罗炳辉率新四军第五支队挺进皖东，建立皖东根据地。年底，新四军一部在八路军配合下，开辟皖东北和淮海区。自1938年至1944年春，对日伪军作战17500余次，毙伤日伪军24万余人。

东北抗日根据地：1936年2月，在中国共产党领导下，东北各抗日武装统一改编为东北抗日联军，由杨靖宇统一领导。卢沟桥事变后，抗日联军团结广大群众，进一步开展了广泛持久的抗日武装斗争。他们以打击敌人后方和援助关内抗日为中心任务，破坏交通，使日本侵略军疲于奔命。后来，日军主力回师后方，东北抗战转入极端困难时期。东北抗日联军大部转移到苏联境内整训。东北抗日联军在冰天雪地、弹尽粮绝的情况下，和装备精良的日军进行艰苦卓绝的斗争，直至最后获得胜利。

苏北抗日根据地：包括淮（阴）海（州）、盐（城）阜（宁）两个地区，物产丰富，人口众多。它是联结华北八路军和南方新四军的重要枢纽，是华中敌后抗战最有利、最能发展的地区，具有重要的战略地位。

苏中抗日根据地：位于江苏省中部，包括扬州、泰州、南通等地区，东临黄海，南至长江，与苏北、淮北、淮南、皖江等华中抗日根据地相连。皖南事变前统称苏北。1941 年 3 月，苏中区党政领导机构成立，苏中抗日根据地开始形成。

苏浙皖抗日根据地：1938 年 5 月 4 日，中共中央和毛泽东对新四军发展华中敌后游击战争作了具体部署，要求新四军“在广德、苏州、镇江、南京、芜湖五区之间广大地区，创造根据地，发动民众的抗日斗争，组织民众武装，发展新的游击队”，“在茅山根据地大体建立起来之后，还应准备分兵一部进入苏州、镇江、吴淞三角地区去，再分一部分渡江进入江北地区”。

淮北抗日根据地：位于河南、安徽、江苏、山东四省交界的广大地区，由豫皖苏、皖东北、邳睢铜三块根据地组成。它处于日寇占据的徐州、蚌埠、淮阴三大军事重镇之间，是八路军和新四军的联系枢纽，战略地位十分重要。

淮南抗日根据地：由原皖东抗日根据地演变而来，它位于安徽省东部和江苏省西部，东起运河，西至淮南路、瓦埠湖，北抵淮河，南濒长江，津浦路纵贯其间。以津浦路为界，分路西、路东两个地区。

皖江抗日根据地：全国抗日战争爆发后，1937 年 11 月，八路军驻南京办事处派李世农到皖中无为地区组建了中共皖中工作委员会，恢复和重建各地党组织，组织群众参加抗日团体，团结了一批爱国进步人士投入抗日民族解放斗争，推动了皖中地区的抗日救亡运动蓬勃开展。

浙东抗日根据地：浙东抗日根据地是皖南事变后由浦东南进的抗日武装、浙东地方党以及华中局和新四军军部派来的一大批干部，经过艰苦奋斗，而逐步建立起来的。它包括四明、会稽、三北（指余姚、慈溪、镇海三县姚江以北地区）和浦东四个地区，总面积约 2 万平方公里。

河南抗日根据地：开辟河南新区，是抗日战争后期中共中央的一项重要战略部署。经过八路军、新四军的共同努力，开辟了豫西，发展了豫南，扩大了豫东，恢复了豫皖苏边区根据地，打通了华北、华中与陕甘宁边区的联系，对于坚持全国抗战，控制中原战略要地，有着重要的意义。

鄂豫皖抗日根据地：鄂豫皖抗日根据地是 1938 年武汉陷落后逐步开辟的，习惯上称鄂豫皖湘赣抗日根据地或鄂豫边区，也称豫鄂边区、鄂豫皖边区、湘鄂豫皖边区。抗日战争胜利前夕，鄂豫皖根据地发展到东起安徽宿松，西至湖北宜昌，北接河南舞阳，南到湖南洞庭湖的广大地区，面积 9 万多平方公里，人口约 1300 万。

湘鄂抗日根据地：1938 年日军侵占武汉后，中共鄂南特委成立，组织、发动群众，建立地方党组织，开展游击战争，开辟了鄂南抗日游击区。1942 年，新四军第五师第十四旅主力南渡长江，建立了以大幕山为中心的鄂南抗日根据地。后因国民党顽固派大举进攻鄂南根据地，部队除留一部坚持当地游击战争外，主力部队撤退鄂中，打退了敌人多次进攻，在极端困难中坚守了抗日阵地。

东江抗日根据地：地处珠江江口、广（州）九（龙）铁路两侧，包括东莞、惠阳、宝安、增城、博罗等县。这里面向大海，背靠广州，是日军进攻广州、侵犯华南的交通要道，具有重要的战略地位。1938 年日军侵占广州后，原在东江一带的红军游击队在曾生等领导下，组成抗日游击队，建立东江根据地。到抗战后期，东江抗日根据地共建立了五个县级抗日民主政权，根据地和游击区人口达 400 万以上。

琼崖抗日根据地：1939 年 2 月，日军入侵海南岛，当地的红军游击队和人民在冯白驹等领导下，建立琼崖根据地。根据地从最初的仅限于东北部的琼（山）文（昌）区和澄迈地区，扩大到全岛的 16 个县境。抗日武装力量从 300 人发展到 7700 余人，在六年多的艰苦斗争中，共作战 2000 余次，击毙日、伪军 3500 余人，坚持到抗战胜利，完成了保岛卫民的历史使命。

从农村全面走向城市

1. 要在大城市开党的八大

大革命失败之后，以毛泽东为代表的中国共产党人强调必须立足农村，把党的工作重心放在农村。毛泽东从理论上阐述了通过“上山”、“下湖”等各种方式创建农村根据地，在农村根据地开展游击战争、土地革命，做大做强农村根据地，实现农村包围城市的必要性和必然性。

抗日战争临近尾声，在对敌斗争中，随着党组织、人民军队和根据地的日渐扩大，“进城”被提上议事日程。

当党、人民军队和根据地在对敌斗争中不断发展之时，一代领袖毛泽东未雨绸缪，开始关注、思考走进城市的问题。他在《中国革命和中国共产党》一文中，阐述了革命过程中城市和农村的关系。他特别指出：“注重农村根据地的工作，不是说可以放弃城市工作和尚在敌人统治下的其他农村中的工作；相反，没有城市工作和其他农村工作，农村根据地就处于孤立，革命就会失败。而且革命的最后目的，是夺取作为敌人的主要根据地的城市，没有充分的城市工作，就不能达此目的。”① 可见，毛泽东对农村与城市关系的思考已经日臻成熟。他已经深刻地认识到城市工作与农村革命的发展不可分割。只有城市工作做好了，才能有力地推进农村革命的发展，他强调革命的最终目的就是要从农村走向城市。毛泽东在 1944 年 4 月 12 日的讲话中指出：“我们十多年来是处在农村中，提倡熟悉农村和建设农村根据地，这是必要的。”② “但是现在不同了”，“如果现在我们还不争取在大城市和交通要道中被日本帝国主义压迫的千百万劳动群众和市民群众围绕在我党的周围，并准备群众的武装起义，我们的军队和农村根据地就会得不到城市的配合而遇到种种困难。”③

抗战胜利时，中国共产党已有党员 120 万人，党领导的人民军队有 120 万人，还有民兵 260 万，根据地面积接近 100 万平方

---

① 《毛泽东选集》第 2 卷，人民出版社 1991 年版，第 636 页。
② 《毛泽东选集》第 3 卷，人民出版社 1991 年版，第 946 页。
③ 《毛泽东选集》第 2 卷，人民出版社 1991 年版，第 946 页。

公里，人口接近1亿。

1945年4月24日，毛泽东在党的七大上所作的口头政治报告中明确指出：要准备革命转变，“像北平、天津这样大的三五个中心城市，我们八路军就要到那里去。我们一定要在那里开八大，有人说这是机会主义；恰恰相反，八大如果还在延安开，那就近乎机会主义了”[①]。

2. 定都北京城

抗战即将结束时，国共双方围绕着接管日本占领区等问题分歧不断，不时发生军事摩擦。1945年8月，毛泽东应蒋介石之邀赴重庆谈判，为避免内战，国共双方先后签订了《政府与中共代表会谈纪要》。然而，协议的签订并没有给经历十四年蹂躏的中国大地带来和平安宁。国民政府派出军队进入东北地区及其他原日军占领区后，不承认前期已经进入该地的党领导下的人民军队及所建立政权的合法性，国名党军队不断制造军事摩擦，终于演化成国共双方军队间大规模武装冲突。此后，尽管在美国国务卿马歇尔调停下达成国共双方共组联合政府的协议，但由于国民政府不顾全国人民反对，在中国共产党和各民主党派坚决抵制的情况下，执意召开“片面的”国民大会，导致短暂的合作再度破裂。

1946年6月，国民党军队突袭共产党创建的中原解放区，宣告内战全面爆发。面对国民党军队在兵力、装备上的优势和战争

① 陈亚联：《道路：中国特色革命道路的开辟》，江西高校出版社2009年版，第197页。

初期的强大攻势，人民解放军不计较一城一地之得失，以歼灭敌人有生力量为目的，打败了敌人妄图速胜的全面进攻，粉碎了对陕北、山东解放区的重点进攻。

解放战争进入第二年，敌我力量此消彼长，战争形势朝着有利于人民解放军的方向发展。国民党军队的总兵力由430万下降到375万，人民解放军则由127万增加为195万，部队装备也大为改善；国民党军队由于战线拉长，守备力量增大，造成机动兵力大大减少，而人民解放军由于不需要守卫后方补给线和城市，反而机动兵力大大增加；国民党统治区人民的反抗斗争使得国民党军的后方极不稳固，由于成功地进行了土地改革，解放区人民革命和生产的积极性大大提高，创建了人民解放军稳固的大后方。

中共中央根据战争形势的重大变化，及时调整了人民解放军的作战任务："举行全国性的反攻，即以主力打到外线去，将战争引向国民党区域，在外线大量歼敌，彻底破坏国民党将战争继续引向解放区、进一步破坏和消耗解放区的人力物力、使我们不能持久的反革命战略方针。"①

1947年6月30日，刘邓大军千里跃进大别山，揭开了战略进攻的序幕。陈赓、谢富治兵团向河南西部挺进。陈毅、粟裕大军挺进豫皖苏边地区。与此同时，其他各路大军也陆续发动攻势。形成了人民解放军总体上战略进攻的态势。革命战争由防御转为进攻。这种态势彻底打破了以往敌攻我守的战争状态。自土地革命战争以来，中国共产党领导的武装力量第一次掌握了战略

---

① 《毛泽东选集》第4卷，人民出版社1991年版，第1230页。

的主导权，胜利的天平第一次向中国共产党及其领导的人民军队倾斜。它标志着农村包围城市道路正在走向最后胜利的顶峰！

1945 年 10 月 10 日，国共签订的协议没有换来国内的和平。而仅仅在两年后的同一天，1947 年 10 月 10 日，毛泽东在《中国人民解放军宣言》中，豪情万丈地喊出了“打倒蒋介石，解放全中国”。

1948 年 9 月至 12 月，中国人民解放军发起了战略决战。

1948 年 9 月 12 日发起的辽沈战役，歼灭国民党军 47 万余人，占领锦州、长春、沈阳，解放东北全境。

1948 年 11 月 6 日发起的淮海战役，歼灭国民党军 55.5 万余人，基本解放了长江以北的华东、中原地区。

1948 年 11 月 29 日发起的平津战役，歼灭和改编国民党军 52 万余人，除太原、大同、新乡等据点和绥远西部等地外，华北地区基本获得解放。

三大战役的胜利，标志着农村包围城市革命道路取得了决定性的胜利。三大战役的胜利，也使东北、华北、华东三大解放区连成一片，为夺取全国政权做好了最后的准备。

在前线战场上节节胜利的同时，中国共产党为即将到来的全面性胜利谋篇布局。1949 年 3 月 5 日至 13 日，中共七届二中全会在河北省平山县西柏坡举行。在这次会议上，毛泽东明确提出，党的工作重心放在乡村的时期已经结束，“从现在起，开始了由城市到乡村并由城市领导乡村的时期，党的工作重心由乡村移到了城市”①。西柏坡会议决定党中央的办公地点由西柏坡迁往北平。

---

① 《毛泽东选集》第 4 卷，人民出版社 1991 年版，第 1427 页。

链接：《中国共产党第七届中央委员会第二次全体会议上的报告》（摘要）

从一九二七年到现在，我们的工作重点是在乡村，在乡村聚集力量，用乡村包围城市，然后取得城市。采取这样一种工作方式的时期现在已经完结。从现在起，开始了由城市到乡村并由城市领导乡村的时期。党的工作重心由乡村移到了城市。在南方各地，人民解放军将是先占城市，后占乡村。城乡必须兼顾，必须使城市工作和乡村工作，使工人和农民，使工业和农业，紧密地联系起来。决不可以丢掉乡村，仅顾城市，如果这样想，那是完全错误的。但是党和军队的工作重心必须放在城市，必须用极大的努力去学会管理城市和建设城市。必须学会在城市中向帝国主义者、国民党、资产阶级作政治斗争、经济斗争和文化斗争，并向帝国主义者作外交斗争。既要学会同他们作公开的斗争，又要学会同他们作荫蔽的斗争。如果我们不去注意这些问题，不去学会同这些人作这些斗争并在斗争中取得胜利，我们就不能维持政权，我们就会站不住脚，我们就会失败。在拿枪的敌人被消灭以后，不拿枪的敌人依然存在，他们必然地要和我们作拼死的斗争，我们决不可以轻视这些敌人。如果我们现在不是这样地提出问题和认识问题，我们就要犯极大的错误。①

① 《毛泽东选集》第 4 卷，人民出版社 1991 年版，第 1426—1427 页。

1949 年 3 月 25 日，对所有中国共产党人来说，必将是一个值得永远铭记的日子。毛泽东、朱德、刘少奇、周恩来、任弼时，这些中共中央最高指挥机构的领导成员来到北京。自此，中国共产党从山沟沟里一步一个脚印，一路艰辛，一路坎坷，终于走进了北京城，走进了大城市，并很快走向了全中国。

1949 年 4 月 21 日，人民解放军发动了渡江战役。在毛泽东、朱德的“向全国进军”的号令下，人民解放军在 4 月 23 日一举攻克南京，从而结束了国民党反动派在中国的统治。

1949 年 10 月 1 日，毛泽东在北京庄严地宣告：中华人民共和国中央人民政府成立。

自此，井冈山燃起的革命火种，终于燃遍了中华神州大地！

第五章

山路：走向辉煌

路在延伸，就有希望。大革命失败后，共产党人在城市开展暴动，结果路到尽头，此路不通。中国革命何去何从？路在何方？这是中国共产党人面临的历史抉择。秋收起义失利后，毛泽东凭借勇气、智慧和胆魄，敢闯新路，引兵井冈，在湘赣边界浴血奋战，艰难探索，山路变通途，开启了中国革命走向胜利的光辉起点。回顾历史，启迪现在。从井冈山道路，到现在我们走中国特色社会主义道路，要想取得成功，首先必须找准一条正确的道路；其次要能引导和凝聚人民大众坚定不移地走这条道路。

在井冈山黄洋界，有一条狭小、崎岖、盘山而上的山间小路，西连宁冈县大陇村，可抵湖南省的酃县。这就是著名的朱毛红军挑粮小道。

羊肠小道，山路弯弯。人们经常能看到一群群打着红旗、戴着斗笠、系着红丝带、背着米袋、挥着汗水的中青年人，沿着崎岖的朱毛红军挑粮小道奋力前行。这是在井冈山进行培训的学员在开展现场体验式教学，组织学员重走朱毛红军挑粮小道，现场感受老一辈无产阶级革命家率先垂范、艰苦奋斗的优良作风，真情感悟井冈山斗争的伟大历史意义。

朱毛挑粮小道原貌

重走朱毛挑粮小道

90年前，大革命失败后，毛泽东、朱德等老一辈无产阶级革命家先后引兵来到井冈山，正是从湘赣边界的大山里开始艰难探索，山路变通途，找到了一条中国革命的正确道路，开启了中国革命走向胜利的光辉起点。

一、“城市暴动”：此路不通

1927年，是中国革命史上的一个重大转折年份。

这一年，蒋介石、汪精卫相继背叛革命，实行“清党”和“分共”，举起屠刀，蓄意制造了一起起血腥惨案。

中山舰事件后，蒋介石连续攫取了国民党中央主席、组织部部长、军人部部长、国民革命军总司令等要职，集党权、政权、军权于一身。羽翼丰满后，自诩为孙中山忠实信徒的蒋介石完全抛弃孙中山的三民主义，开始显露狰狞面目。

1927年3月6日，江西赣州。蒋介石秘密指使其爪牙、新编第一师党代表倪弼等人，乱枪杀害了江西省总工会执行委员、赣州市总工会委员长、共产党员陈赞贤，对蓬勃兴起的江西工农运动开始了血腥镇压。

3月16日，江西南昌。蒋介石武力解散了拥护孙中山三大政策的国民党南昌市党部，并解散了江西省学联、妇女协会，封闭了国民党左派的《贯彻日报》。

3月17日，江西九江。在蒋介石授意下，一批流氓匪徒手持刀剑棍棒，捣毁了九江市党部、总工会和农民协会，打死打伤市党部委员和工人多人。

3月23日，安徽安庆。蒋介石指使反动分子捣毁了安徽省总工会、左派国民党安徽省党部和安庆市党部等。

4月12日凌晨，上海。大批青红帮武装流氓从租界冲出，向分驻上海总工会等处的工人纠察队发动突然袭击，工人群众奋起抵抗。国民党第二十六军周凤岐部随即借口“工人内讧”，强行将工人纠察队缴械，解除了上海2700名工人纠察队的全部武装。纠察队员仓促应战，死伤300余人。13日，上海工人举行总罢工，10万余工人、学生和市民集会抗议，到宝山路周凤岐部请愿，提出发还工人纠察队枪械、释放被捕工人、严惩祸首、肃清流氓等要求。当请愿队伍行至闸北宝山路，埋伏在宝山路三德里附近的上海反动军队根据蒋介石密令，向上海工人群众游行队伍开枪，当场打死100多人，伤者不计其数，宝山路顿时血流成河。随即，蒋介石下令解散上海总工会，查封革命组织，捕杀共产党员和革命者。

上海文化界名人胡愈之、郑振铎等目睹惨状，心感悲愤，联名给国民党中央委员蔡元培、李石曾、吴稚晖写了一封抗议书。这封抗议书4月15日公开在上海《商报》发表：

自北伐军攻克江浙，上海市民方自庆幸得从奉鲁土匪军队下解放，不图昨日闸北，竟演空前之屠杀惨剧。受三民主义洗礼之军队，竟向徒手群众开枪轰击，伤毙至百余人。三一八惨案之段祺瑞卫队无此横暴，五卅案之英国刽子手，无此凶残，而我神圣之革命军人，乃竟忍心出之！此次事变，报纸记载，因有所顾忌，语焉不详。弟等寓居闸北，目击其事，敢为先生等述之。

四月十三日午后一时半闸北青云路市民大会散会后，群众排队游行，经由宝山路。当时群众秩序极佳，且杂有妇女童工。工会纠察队于先一日解除武装，足证是日并未携有武器。群众行至鸿兴路口，正欲前进至虬江路，即被鸿兴路口二十六军第二师司令部门前卫兵拦住去路。正在此时，司令部守兵即开放步枪，嗣又用机关枪向密集宝山路之群众，瞄准扫射，历时约十五六分钟，枪弹有五六百发。群众因大队拥挤，不及退避，伤毙甚众。宝山路一带百余丈之马路，立时变为血海。群众所持青天白日旗，遍染鲜血，弃置满地。据兵士自述，游行群众倒毙路上者五六十人，而兵士则无一伤亡。事后兵士又闯入对面义品里居户，捕得青布短衣之工人，即在路旁枪毙。

以上为昨日午后弟等在宝山路所目睹之实况。弟等愿以人格保证无一字之虚妄。弟等尤愿证明，群众在当时并无袭击司令部之意，军队开枪绝非必要。国民革命军为人民之军队，为民族解放自由而奋斗，在吾国革命史上，已有光荣之地位，今乃演此灭绝人道之暴行，实为吾人始料之所不及。革命可以不讲，主义可以不问，若并［摒］正义人道而不顾，如此次闸北之屠杀惨剧，则凡一切三民主义、共产主义、无政府主义甚或帝国主义之信徒，皆当为之痛心。先生等以主持正义人道，负一时物望，且又为上海政治分会委员，负上海治安之最高责任，对于日前闸北军队所演成之恐怖状态，当不能恝然置之。弟等以为对于此次四一三惨案，目前应有下列之措置：

(1) 国民革命军最高军事当局应立即交出对于此次暴行直接负责之官长兵士，组织人民审判委员会加以裁判。

(2) 当局应保证以后不向徒手群众开枪，并不干涉集会游行。

(3) 在中国国民党统辖下之武装革命同志，应立即宣告不与屠杀民众之军队合作。

党国大计，纷纭万端，非弟等所愿过问，惟目睹此率兽食人之惨剧，则万难苟安缄默。弟等诚不忍见闸北数十万居民于遭李宝章、毕庶澄残杀之余，复在青天白日旗下，遭革命军队之屠戮，望先生等鉴而谅之，涕泣陈词，顺祝革命成功！

从 4 月 12 日到 15 日，共产党员和革命群众 300 多人被杀，500 多人被捕，5000 多人下落不明。江浙区委领导人陈延年、赵世炎、汪寿华等在此次政变中英勇牺牲，史称四一二反革命政变。四一二反革命政变，标志着大革命的部分失败，是大革命从胜利走向失败的转折点。

4 月 15 日，广州。李济深按照和蒋介石的密谋，疯狂捕杀共产党人和工人积极分子 2100 多人，萧楚女、熊雄等惨遭杀害。随后，蒋介石的爪牙在南京、无锡、宁波、杭州、福州、厦门、汕头等地以“清党”为名，进行残酷的反革命大屠杀。无数共产党员和革命人民牺牲在蒋介石反动派的屠刀下。

5 月 13 日，湖北武汉。在蒋介石的拉拢和鼓动下，国民革命军独立第十四师师长夏斗寅突然发动军事叛乱，通电全国，反对共产党，进攻武汉国民政府，投靠南京政府。

5 月 21 日晚，湖南长沙。国民党革命军第三十五军第三十三团团长许克祥率领叛军 1000 余人，分头袭击省总工会、省农民协会、国民党省党部、省党校、省特别法庭等革命机关、团体，解除工人纠察队和农民自卫军武装，释放所有在押的土豪劣绅。共产党员、国民党左派及工农群众百余人被杀害。事变后，许克祥与国民党右派组织了“中国国民党湖南省救党委员会”，继续在长沙及各县疯狂屠杀共产党人和革命群众。到6月10日，被杀害者达1万多人。因21日的电报代码韵目是“马”字，故称这次事变为马日事变。

7月15日，湖北武汉。高呼“革命的往左边来，不革命的快走开”的汪精卫撕下了自己的左派假面具。汪精卫控制的武汉国民党中央召开“分共”会议，决定同共产党决裂，彻底背叛孙中山制定的国共合作政策和反帝反封建纲领。随后，汪精卫下令“宁可错杀三千，不可放过一个”，对共产党员和革命群众实行大逮捕、大屠杀。国共两党第一次合作发动的大革命宣告彻底失败。

神州大地，腥风血雨，乌云阴霾，到处白色恐怖笼罩。据不完全统计，从1927年3月到1928年上半年，大江南北被屠杀的共产党员和革命群众达31万多人。其中，共产党员2.6万多人。在反革命高压下，一些在革命高潮时入党的不坚定分子，有的声明自动脱党，有的自首叛变，共产党员由近6万锐减到1万余人，工会会员由300万人锐减为几万人。

在革命遭受严重失败的严峻形势下，摆在中国共产党人面前的根本性问题，一是要不要坚持革命？二是如何坚持革命？

对于第一个问题，中国共产党人从来都是坚决和坚定的。大革命失败后，“中国共产党和中国人民并没有被吓倒，被征服，被杀绝。他们从地下爬起来，揩干净身上的血迹，掩埋好同伴的尸首，他们又继续战斗了”。[1]

7月12日，湖北汉口。中国共产党召开临时中央政治局会议，决定成立由张国焘、李维汉、周恩来、李立三、张太雷组成的临时中央常务委员会（即五人政治局），代行中央政治局职权。一直对国民党右派妥协的中国共产党早期主要领导陈独秀被停职。7月13日，中共中央发表《中国共产党中央委员会对政局宣言》，强烈谴责武汉国民党中央和国民政府的反动罪行，严正宣布：鉴于武汉国民党中央已背叛孙中山的根本主义与政策，中共中央决定撤回参加国民政府的共产党员，但中国共产党不抛弃与国民党合作的政策，仍将与一切诚实的坚决的为实现三民主义、三大政策而奋斗的革命分子继续合作。

7月中旬，中共中央从汉口迁到武昌，连续召开会议，决定联合国民政府第二方面军总指挥张发奎，将党领导和受党影响的北伐部队开回广东建立根据地，继续进行革命；决定在共产党力量较强、工农运动基础较好的湘、鄂、赣、粤四省举行秋收暴动，独立领导农民进行土地革命，并派遣中央委员和党的负责干部去指导秋收起义；决定召开一次中央紧急会议，总结大革命失败的经验教训，纠正陈独秀的右倾错误，重新确定党在新形势下领导革命运动的方针和政策。

8月7日，湖北汉口。中共中央召开紧急会议，史称八七会议。会议彻底清算了大革命后期陈独秀的右倾错误，确定了土地革命和武装起义的总方针，选出以瞿秋白为首的中央临时政治

---

① 《毛泽东选集》第3卷，人民出版社1991年版，第1036页。

局。在八七会议上，毛泽东批评了党过去“不做军事运动专做民众运动”的错误偏向，提出了“以后要非常注意军事，须知政权是由枪杆子中取得的”的著名论断。

此后，按照中共中央的部署和八七会议确定的方针，中国共产党人在黑暗中高举起革命的旗帜，以血与火的抗争回答国民党的屠杀政策。党派出许多干部分赴各地，恢复和整顿党的组织，组织武装起义。

对于第二个问题，中国共产党人则历经艰难摸索，付出了巨大血的代价，才寻找到正确答案。

中国共产党自成立开始，一直将工作重心放在城市。大革命失败后，中国共产党向苏联学习，仍然希望通过攻占大城市来夺取中国革命的胜利。

8 月 1 日凌晨两点，南昌起义爆发。

在以周恩来为书记的前委领导下，贺龙、叶挺、朱德、刘伯承等率领在党直接掌握和影响下的军队 2 万余人，发动南昌起义。经过四个多小时的激烈战斗，起义军合歼守敌 3000 余人，占领南昌城。南昌起义胜利后，成立了中国国民党革命委员会，推举宋庆龄、邓演达、贺龙、周恩来、谭平山、叶挺、李立三、郭沫若等 25 人为委员，同时以宋庆龄、毛泽东等国民党中央委员的名义发表《中央委员宣言》，揭露蒋介石、汪精卫叛变革命的罪行，强调反对帝国主义、扫除新旧军阀、为解决土地问题而奋斗。南昌起义打响了武装反抗国民党反动派的第一枪，在全党和全国人民面前树立起一面武装斗争的旗帜，标志着中国共产党独立领导革命战争、创建人民军队和武装夺取政权的开始。

8月3日，起义军按中央原定计划开始撤离南昌，取道临川、宜黄、广昌，劳师远征，南下广东，以期恢复广东革命根据地，争夺城市和出海口，取得苏联援助，重新举行北伐。9月19日，起义军攻占了地处梅江、汀江、韩江交汇点，东江地区交通枢纽——三河坝。在三河坝，前委决定分兵：朱德率第九军及贺龙第十一军二十五师2500余人留守三河坝，起义军主力8000余人继续前往潮、汕。9月下旬，主力部队攻占潮州、汕头，主力部队经揭阳向汤坑西进。10月初，遭敌军重兵包围，损失巨大，终于失败。保存下来的部队，一部分转移到海陆丰地区，与当地农民武装会合，另一部分转回三河坝与留守部队会合，在朱德、陈毅率领下，经赣南、粤北转入湘南，开展游击战争。

震惊中外的南昌起义遭受失败。

9月9日，湘赣边界。

“秋收时节暮云愁，霹雳一声暴动”，在以毛泽东为书记的前敌委员会领导下，秋收起义爆发。

“军叫工农革命，旗号镰刀斧头”，工农革命军第一军第一师，下辖三个团，5000余人，打出中国共产党人独立领导武装革命的第一面红旗，分三路进攻，意欲夺取长沙。

第一团由警卫团、平江工农义勇军和崇阳、通城农民自卫军组成，计2000余人，由团长钟文璋率领，从修水向平江进攻，夺取平江后再向长沙推进；第二团由安源工人纠察队、安源矿警队和安福、永新、莲花、萍乡、醴陵等县部分农民自卫军组成，计 1600 余人，由团长王兴亚率领，从安源进攻萍乡与醴陵，得手后聚攻长沙；第三团由浏阳工农义勇队和警卫团一个营组成，计 1600 余人，由团长苏先骏率领，从铜鼓向浏阳进攻，直逼长沙。

敌强我弱，三路大军很快都遭失利。部队面临全军覆灭的危险。

9 月 14 日，毛泽东审时度势，在浏阳上坪村以前委书记的名义命令：各起义部队到浏阳的文家市会合。

9 月 19 日，秋收起义部队三个团 1500 余人，先后到达在文家市会合。

晚上，毛泽东在里仁学校教室主持召开前敌委员会会议，工农革命军师团以上主要负责人参加，讨论部队的进军方向问题。会上，争论激烈。师长余洒度等人“仍主张取浏阳直攻长沙”。毛泽东审时度势，据理力争，说服大多数与会前敌委员会委员，认为继续进攻长沙工农革命军将全军覆灭，必败无疑，决定改变原定部署，“以保存实力，应退萍乡”，到敌人控制比较薄弱的山区寻求立足地。

秋收起义失利。

12 月 11 日凌晨 3 点，广州。

在广东省委书记张太雷和叶挺、恽代英、叶剑英、杨殷、周文雍、聂荣臻等领导下，广州起义爆发。参加起义的武装力量有国民革命军第四军教导团、警卫团一部和广州工人赤卫队的 7 个联队、2 个敢死队，共约 6000 余人。起义军一度占领广州绝大部分市区，成立了苏维埃政府，颁布了一系列政纲和法令。

蘇維埃政府正式成立

《晨报》关于广州起义的报道

广州起义后，中外反动派勾结起来，向广州发动疯狂进攻，起义武装浴血奋战，但终因敌我力量悬殊，起义军遭受严重损失，起义主要领导人张太雷牺牲，被迫于 13 日撤离广州市区，起义失败。退出广州的起义军一部分转移到海陆丰参加革命斗争，一部分到广西左、右江一带同农民起义军汇合，还有少部分撤往粤北韶关地区，加入了朱德、陈毅率领的南昌起义军余部，后来上了井冈山。

广州起义，是中国共产党和中国人民继南昌起义、湘赣边界秋收起义之后，对国民党反动派的又一次英勇反击，是在城市建立苏维埃政权的大胆尝试。

除了这几次规模较大的起义外，党还先后领导了海陆丰、琼崖、鄂豫边、赣西南、赣东北、湘南、湘鄂西、闽西、陕西等地区的武装起义。到 1928 年初，党先后发动近百次武装起义，但大部分很快遭受失败。

大革命失败后，党领导武装起义的实践表明，面临国民党新军阀掌握强大武装力量占据城市的现实，意欲通过城市武装起义或进攻大城市夺取革命胜利，几乎是不可能的。秋收起义可以说还没能靠近长沙城，工农革命军就遭受惨重失败。八一起义攻占了南昌城，但起义军只坚持了 3 天，不得不避敌围攻南下广东。广州起义和其他以夺取城市为目标的起义，绝大部分皆因遭受国民党军队的镇压而失败，都没有实现原定的目的。在敌我力量悬殊的情况下，企图通过攻占大城市取得革命胜利，结果必然遭受惨重的失败。

在革命处于低潮时期，为什么党内会出现"左"倾盲动主义错误？究其原因，一是共产国际的错误指挥和苏联经验的误导。在马克思主义经典作家的著作以及无产阶级的革命实践中，都是强调将革命的重点放在城市。俄国十月革命正是"以城市为中心"取得成功的典型。无产阶级及其政党通过中心城市的武装起义夺取政权，似乎成为共产党人夺取革命胜利正确道路的选择。二是中国共产党人当时更为熟悉和重视城市革命活动。作为无产阶级的政党，中国共产党诞生后首先在城市发动工人阶级，扩大自己的阶级基础；由于第一次国共合作，中国共产党可以在城市公开进行活动，发展自己的组织和壮大自己的力量，为党在城市开展斗争积累了一些经验，相反，对农村斗争从整体上还普遍缺乏经历。三是缺乏对于中国具体国情和中国革命规律的清醒认识和把握。由于尚处于幼年时期，党还没有认识到中国革命其实质是农民革命，中国共产党领导的武装斗争实质上是农民战争，党的领导人还缺乏对中国政局复杂性和中国革命长期性的理性认识。四是对敌人野蛮屠杀的满腔愤恨和复仇渴望在共产党人中产生了一种近乎拼命的冲动。

血的教训告诉共产党人，在中国当时的情况下，企图通过城市武装暴动或攻占大城市来夺取革命胜利，此路不通。

二、转战湘赣：独辟蹊径

生存还是毁灭？面对挫折和失败，中国共产党人被迫走向探索中国革命新道路的艰难历程。其中，最先从理论上开始思考和从实践上加以尝试的，当首推毛泽东。

毛泽东的“上山”思想与引兵井冈

1927年6月，时任中央农民运动委员会书记的毛泽东在武汉召集马日事变后从湖南出来的同志开会，就号召大家回到原来的工作岗位，“在山的上山，靠湖的下湖，拿起枪杆子保卫革命”[①]。

7月4日，中共中央政治局举行扩大会议，讨论湖南农民协会和农民武装如何应对敌人的搜捕和屠杀，毛泽东在发言时明确提出：“省农协可采取二个办法，一是改造安抚军合法保存，但这条实难做到；二是上山。上山可造成军事势力的基础，不保存

① 中央党校党史研究室：《中国共产党历次重要会议集》，上海人民出版社1982年版，第80页。

武力，则将来一到事变，我们就毫无办法。”[①]

七一五反革命政变后，7月20日，毛泽东主持的中共中央农民部发出文件《中央通告农字第九号——目前农民运动总策略》，明确指出：“农民武装现时没有以‘农民自卫军’‘农军’这类名义公开存在的可能，只能在下面三种形式之下存在：A. 以合法的名义存在，如‘挨户团’‘保卫团’‘庄联会’之类；B. 平时分散，秘密训练，一有战事，随时集中；C. 两种形式都不可能时则可以‘上山’。”[②]

八七会议后，当时负责主持中共临时中央政治局工作的瞿秋白极为欣赏毛泽东的才华，提出希望毛泽东和他一同赴上海，到党中央机关工作，毛泽东却婉拒道：“我不愿意跟你们去住高楼大厦，我要上山结交绿林朋友。”[③]

毛泽东上山思想的实质，就是在大革命失败后，将党的工作重心，从敌人统治力量较强的城市转移到敌人统治力量较薄弱、发展革命较有基础的农村、山区去。

思想是行为的先导，但思想转化为行动须具备一定的条件，要有一个过程。

八七会议后，受中央委派，毛泽东回湖南改组湖南省委并筹备秋收起义。9月初，肩负组织秋收起义重任的毛泽东到达安源，

① 中央文献研究室：《关于建国以来党的若干历史问题的决议注释本》，人民出版社1985年版，第143页。

② 《中共中央文件选集》第3册，中央党校出版社1983年版，第184页。

③ 谭震林：《井冈山斗争的实践与毛泽东思想的发展》，江西人民出版社1979年版，第20页。

在张家湾工人补习学校召开了部署秋收起义的军事会议，正式组成以毛泽东为书记、以各路军主要负责人为委员的中共湖南省委秋收起义前敌委员会，统一领导湘赣边界的秋收起义。

秋收起义的目标是攻占湖南长沙这个大城市。起义军也一度占领醴陵、浏阳县城和一些集镇，但很快遭到当地反革命军队的强力抵抗，加上兵力分散、缺乏作战经验、对敌情估计不足、收编部队邱国轩团叛变等原因，部队遭受重大损失，“军威因之不振”，“竟致溃不成军”。

延续原定计划，是一条死路，但要改变中央原定计划，需要魄力，需要胆量，也需要智慧。

9 月 19 日，毛泽东主持在湖南浏阳文家市里仁学校召开秋收起义前敌委员会会议。毛泽东审时度势，据理力争，顶住工农革命军第一师师长余洒度、第三团团长苏先骏等人的极力反对，说服总指挥卢德铭等前敌委员会委员，涉险通过“向萍乡退却”的决议。

就在前敌委员会通过此决议的同一天，中共中央根据共产国际驻长沙代表的报告，也再次作出要求湖南省委进攻长沙的决议。决议指责毛泽东和湖南省委停止长沙暴动和放任株洲、醴陵、平江、浏阳农军退走是“临阵脱逃”；责令湖南省委“应一面命令萍、浏、江一带工农军进攻长沙，一面立即爆发长沙的暴动。”庆幸的是，当中共中央的决议送到湖南时，秋收起义部队已经行进在“向萍乡退却”的山林之中，无法传达，更不可能实行。

毛泽东在文家市没有提到井冈山，或者说，井冈山当时还没有进入毛泽东引兵的视野。

当年亲历者的回忆，关于这一点几乎是一致的。

何长工回忆："9 月 19 日，前敌委员会在里仁学校里的一个大教室开会，我和杨立三作为会议工作人员，有机会了解一些会议情况。会开了一整夜，争论得很激烈。余洒度等人坚持打长沙，他认为不打长沙就没有出路。毛泽东同志不同意，他坚决反对打长沙，主张将部队转向山区和农村。"但"当时只说向罗霄山脉中段进军，后来才逐渐明确为向井冈山进军了"①。

张启龙回忆："从文家市到井冈山是逐步明确的，当时在文家市还不明确，不知道有个井冈山，我记得毛委员在文家市向部队讲话时，没有明确说到井冈山去。"②

张宗逊回忆："有人说毛主席在文家市那个时候就看准了要到井冈山搞根据地。根据我的回忆不是这样。在文家市集合部队后，没有提出到井冈山搞根据地，部队的实际行动也没有向井冈山进军，当时还是想往主力（即南昌起义部队）靠。"③

熊寿祺回忆："在文家市没有提到要上井冈山，也没有提到要搞根据地。"④

历史的发展及其走向具有必然性，也带有偶然性。必然是一

---

① 《井冈山革命根据地》（下），中共党史资料出版社 1987 年版，第 111 页。

② 张启龙：《毛委员到铜陵》，转引自《井冈山革命根据地全史》，余伯流、陈钢著，江西人民出版社 1998 年版，第 58 页。

③ 张宗逊：《井冈山斗争时期的几个问题》，转引自《井冈山革命根据地全史》，余伯流、陈钢著，江西人民出版社 1998 年版，第 58 页。

④ 熊寿祺：《井冈山斗争点滴》，转引自《井冈山革命根据地全史》，余伯流、陈钢著，江西人民出版社 1998 年版，第 58 页。

种发展趋势，偶然是一种影响但不能决定发展趋势的意外。

毛泽东引兵井冈山同样可以用必然性与偶然性的辩证关系来加以解读。秋收起义失利后，要保存革命武装力量，工农革命军只能被迫转战，找寻敌人力量相对薄弱的山区地带生存和发展。被迫其实也是一种发展趋势。因此，工农革命军最后选择落脚湘赣边界的井冈山，当属必然。土地革命时期，中国共产党领导建立了 13 块农村革命根据地，都是地处两省或三省交界的偏僻区域，敌人统治力量薄弱的三不管地带，也是最好的印证。

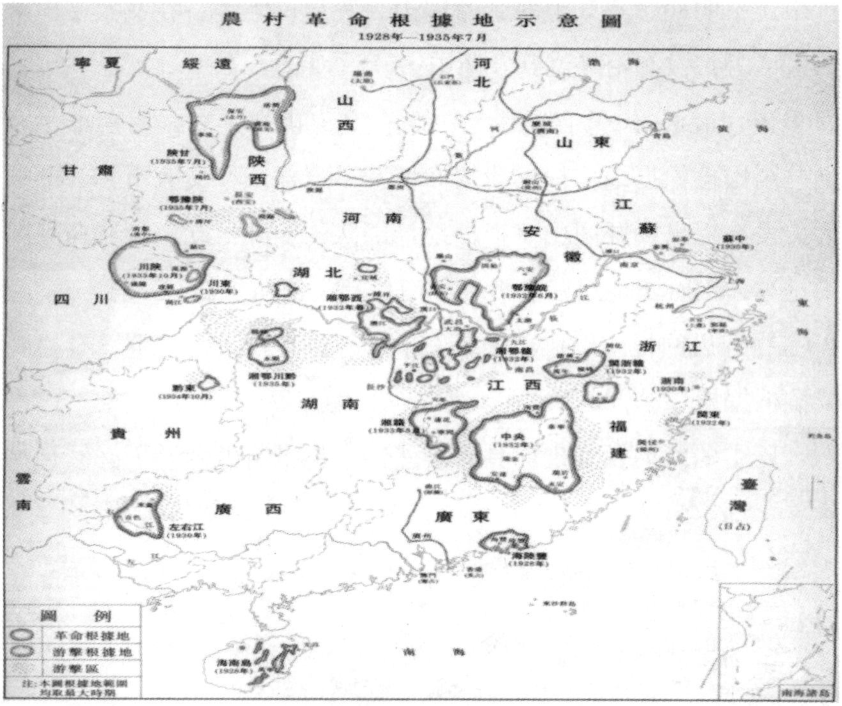

中国农村革命根据地分布图

毛泽东选择率领工农革命军引兵井冈山，则充满着偶然性。

22日，工农革命军到达萍乡上栗，准备经萍乡到安源，继续南下。在上栗市，闻知萍乡有国民党重兵把守，部队被迫折回绕道芦溪。23日拂晓，工农革命军行进到离芦溪15华里的山口岩时，遭到敌人伏击。总指挥卢德铭在指挥部队撤离时不幸胸部中弹，从马上坠落，壮烈牺牲。工农革命军在芦溪冲破敌人伏击后，25日进入莲花县境，毛泽东在甘家村召开了由莲花地方党组织负责人参加的军事会议，决定攻打莲花。在莲花，毛泽东收到了宋任穷（秋收起义前任工农革命军第一师第三团团部文书）送来的中共江西省委书记汪泽楷的一封密信，获知："宁冈县有我们党的武装，有几十支枪。"

迷途之中遇向导。宋任穷送来的密信对正在苦苦找寻落脚之地的秋收起义部队，起到了非常重要的引领作用。

26日，工农革命军攻克莲花县城。毛泽东在县城宾兴馆召开了前委会议，作出了一项重大决策：引兵井冈，向宁冈进发。9月27日，毛泽东带领部队离开莲花，正式转兵井冈山。[①]

历史不能假设，但为了更好地解读历史，还得设定场景。假若没有宋仁穷送来的信，工农革命军当然也得上山，但上的很有可能就不是井冈山。

毛泽东引兵井冈山，是因为井冈山有一支我们党掌握的地方武装。工农革命军要在人生地不熟的井冈山落脚安家，同样需要这样一支地方武装的支持。但出乎毛泽东意料的是，当毛泽东派

---

① 余伯流：《引兵井冈与莲花决策——毛泽东何时何地决策向井冈山进军新说》，《军事历史研究》2008年第1期。

人给这支队伍的领导人袁文才送信联络时，袁文才却回信婉拒工农革命军进驻井冈山腹地，要求工农革命军“另择坦途”。

以下是当地党史工作者近期发现的袁文才当年写给毛泽东的回信：

毛委员：

敝地民贫山瘠，犹汪池难容巨鲸，片林不栖大鹏。贵军驰骋革命，请另择坦途。

敬礼！袁文才叩首。

落脚井冈山是工农革命军无奈和必然的选择，没有袁文才、王佐的允诺和接纳，当然不会影响毛泽东率领秋收起义部队挺进井冈山的计划和决心，但肯定会影响进程，也许还要付出血的代价。

张国华将军的回忆客观地佐证了以上观点：“毛泽东、朱德同志领导的红军，能够在在井冈山站住脚，除附近各县党组织的作用外，与袁文才、王佐接受共产党的领导分不开，如果他们继续其绿林生活，红军要在那井冈山站住脚是困难的，因为他们都有一定的社会基础，后来把他们俩人杀了，山上的革命斗争就停止了，王佐的哥哥王云隆带领 10 多个人跑到遂川投靠地主武装肖家璧，这就更证明他们有作用。”①

---

①《井冈山革命根据地》(下)，中共党史资料出版社 1987 年版，第 264 页。

为了取得袁文才的信任和接纳，毛泽东决定和袁文才亲自见上一面，说服多疑的袁文才。

10月6日，毛泽东和袁文才在宁冈大仓第一次相见。

关于“大仓会见”的情况，宁冈苏区老干部苏春兰回忆：“大仓会见是寒露前两天（寒露是10月8日——引者注），毛委员是由古城至龙市，由龙市经茶梓冲进来的。共来了7个人5匹马，有的穿大衣，有的穿长衣。毛委员披了一件大衣。袁文才当时不了解毛委员的部队，心里有点怕，预先在林家祠堂埋伏了20多个人、20多条枪。这20多人始终没有给毛委员发现。袁文才、陈慕平、邱凌岳、李筱甫等在林家祠门口石桥上等候毛委员，在石桥上可以看得很远。如果发现毛委员带兵来，便命令祠堂里的人马准备战斗，后来见毛委员只带了几个人来，便迎了上去，一直带到林风和家。吴石生在林家门口杀猪迎接毛委员。毛委员和袁文才等在林风和家吊楼上边吃瓜子、花生、喝茶，边谈话。”①

据苏春兰回忆，会见一直到太阳快下山，袁文才始终疑虑难消，不表态接纳工农革命军。为了取得袁文才的信任，毛泽东决定献一份厚礼，赠送袁文才部100条钢枪。

在那个“有枪便是草头王”的动乱年代，出身草莽英雄的袁文才，耳闻目睹毛泽东慷慨馈赠一百条钢枪的承诺，深为感动，疑虑顿消，当即答应赠送工农革命军1000银元，并表态支持和接纳工农革命军。

① 《井冈山革命根据地》（下），中共党史资料出版社1987年版，第90页。

凭借胆略和睿智，毛泽东使一场“鸿门宴”变为“同心宴”。

10月7日，毛泽东率领工农革命军700余人进驻袁文才领导的农民自卫军的大本营——茅坪，建立了医院，设立了后方留守处，开始安家井冈山。

链接：永远的丰碑——袁文才、王佐

左为袁文才，右为王佐

袁文才，1898年出生，江西宁冈县（今井冈山市）人。王佐，1898年出生，江西遂川县人。袁文才、王佐都生长在井冈山地区，早年因反抗土豪劣绅的压迫，相继投身绿林，组织队伍，“杀富济贫、除暴安良”，在茅坪和茨坪遥相呼应，控制了整个井冈山。

1926年9月，在中共宁冈县支部领导下，袁文才率部参加宁冈暴动，任县人民委员会军事部部长、赣西农民自卫军副总指挥，并于同年 11 月加入中国共产党。1927 年 1 月，王佐也把自己的队伍改编成党领导的遂川县农民自卫军，任赣西农民自卫军副总指挥。1927 年 10 月，毛泽东率领的秋收起义部队到达井冈山后，积极团结改造袁文才、王佐，他们也愿意向共产党靠拢，把毛泽东和起义部队接上井冈山，并率部接受改编，参加了创建井冈山革命根据地和建立红军队伍的艰苦斗争，为中国革命作出了重要贡献。

1928 年初，经过改编后的袁文才和王佐所部正式编为中国工农革命军第一军第一师第二团，袁文才任团长兼一营营长，王佐任副团长兼二营营长，不久，王佐加入了中国共产党。1928 年 4 月，红四军成立，袁文才和王佐分别任红四军第十一师第三十二团团长和副团长。同时，他们还兼任遂川县第一届工农兵代表大会执行常委、中共湘赣边界特委委员、湘赣边界防务委员会主任和副主任，袁文才还担任湘赣边界工农兵政府主席。期间，他们率领部队先后参加了宁冈新城战斗、龙源口战斗和著名的黄洋界保卫战等战斗，屡立战功。

1929 年 1 月，毛泽东、朱德率红四军主力向赣南、闽西进军，袁文才曾任红四军参谋长随军出征。王佐则率部队配合彭德怀指挥的红五军守卫井冈山，多次打退敌人的进攻。1929 年 4 月，王佐的部队与宁冈、永新、莲花三县赤卫大队合并为独立团，他任团长。后独立团编入红五军第五纵队，王佐任司令员，一直坚守在湘赣边界开展游击战，使井冈山红旗始终不倒。1930 年 2 月，袁文才、王佐在永新县含冤牺牲，时年 32 岁。

1950年，党和政府追认袁文才、王佐为革命烈士。1965年，毛泽东重上井冈山时，亲切地会见了他们的家属。

引兵井冈山，是在大革命失败后，党保存革命武装、积蓄革命力量的有效途径；也是以毛泽东为代表的中国共产党人接受血的教训、探索革命新路的大胆尝试。

毛泽东引兵井冈时，朱德、陈毅正率领南昌起义余部也转战在闽粤赣边境

朱德是伟大的无产阶级革命家、政治家和军事家，井冈山革命根据地的主要创始人之一，中华人民共和国的开国元勋。被誉为“中国红军之父”。

毛泽东称赞朱德“意志坚如钢，度量大如海”，这是一个领袖也是一位战友，对朱德一生的高度评价。

朱德出生在四川仪陇一个贫苦佃农的家庭。1909年朱德进入云南陆军讲武堂学习，参加了反对北洋军阀的护国战争和护法战争，1917年就在滇军中担任少将旅长，战功显赫，名震川滇。当时，他有一千元大洋的月薪，还有洋房和股票，生活舒适安逸。但五四运动爆发后，朱德逐渐接受了马克思主义。为了寻求救国救民的革命真理，朱德毅然抛弃高官厚禄。1922年夏，朱德到上海拜访中国共产党中央执行委员会委员长陈独秀，提出入党请求。对于像朱德这样一名老国民党员，当过军阀部队的少将旅长、云南省警察厅厅长、宪兵司令，还是哥老会的会员，陈独秀认为：“对于像朱德这样的人来说，需要长时间的学习和真诚

的申请。”拒绝了他的请求。上海入党不成，朱德没有气馁，于是远渡重洋，转赴欧洲留学。1922 年 11 月，经中共旅欧组织负责人张申府、周恩来介绍，朱德终于在德国柏林加入了中国共产党，成为中国共产党党员，坚定不移地走上了革命道路。

1927 年，朱德参加了南昌起义，担任第九军副军长，是南昌起义的主要领导人之一。南昌起义部队南下，朱德被委任为先遣司令。

1927 年 9 月 19 日，南昌起义部队经过一路苦战抵达广东东江地区交通枢纽三河坝。前委决定在三河坝分兵：朱德率领第九军和第十一军第二十五师 2500 余人留守三河坝，掩护叶挺、贺龙率主力 8000 余人继续南进潮汕地区。

10 月 2 日至 3 日，留守三河坝的第九军和第十一军第二十五师，在朱德、周士第率领下，与敌钱大钧三个师激战两昼夜，终因粮尽弹绝，10 月 4 日被迫撤离三河坝地区。与此同时，南下潮汕主力也遭受重大失利，除一部分突围转移到海陆丰外，大部被打散。

在饶平茂芝全德学校，朱德召集周士第、李硕勋、陈毅、王尔琢、周邦采等各路负责人开会，紧急商议对策，决定：为保存革命有生力量，起义军必须迅速脱离险境，图谋新的发展。会后，朱德率部向闽、赣边境转移。

10 月中旬，南昌起义余部进入赣南山区，饥寒交迫，伤病员日益增多，部队从 2000 余人锐减为 1000 余人，叛逃离队之事时有发生，士气低落。下旬，起义军到达江西安远县天心圩，因一无供给，二无援兵，军心涣散，离队的越来越多，部队只剩七八百人。师、团政治工作干部只剩第七十三团指导员陈毅一人。

危机时刻，危难关头，朱德以坚定的理念信念、极大的历史自觉和过人的胆识，义无反顾地站了出来，勇敢地选择了担当保存这支珍贵革命火种的千钧重担，在陈毅大力协助下，领导开展了著名的“赣南三整”，即天心圩整顿、大庾整编、上堡整训，使一支士气低落的队伍又焕发起新的生命力。

链接：赣南三整

南昌起义部队南下广东，经潮汕受挫、三河坝撤守，一路苦战，向闽粤赣边境转移。1927 年 10 月中旬，南昌起义余部进入赣南山区，伤病员日益增多，饥寒交迫，部队从 2000 余人锐减为 1000 余人，叛逃离队之事时有发生，士气低落。为了保留这支革命的火种，1927 年 10 月中旬至 11 月上旬，朱德、陈毅在安远天心圩、大庾、崇义上堡领导了对部队的整顿。史称“赣南三整”。

天心圩整顿

10 月中旬，部队抵达赣南安远县天心圩，朱德主持召开军人大会。他分析形势，引导大家：“1927 年的中国革命，好比 1905 年的俄国革命。俄国在 1905 年革命失败后，是黑暗的，但黑暗是暂时的，到了 1917 年革命终于成功了。中国革命现在失败了，也是黑暗的，但黑暗也是暂时的，中国也会有个‘1917 年’的。只要大家保存实力，革命就有办法，革命就能成功。”危难之际，陈毅挺身而出，积极协助朱德稳住部队，鼓励大家“南昌起义的失败不等于中国革命的失败”，“要做失败时的英雄”。朱德、陈毅的精辟回答，解开了郁结在起义将士们心中的失利阴影，使身处困境的官兵看到了光明，焕发了斗志，稳定了军心，坚定了信心。

大庾整编

10月底，部队进抵大庾时，宁汉战事爆发，粤桂湘系的大小军阀都卷入战争，顾不上追击起义军。利用这一时机，朱德在大庾从组织上对部队进行了整编。其一是撤销军、师的虚空建制，合编为一个纵队，下辖三个支队；其二是整顿党团组织，成立党支部，发展新党员，将党团员分配到各连队中去，使军队置于党的领导之下。经过组织整顿，部队当时虽然只有七八百人，却都是经受考验的忠诚将士，部队凝聚力和战斗力大为增强。

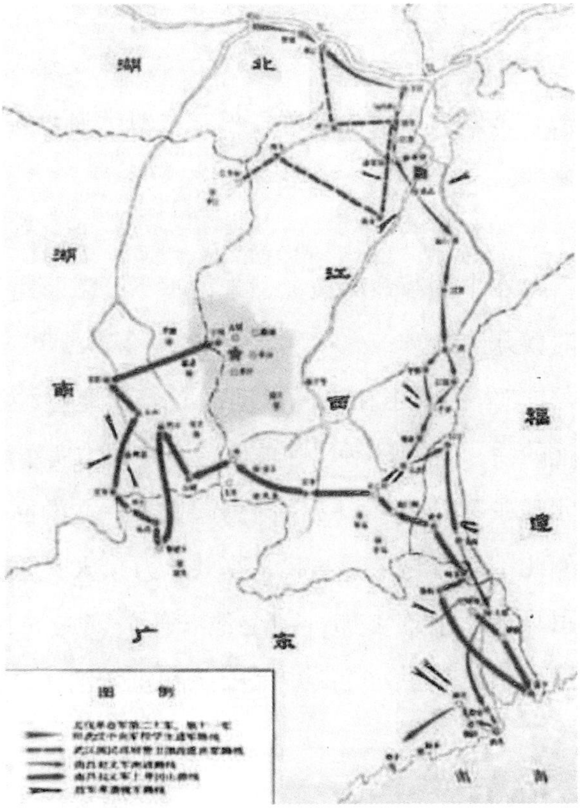

南昌起义军南进和上井冈山路线示意图

上堡整训

11月上旬，部队辗转来到崇义山区上堡。朱德随即在上堡进行了20多天的军事整训，其一是整顿纪律，规定募款和缴获的物资全部交公，并设立没收委员会专门负责；其二是进行军事训练，学习游击新战术，小课天天上，大课则每隔一两天上一次；其三是开展群众工作，部队以连、排为单位分散活动，发动群众打土豪闹革命，建立革命基础。

"赣南三整"，分别从思想上、组织上、军事上对部队进行了整顿、整编、整训，大大提高了战斗力，部队面貌焕然一新。"赣南三整"与毛泽东领导的"三湾改编"，几乎是同时间进行的，虽然内容不尽一致，但对初创时期的军队建设同样具有重要意义。

在中国革命历史上，朱德写下了浓彩重墨的一笔，就是从这时候开始的。

"朱德同志在南昌暴动的时候，地位并不重要，也没有人听他的话，大家只不过尊重他是个老同志罢了。"① 这段话源于陈毅元帅在《关于"八一"南昌起义》一文的回忆。历史事实也确实如此。南昌起义时，起义军共2万余人，朱德领导过的军官教育团只有三个连参加，加上他兼任公安局局长时受到教育、后被编入起义军序列的2个保安队和1个消防队，总人数也不到500

① 陈毅：《关于八一南昌起义》，《近代史研究》1981年第2期，第26页。

人。起义后，部队仍沿用国民革命军第二方面军的番号，贺龙为代总指挥，叶挺为代前敌总指挥，编为3个军，第二十军辖3个师由贺龙率领，第十一军辖3个师由叶挺率领，同时成立第九军，任命朱德为副军长，实际只有参加了起义的军官教育团三个连作基础；起义军撤离南昌时，朱德被任命为先遣队司令，先遣队也只有两个连的人。

沧海横流方显英雄本色。陈毅在《关于“八一”南昌起义》中回忆：“人们听了朱总司令的话，也逐渐坚定了，看到了光明前途了，当时如果没有总司令领导，这个部队肯定地说，是会垮光的。”① 朱德让身处困境、不知所措的官兵看到了光明，焕发了斗志；他让一支行将溃散的队伍，浴火重生，凤凰涅槃。可以说，正是在起义军处境最为危险的时候，朱德以其非凡的言行和作为赢得了崇高的威信和威望。所以，陈毅元帅说：“这时候，朱德同志才成为这支部队的领袖。”②

历史总是选择勇于担当、敢于担当的人。

1928年1月中旬，朱德、陈毅率领南昌起义军余部1000多人，从粤北转至湘南宜章县境。1月21日下午，胡少海装扮成国民革命军第十六军第一四零团团副，带领先遣队开进宜章县城，当晚以“宴请桑梓父老”为名，将准备捉拿的宜章反对头目悉数招至县参议会的明伦堂。酒过三巡，朱德落杯为号，起义军一拥而入，枪口对准县长、官员、士绅。与此同时，陈毅、王尔

---

① 陈毅：《关于八一南昌起义》，《近代史研究》1981年第2期，第26页。

② 同上。

琢指挥起义军，以迅雷不及掩耳之势，解决了驻在东山养正书院的团防局和警察局，俘虏了400多人，发动湘南暴动。1月23日上午，中共宜章县委在西门广场召开群众庆祝大会。朱德宣布起义军改名为“工农革命军第一师”，朱德任师长，陈毅任党代表，王尔琢为参谋长。

智取宜章的胜利，令反动派惊恐万状。国民党独立第三师师长许克祥受命带领全师人马，从广东乐昌日夜兼程北上，妄图扑灭湘南起义的烈火。朱德立即率领部队秘密撤出宜章县城，在坪石击溃了许克祥的兵力，创造了以少胜多的战例，重占宜章，成立了宜章县苏维埃政府。随后，朱德、陈毅又率领工农革命军第一师由宜章北上占领郴县，分兵协助资兴、永兴、耒阳等县农军攻占县城，并建立县苏维埃政府。期间，安仁、茶陵、桂东、汝城、临武、嘉禾、桂阳、常宁、衡阳县大部地区的农民，也纷纷举行起义，建立革命政权。

3月，国民党军队7个师向湘南地区反扑。敌强我弱，为了保存革命力量，朱德、陈毅决定率主力部队和湘南农军退出湘南，向井冈山转移。

3月下旬，毛泽东率工农革命军第一师进驻酃县中村，闻讯朱德、陈毅、王尔琢率领的部队正向井冈山方向撤退，随即决定兵分两路去迎接朱德、陈毅部上山，一路由他和何挺颖、张子清率领工农革命军第一师第一团突入湘南的桂东、汝城侧应；另一路由何长工、袁文才、王佐率领第二团向资兴、郴州方向前进接应朱德部队。此外，毛泽东还派毛泽覃率特务连同朱德、陈毅领导的部队取得联系。

3 月 29 日，在毛泽覃带领的特务连接应下，朱德、王尔琢率领的工农革命军第一师（南昌起义余部改编）主力经安仁、茶陵到达酃县的沔渡。陈毅率领湘南特委机关、各县县委机关和部分工农革命军第一师的主力于 4 月 8 日到达资兴县城，同从井冈山下来的由何长工、袁文才、王佐率领的工农革命军第二团会合。毛泽东等率第一团在桂东、汝城牵制敌军，掩护湘南起义军转移，于 4 月中旬到达资兴县的龙溪洞，同萧克领导的宜章独立营会合。此后，陈毅率工农革命军第一师部分主力及郴州工农革命军第七师与何长工、袁文才、王佐带领的工农革命军第二团一起到达酃县的沔渡，和朱德率领的主力部队会合。接着，朱德、陈毅带领直属部队从沔渡经睦村到达井冈山下的宁冈砻市。

4 月 24 日，两军负责人在宁冈砻市龙江书院文星阁会见。第二天，工农革命军第四军党的第一次代表大会在龙江书院召开，决定两军合编为工农革命军第四军（6 月根据中央指令改为中国工农红军第四军），编制为第三师第九团，朱德任军长，毛泽东任党代表兼军委书记。

5 月 4 日，两支部队在砻市举行庆祝胜利会师和工农革命军第四军成立大会。

链接：中国工农革命军第四军序列表

军长：朱德

党代表：毛泽东

参谋长：王尔琢

士兵委员会主任：陈毅

第十师师长：朱德（兼）

党代表：宛希先

第二十八团团长：王尔琢（兼）

党代表：何长工

参谋长：王展程

第一营营长：林彪

党代表：熊寿祺

第二营营长：袁崇全（后叛变）

党代表：杜松柏（后叛变）

第三营营长：肖劲

党代表：吴弼

第二十九团团长：胡少海

党代表：龚楚

第一营营长：朱舍我

党代表：（不详）

第二营营长：李光化

党代表：胡世俭

第三营营长：肖荣标

党代表：彭晒

第三十团团长：刘之至

党代表：（不详）

第十一师师长：张子清（因负伤由毛泽东兼代）

党代表：何挺颖

第三十一团团长：张子清（兼）

党代表：何挺颖（兼）

第一营营长：员一民、陈毅安（后）

党代表：毛泽覃

第三营营长：伍中豪

党代表：杨岳彬（后叛变）

第三十二团团长：袁文才

副团长：王佐

党代表：陈东日

第一营营长：袁文才（兼）

党代表：陈东日（兼）

第二营营长：王佐（兼）

副营长：刁辉林

党代表：康健

第三十三团团长：邓允庭

党代表：邝朱权

第十二师师长：陈毅（兼）

党代表：邓宗海

第三十四团团长：邓宗海（兼）

党代表：刘泰

第三十五团团长：黄克诚

党代表：李一鼎

第三十六团团长：李奇中

党代表：黄义藻

军直属单位：

教导大队队长：陈毅（兼）

党代表：（不详）

特务营营长：宋乔生

党代表：敬懋修

医院院长：曹镤

党代表：肖光球

5月底，因根据地给养困难，湘南农军大部转回湘南，井冈山仅留下第二十八团（由南昌起义军余部组成）、第二十九团（由湘南宜章农民军组成）、第三十一团（由湘赣边界秋收起义部队组成）、第三十二团（由袁文才、王佐部队组成），共5000余人。

“革命雄师会井冈，集中力量更坚强。”朱毛会师，壮大了革命武装力量，极大地拓宽了以宁冈为中心的工农武装割据的发展空间，井冈山革命根据地得到巩固发展，很快进入全盛时期。

“红军荟萃井冈山，主力形成在此间。”朱毛会师，构筑了中国工农红军成长壮大的根基，是中国红军和革命突破性进展的里程碑。历史证明，没有井冈山会师，就没有人民革命武装的汇聚、融合、发展和壮大，没有井冈山革命根据地星星之火到燎原之势的大发展。

粟裕大将在《激流归大海》一文写道：“井冈山会师，具有伟大的历史意义。它不仅对当时坚持井冈山区的革命，而且对以后建立和扩大农村革命根据地，坚决走农村包围城市的革命道路，推动全国革命事业的发展，产生了极其深远的影响。”①

在中国革命低潮时期，朱毛会师井冈山，共同举起了一面坚持斗争的大旗，坚定了全国民众的革命信仰，为中国革命复兴带来了希望。

三、艰难探索：敢闯新路

井冈山安家，意味着中国共产党人工作重心由城市向农村的转移。但在崇山峻岭的井冈山，遭受失败后的工农革命军能否立足打开新局面？能不能走出革命低潮和偏僻的大山？如何走出革命低潮和偏僻的大山？敢问路在何方？当年许多人感到疑惑，甚至悲观。

站在当时的历史场景，这些疑惑甚至悲观，其实并非是完全不可谅解的。其一，工农革命军来到井冈山与中央的行动计划相违背。当时，中央号召共产党人扛起枪去攻打大城市，希望通过攻占大城市来夺取中国革命的胜利。毛泽东也是八七会议后被中

① 《井冈山革命根据地》（下），中共党史资料出版社 1987 版，第 323 页。

央派回湖南去领导秋收起义。秋收起义的目标非常明确，就是要攻占长沙这个大城市。因为违背了中央的原定计划，毛泽东还受到了处分。1927 年 11 月，中央在上海召开政治局扩大会议，毛泽东担任的中央政治局候补委员和中共湖南省委委员的职务被撤销。其二，安家井冈山是失利后被迫进行的，是面对强敌不得不选择的生存之道，万不得已而为之。1939 年 7 月，毛泽东在陕北公学做题为《三个法宝》的演讲时曾宣称：自己带队伍上井冈山是“没法子，被逼上梁山”。其三，来得无奈也突然，缺乏充分的思想理论思考、引导和准备。来到大山里，许多人感到疑惑：中央要求攻打大城市，为什么要到远离城市的大山之中安家？难道真是要落草为寇，当山大王？其四，井冈山的斗争艰苦卓绝，还不断遭受失利。1927 年 10 月下旬，工农革命军在茅坪安家不久，毛泽东率领工农革命军主力游击到湘赣边界的湖南境内，打土豪分浮财，扩大政治影响，筹集粮草。22 日晚上，工农革命军在遂川大汾遭到地方反动武装偷袭，由于地形不熟大部队被打散，前委书记毛泽东的身边刚开始就跟着罗荣桓率领的特务连 30 多个战士。后来才慢慢聚拢队伍，重回井冈山。

当年的亲历者罗荣桓元帅对这次遇挫回忆道：“为了解决部队的冬衣和给养，我们进驻到遂川城西的大汾镇。刚住下不久，就遭到肖家璧靖卫团的突然袭击。部队因毫无准备，仓促应战，只好分散撤退。”“四连一共剩下 30 多个人，稀稀落落地散坐在地上。要煮饭吃，炊事担子也跑丢了，肚子饿了，只好向老百姓家里找一点剩饭和泡菜辣椒。没有碗筷，毛泽东同志和大家一起，伸手就从饭箩里抓着吃。等大家吃饱了，毛泽东同志站起来，朝中间空地迈了几步，双足并拢，身体笔挺，精神抖擞地对大家说：‘现在来站队！我站第一名，请曾连长喊口令！’他的坚强、镇定的精神，立刻强有力地感染了战士们。他们一个个都抬起头来，鼓起战斗的勇气，充满信心，提着枪就站起来，向着他那高大的身躯看齐。接着一营一连就赶上了，队伍向井冈山进发。三营撤退到桂东一带活动，一个月后，我们从茶陵退出时，也终于会合了。”①

1927 年 10 月，在湖南酃县水口，秋收起义前敌委员会委员、师长余洒度、第三团团长苏先骏就以向中央汇报为名，悄然出走，脱逃革命。1927 年 12 月，在湖南茶陵湖口，经三湾改编的工农革命军第一军第一师第一团团长陈皓、副团长徐庶、参谋长韩昌剑、第一营营长黄子吉，因为悲观失望，又企图投敌叛变，将工农革命军的半壁江山一个整营拉到国民党方鼎英的部队。幸亏一营党代表宛希先发现了他们的阴谋，派人送信告诉前委书记毛泽东，才及时制止了一场一旦得逞必然对中国革命造成巨大损害的通敌叛变活动。

经过艰难的斗争，到 1928 年 2 月，工农革命军先后在茶陵、遂川、宁冈建立了三县红色政权，以宁冈为中心的井冈山革命根据地已初具规模。然而，1928 年 3 月，由于“左”倾盲动主义干扰，部队被迫出征湘南，边界兵力空虚，敌人乘虚窜进革命根据地，疯狂烧杀。史称井冈山斗争“三月失败”。“三月失败”，共

---

① 《井冈山革命根据地》(下)，中共党史资料出版社 1987 版，第 120—121 页。

产党人的鲜血染红了井冈山的土地，但也使革命队伍中的意志不坚定者胆怯，当时根据地党内、军内又有人提出了“红旗虽然插上了井冈山，可这红旗能打多久”的疑问。1928 年 4 月至 6 月，朱毛部队会师宁冈砻市，先后击破赣敌第二、三、四次“进剿”，井冈山革命根据地进入全盛时期。1928 年 8 月，湖南省委又错误指令红军主力冒进湘南，结果兵败郴州，第二十九团几乎全军覆灭，从此不复存在。敌军乘机侵入，边界的县城和平原地区尽为敌人占领。史称井冈山斗争“八月失败”。这时候，一些政治动摇者、投机分子纷纷“反水”。在党内、军内又有人重提“红旗到底能打多久”的疑问。他们认为，井冈山遭此劫难，元气大损，红旗难以再树起来了。这种疑虑还逐渐蔓延到地方群众。有一次，在茅坪坝上，宁冈大陇乡一个叫刘亮玉的土郎中特意找到毛泽东询问道：“毛委员，听人说，井冈山上的红旗打不长久了，是这样吗？”[①]

这种悲观思想和情绪，如果得不到正确的引导，长期不能消解，必然涣散革命队伍斗志，井冈山上保留的这支革命队伍就会逐渐走散。针对这种情况，毛泽东清醒地认识到，答复中国革命根据地和中国红军能否存在和发展的问题，克服悲观思想，是当时中国革命遇到的首先必须解决的最基本问题。如果当时工农革命军中的这些思想疑虑和疙瘩不能及时消除，队伍凝聚不住，中国革命就不可能向前发展一步，因为革命的基础是队伍。

---

① 刘孚威主编：《井冈山精神：中国革命精神之源》，江西人民出版社 1999 年版，第 181 页。

为了凝聚和引导这支中国革命的珍贵火种，也为了探寻中国革命的正确道路，在井冈山艰苦斗争之余，毛泽东苦苦思索中国革命的未来和走向，在八角楼上，经常彻夜不眠，写下了《中国的红色政权为什么能够存在？》和《井冈山的斗争》两篇光辉著作，详尽分析了中国革命的特点，论证了中国共产党人能够在井冈山打开局面，建立红色革命根据地。

毛泽东认为："以宁冈为中心的罗霄山脉的中段，最利于我们的军事割据。"[①] "一国之内，在四围白色政权的包围中，有一小块或若干小块红色政权的区域长期地存在，这是世界各国从来没有的事。这种奇事的发生，有其独特的原因。而其存在和发展，亦必有相当的条件。"[②]

这些"独特的原因"和"相当的条件"包括：

第一，中国是一个半殖民地半封建的国家，经济和政治上的发展极不平衡，地方性自给自足的农业经济和帝国主义的分裂剥削政策，造成了反动统治的缝隙，给革命以可乘之机。这是在四周白色政权包围中一小块或若干小块共产党领导的红色区域能够存在和发展的根本原因。以宁冈为中心的罗霄山脉中段，恰是这么一个好地方。

第二，良好的党组织基础。大革命时期，边界各县有一批进步青年在南昌、长沙、武汉、北京、吉安等地求学，如永新的欧阳洛，莲花的朱亦岳、陈竞进，遂川的陈正人，宁冈的龙超

① 《毛泽东选集》第 1 卷，人民出版社 1991 年版，第 79 页。

② 同上，第 48—49 页。

清、刘辉霄，酃县的李却非、刘寅生、何国安、周里，茶陵的谭民党、谭醒悟、李炳荣等，他们接受马克思主义后，纷纷加入中国共产党。这一时期，他们受党组织的派遣，分别回到自己的家乡，积极发展党员，建立共产党的组织。1926 年间，边界先后建立了茶陵、永新、莲花、宁冈等县党支部，酃县、遂川两县特别支部，杨孔万、欧阳洛、朱亦岳、龙超清、李却非、陈正人等分别担任这几个县的支部书记和特支书记。大革命失败后，湘赣边界各县党组织遭受了失利，但党组织的负责人大多留在当地打游击，只要把他们找出来，就可以很快重建地方党组织。

第三，边界民众革命意愿强烈。土地是农民赖以生存的基本生产资料，但在当时的湘赣边界，封建豪绅地主阶级占据了绝大部分土地。1928 年，毛泽东经过调查得出："边界土地状况：大体说来，土地的 60% 以上在地主手里，40% 以下在农民手里。江西方面，遂川的土地最集中，约 80% 是地主的。永新次之，约 70% 是地主的。万安、宁冈、莲花自耕农较多，但地主的土地仍占比较的多数，约 60%，农民只占 40%。湖南方面，茶陵、酃县两县均有约 70% 的土地在地主手中。"[①]1929 年 2 月，井冈山斗争时期曾任湘赣边界特委书记的杨克敏也给中央报告："边界的土地平均 65% 在地主阶级手里，永新、宁冈、莲花 60% 在地主手里，遂川的土地最集中，约 70% 在地主阶级手里。茶陵、酃县的土地在地主手中的亦在 60% 以上。其余的田都在农民手中。农民以半自耕农者为最多，即家有田数亩而同时租佃地主的田

① 《毛泽东选集》第 1 卷，人民出版社 1991 年版，第 68—69 页。

耕种。雇农占最少数。富农的数目也不算少。”[①] 凭借对土地的占有，地主豪绅残酷压迫和剥削广大农民。土地革命前，湘赣边界就流传着这样的歌谣：种了万担粮，农民饿肚肠；织了万丈布，农民无衣裳；盖了万间屋，农民住草房。因此，边界“农村中大多数的群众，对于土地革命，仍然是为他们所需求所拥护的”。“遂川、茶陵、酃县、莲花等县土地比较集中，农民的被剥削较严重，苛捐杂税也较他处为甚，所以农民的生活较苦，阶级斗争的情绪也要浓厚些儿。”[②] 此外，连年军阀混战，湘赣两省的地方军阀，除正规的反动军队外，还在边界各县建立了“挨户团”、“靖卫团”等地主反动武装。为了维持庞大的反动武装，边界反动政府规定了名目繁多的苛捐杂税，掠夺、盘剥和欺压贫苦农民，对边界人民进行横征暴敛。“捐税除原有赋税统税等正税外，其余的杂税竟有十余种之多，如烟酒捐，落地捐，二五附加，市政捐，一五抵补捐，北阀捐，国库券，灯捐，靖卫团捐等。最近更为新奇，竟有喜捐丧捐与人头捐之苛政。其例凡一大家无论贫富，如生有小孩子，便须上捐。起码两元，死人起码两元。”[③] 国民党新军阀对边界人民的经济剥削和政治压迫，对工农革命军动员湘赣边界人民开展土地革命、开辟工农武装割据、建立革命根据地是一个重要的积极助推因素。

---

① 《井冈山革命根据地》（上），中央党史资料出版社 1987 年版，第 275 页。

② 《井冈山革命根据地》（上），中央党史资料出版社 1987 年版，第 249 页。

③ 李小三主编：《解读井冈山》，党建读物出版社 2007 年版，第 71—72 页。

大革命时期，在当地党组织的大力宣传和组织下，边界各县农民运动蓬勃发展，边界县、区、乡各级农民协会普遍建立，半数以上农民都加入了农民组织。各县工会、学生联合会、妇女会也相继建立，并普遍开办了农民夜校。各县农会都拥有自己的武装，茶陵有枪 300 支，酃县 60 支，遂川 110 支，宁冈 60 支，永新 80 支，莲花 60 支，共计 670 支。大革命失败后，到 1927 年 7 月，除宁冈党组织没有遭受大的破坏，还保留了县委，边界各县共产党的组织和农会惨遭破坏，枪支大部分被豪绅缴去，党的活动被迫转入秘密。但边界人民毕竟经受了一次革命洗礼，从而为宣传、动员、组织农民群众创建井冈山革命根据地打下了良好基础。毛泽东在分析中国红色政权发生和存在原因时指出："中国红色政权首先发生和能够长期地存在的地方，不是那种并未经过民主革命影响的地方，例如四川、贵州、云南及北方各省，而是在一九二六和一九二七两年资产阶级民主革命过程中工农兵士群众曾经大大地起来过的地方，例如湖南、广东、湖北、江西等省。这些省份的许多地方，曾经有过很广大的工会和农民协会的组织，有过工农阶级对地方豪绅阶级和资产阶级的许多经济的政治的斗争。"①

第四，湘赣边界地势险峻，山高林密，地处两省边陲，远离长沙、南昌、武汉、广州等中心城市，为敌人统治薄弱环节，有利于革命力量的保存和发展；丰富的物产，为工农革命军在边界武装开展割据提供了较为充足的给养条件。毛泽东当年在《井冈

① 《毛泽东选集》第 1 卷，人民出版社 1991 年版，第 49 页。

山的斗争》一文曾分析指出："广东北部沿湖南江西两省边界至湖北南部，都属罗霄山脉区域。整个的罗霄山脉我们都走遍了；各部分比较起来，以宁冈为中心的罗霄山脉的中段，最利于我们的军事割据。"

第五，工农革命军来到井冈山地区，有了一支正规部队，可以很容易地对付湘赣边界的地方反动武装。

井冈山，位于偏僻、闭塞、崇山峻岭的湘赣边界，是一个非常有利于工农革命军落脚安家的理想之处。历史上也是绿林武装和散兵游勇聚居之地。因此，毛泽东认为，共产党领导的工农革命军来到湘赣边界的井冈山地区，只要党组织的领导有力量和政策不错误，就能很快在湘赣边界动员和发动群众，站住脚，建立一块巩固的红色武装割据区域。

问题在于，中国共产党及其领导的工农革命军来到井冈山，目的不仅是要站住脚，否则，与绿林好汉占山为王没有区别。

中国共产党及其领导的军队上山的终极目的是要进城，为劳苦大众谋利益，推翻反动阶级统治。遭受挫折后被迫落脚井冈山，是为了保存和积蓄力量，最后走出井冈山去实现自己的目的。

为此，毛泽东在论证"中国共产党人能够在井冈山打开局面，建立红色革命根据地"的基础上，进一步从理论上引导并大胆预见："不但小块红色区域的长期存在没有疑义，而且这些红色区域将继续发展，日渐接近于全国政权的取得。"① 回顾中国革命的历程，大家可以清楚地看到，中国革命后来基本上就是按照

① 《毛泽东选集》第 1 卷，人民出版社 1991 年版，第 50 页。

毛泽东当年的预见，从湘赣边界的井冈山到瑞金，转战到延安，经西柏坡到北京，最后走向了全中国。可以说，毛泽东当年在井冈山的理论引导和大胆预见，就是中国革命“农村包围城市、武装夺取政权”正确道路的一个雏形或者说是大致构架、基本的方向。2002 年 4 月 15 日，在谭震林同志 100 周年诞辰座谈会上，胡锦涛同志将这条道路概括为井冈山道路。

从历史的发展轨迹来看，井冈山道路不能说在井冈山斗争时期就已经形成，但可以肯定地说，井冈山斗争开启了中国革命走向胜利的光辉历程。

那么，当年在湘赣边界的井冈山，毛泽东到底是如何“做眼”，奠定中国革命胜局的呢？具体而言，就是开辟“以武装斗争为主要形式，以土地革命为主要内容，以农村根据地为根本依托”的红色武装割据区域。

其一，以武装斗争为主要形式。

井冈山红色割据的主要斗争形式是武装斗争，主要组织形式是军队。“边界的斗争，完全是军事的斗争，党和群众不得不一齐军事化。怎样对付敌人，怎样作战，成了日常生活的中心问题”，“所谓割据，必须是武装的”[①]。“相当力量的正式红军的存在，是红色政权存在的必要条件。”[②]“边界红军的来源：（一）潮汕叶贺旧部；（二）前武昌国民政府警卫团；（三）平浏的农民；

① 《毛泽东选集》第 1 卷，人民出版社 1991 年版，第 63 页。

② 同上，第 50 页。

（四）湘南的农民和水口山的工人；（五）许克祥、唐生智、白崇禧、朱培德、吴尚、熊式辉等部的俘虏兵；（六）边界各县的农民。但是叶贺旧部、警卫团和平浏农民，经过一年多的战斗，只剩下三分之一。湘南农民，伤亡也大。因此，前四项虽然至今还是红军第四军的骨干，但已远不如后二项多。”[①]随着频繁战斗中红军战士的不断牺牲，边界各县农民逐渐成为工农革命军的重要来源。边界广大农民群众的大力支持、拥护和积极参与，就成为建立和保卫井冈山武装割据政权的强大力量。

袁文才、王佐部队

大革命时期，湘赣边界各县的地方武装都有一定基础，各县均成立了农民自卫军。当时，各县农会都拥有自己的武装，攸县有枪300支，茶陵300支，酃县60支，遂川50支，宁冈（袁文才部）60支，井冈山（王佐部）60支，永新80支，莲花60支，共计970支。1927年7月，宁冈、遂川、莲花、安福等县的农民自卫军会攻永新后，还组建了以王兴亚为总指挥、袁文才与王佐任副总指挥的赣西农民自卫军。马日事变后，边界的农民武装遭受重大破坏，各县农民自卫军基本被解散，枪支也大多被当地豪绅及反动武装缴去，但袁文才和王佐两支部队仍各保留了60支枪。

大革命失败后，袁文才与王佐两支农民自卫军在茅坪、茨坪密切配合，相互呼应，成为当地反动势力最畏惧的地方武装。

① 《毛泽东选集》第1卷，人民出版社1991年版，第63页。

1927年10月，毛泽东率领工农革命军引兵井冈，在袁文才的支持和帮助下，安家茅坪，开始了创建井冈山革命根据地的伟大实践。茅坪安家后，袁文才、王佐与毛泽东诚恳合作，竭力帮助工农革命军解决困难，使工农革命军渡过难关，站稳了脚跟，为以宁冈为中心区域的湘赣边界武装割据的形成奠定了坚实基础。陈伯钧将军回忆："那时是革命低潮时期，不依靠袁文才、王佐，我们就没有办法坚持革命斗争，没有井冈山就无法生存，在井冈山一年多渡过了革命难关"，"没有袁文才、王佐的支持，就没有井冈山根据地"①。经过派陈伯钧、游雪程、徐彦刚、何长工、宋任穷等人到袁文才、王佐部队开展军事训练和政治教育，袁文才、王佐两支农民自卫军战斗力大为加强，政治军事素质也有了明显提高。1928年2月，工农革命军前委决定在宁冈大陇将袁文才、王佐部队正式升编为工农革命军第一军第一师第二团，袁文才任团长兼第一营营长，王佐任副团长兼第二营营长，何长工任团党代表。从此，袁文才、王佐两支农民自卫军成为中国共产党领导下的正规武装，工农革命军的主力团之一。1928年5月4日，朱毛两支部队砻市会师后，袁文才、王佐的第二团又改编为红四军第十一师第三十二团，成为井冈山斗争时期四个主力团之一。由于该团官兵皆为本地人，熟悉地形，善走山路，群众基础好，战斗力强，在粉碎敌人多次军事"进剿"、"会剿"的战斗中屡建战功。袁文才、王佐这两支农民自卫军自接受了党的改造

① 《井冈山革命根据地》(下)，中共党史资料出版社1987年版，第52页。

与整编后，成为中国共产党领导下的一支新型的人民军队，他们跟随毛泽东转战湘赣边界，为井冈山革命根据地创建、巩固、发展、壮大作出了重要贡献。

湘南农军

1928年元月，朱德、陈毅率领南昌起义余部发动湘南起义。“红旗漫卷南天乱，湘南这边红一片”。工农革命军很快攻克县城11座，建立了6县苏维埃政府，各地工农武装发展到近10万人。3月中旬，中共湘南特委在永兴召开湘南苏维埃代表大会，成立了湘南苏维埃政府，将一万余革命武装编成工农革命军，南昌起义余部为第一师，宜章农军编为第三师，耒阳农军编为第四师，郴县农军编为第七师，永兴和资兴农军分别编为2个独立团。3月底，湘粤两省国民党军队7个师分别向湖南衡阳和广东乐昌集结，企图南北夹击，“协剿”工农革命军。得知情报，“朱德、陈毅同志为了保存实力，避免在不利条件下同敌人决战，果断地决定将起义军撤出湖南，向毛泽东同志领导创建的农村革命根据地井冈山地区转移”①。“红军荟萃井冈山，主力形成在此间”，4月下旬，朱德、陈毅率领湘南起义军一万多人到达宁冈砻市，与毛泽东领导的工农革命军会合。5月4日，两支部队举行会师大会，合编为工农革命军第四军，编制为第三师第九团，朱德任军长，毛泽东任党代表。宜章农军第三师编为工农革命军第四军第十师第二十九团，胡少海任团长，龚楚任党代表；宜章独立营编为工

① 萧克等：《回忆湘南暴动》，江西人民出版社1981年版，第91页。

农革命军第四军第十师第三十团，团长刘之至；郴县农军第七师编为工农革命军第四军第十一师第三十三团，邓允庭任团长，邝朱权任党代表；耒阳农军第四师编为工农革命军第四军第十二师第三十四团，邓宗海任团长，刘泰任党代表；永兴独立团编为工农革命军第四军第十二师第三十五团，黄克诚任团长，李一鼎任党代表；资兴独立团编为工农革命军第四军第十二师第三十六团，李奇中任团长，黄义藻任党代表；水口山工农武装编为工农革命军第四军军部特务营。湘南农军约8000余人，占工农革命军一半以上，成为工农革命军第四军初创时期重要武装力量，“使井冈山革命根据地的兵力一下子增加五倍以上”①，对创建井冈山革命根据地发挥了重要作用。湘南农军虽然人数众多，但装备落后，“枪不到300支，且不少官兵拖儿带女，不能单独执行战斗任务”②，加上根据地给养困难，5月底，第三十、第三十三、第三十四、第三十五、第三十六团转回湘南，井冈山仅留下湘南宜章农民军编成的第二十九团和第二十八团（由南昌起义军余部组成）、第三十一团（由湘赣边界秋收起义部队组成）、第三十二团（由袁文才、王佐部队组成）四个主力团，共5000余人，在湘赣边界坚持斗争。转回湘南的农军后来都惨遭失败。第二十九团也因8月冒进湘南，兵败郴州，几近全团覆灭，仅剩下萧克带领100多人后来并入第二十八团。第二十九团从此不复存在。关

① 中共中央文献研究室：《朱德传》，中央文献出版社2000年版，第153页。

② 中国工农红军第一方面军史编审委员会：《中国工农红军第一方面军史》，解放军出版社1992年版，第37页。

于这段历史，亲历者萧克回忆道："7月24日打下郴州，二十八团住在城北边，二十九团住在城南边。将近黄昏，范石生的部队从北面来反攻，同二十八团打，二十九团一听到打枪就往南面走，老小和行李担、伙食担，夹在部队里乱跑，走出二三里路队伍还是不停。我看情况不对，二十八团在打仗，二十九团怎么不去增援，反而往南跑？不像行军样子。因此，我就叫我们这个连坐着，不要走动。这个连还比较整齐，只走散一些。北面二十八团还在打。我想军部没有命令去宜章，是听到北面打枪带着很大的盲目性向南乱跑的，思想向南好回家。我就带着这个连往回走。走到晚上8、9点钟，二十八团正向东面来的路上撤退，我们就跟着二十八团往东走。第二天，退到郴州的东江。二十九团团长胡少海带着传令排也来了。因为队伍掌握不住，去湘南时这个团有1000多人，陆续回来的不过100人左右。胡少海只带了一二十个通讯员和特务连一部分加上些勤务人员。我那个连有六七十人，45支枪。这样，二十九团余下来的全部一共只有100多人，八九十条枪。其余的往宜章方向走。后来听说都溃散了。"[①] 总结这段历史，萧克认为："中国革命走以农村包围城市的道路，农民是革命武装的主要成分。中国的农民革命性强，斗争勇敢坚决，但互相联系不多，地方观念比较严重，缺乏远大目标和理想等，尽管此时的农民军有共产党的领导，不同于历史上的农民起义军，但他们的思想意识、行为习惯等仍没有摆脱农民阶

① 萧克：《回忆八月失败》，转引自《井冈山革命根据地全史》，江西人民出版社2007年版，第238—239页。

级的局限。因此，在人民军队初创时期，‘红军党内的最迫切问题，要算是教育问题。’要把以农民为主要成分的军队，改造成无产阶级的革命军队，使他们脱去农民、手工业者和小知识分子的狭隘眼光，具有坚定的政治方向和远大的革命目标，就必须进行理论的灌输、思想的启迪和行为的规范。这是一个方面，还有另一个重要方面，是军事上要有严格的管理教育。湘南农军表现的地方观念和极端民主化倾向是相当严重的，已经干扰了领导的作战决心和部队行动。对此，军委非但没有给以严肃的批评和坚决纠正，反而姑息迁就他们的错误情绪；二十九团领导人对部队的错误行动未加制止，听到七八里之外有枪声，便不列队而动，不待命而行，暴露出军心涣散和指挥无能。退一步说，即使要回宜章，也要整整齐齐、威风凛凛地回去，怎么能仓皇乱跑一气呢？”①

各县地方武装

马日事变以前，湘赣边界各县有农民自卫军。1927 年 7 月，宁冈、遂川、莲花、安福等县的农民自卫军会攻永新后，还组建了赣西农民自卫军，以王兴亚任总指挥，袁文才、王佐任副总指挥。毛泽东率工农革命军安家井冈山后，极为重视发动群众，组织、发展地方武装。“地方武装有赤卫队和工农暴动队。暴动队以梭镖、鸟枪为武器，乡为单位，每乡一队，人数以乡的大小为

① 萧克：《朱毛红军侧记》，中共中央党校出版社 1993 年版，第 124—125 页。

比例。职务是镇压反革命，保卫乡政权，敌人来了帮助红军或赤卫队作战。暴动队始于永新，原是秘密的，夺取全县以后，公开了。这个制度现已推行于边界各县，名称未改。赤卫队的武器主要是五响枪，也有九响和单响枪。”[①]赤卫队的性质基本上和红军一样，战斗力较强，脱离生产，专门打击来犯根据地的敌人，经常辗转在本县各地作战，有时还配合红军到边界其他各县作战。主要任务是：打土豪、镇压反革命；带路做向导，配合红军作战；消灭挨户团等反动地方武装；保卫赤色政权，保卫红军司令部；白天参加生产劳动，晚上打击敌人[②]。为此，毛泽东强调："现在各县赤卫队的枪枝还是很不够，不如豪绅的枪多，红军必须继续在武器上给赤卫队以帮助。在不降低红军战斗力的条件之下，必须尽量帮助人民武装起来。我们业经规定红军每营用四连制，每连步枪七十五枝，加上特务连，机关枪连，迫击炮连，团部和三个营部，每团有步枪一千零七十五枝。作战缴获的枪，则尽量武装地方。赤卫队的指挥官，由各县派人进红军所办的教导队受训后充当。由红军派远地人到地方去当队长，必须逐渐减少。朱培德、吴尚亦在武装保安队和挨户团，边界各县豪绅武装的数量和战斗力，颇为可观。我们红色地方武装的扩大，更是刻不容缓。”[③]湖南省委也明确指示红四军将缴获的枪械拨出一批充实各地赤卫队。1928 年 6 月 26 日《湖南省委关于军事工作给湘赣特

① 《毛泽东选集》第 1 卷，人民出版社 1991 年版，第 66 页。

② 《井冈山革命根据地》(上)，中共党史资料出版社 1987 年版，第 513 页。

③ 《毛泽东选集》第 1 卷，人民出版社 1991 年版，第 66—67 页。

委及四军军委指示信》就写道："湘赣边界特委：省委决定四军攻永新敌军后，立即向湘南发展，留袁文才同志一营守山，并由二十八团拨枪200条，武装莲花、永新农民，极力扩大赤卫队的组织，实行赤色戒严，用群众作战的力量，以阻止敌军的侵入，造成工农为主体的湘、赣边割据。在同志中纠正对红军的依赖观点。应积极提高群众的自信力与创造力。至要！至要！"[①]杨克敏在《关于湘赣边苏区情况的综合报告》中也记载："各县的地方武装，赤卫队各有快枪数十或200余不等。枪枝半由红军中拨给，半由自己在斗争中得来，合计赤卫队的枪枝共有900余枝，计宁冈180枝，遂川110枝，莲花100余枝，永新250枝，茶陵60枝，酃县80枝，万安60枝。最近四军走时，又拨了100条快枪给地方党支配给各县赤卫队应用。各县的赤卫队，作战能力都还不错，因为经过的斗争多，完全是在屡次的战争中磨练出来的。各县的赤卫队以遂川、永新的赤卫队为最好，最能打仗，茶陵的次之，莲花、酃县的又次之，但是可以打仗，以之应付各县的保安队靖卫团等，很能对付得了。赤卫队多是征兵得来的，生活与组织与红军略同，政治军事训练都有相当的程度。"[②]

随着红色割据区域逐渐扩大，在红四军大力帮助下，边界各县地方武装很快得到发展和壮大。到1928年五六月间，边界宁冈、永新、莲花、遂川、茶陵、酃县都建立了半脱产的县赤卫

① 《井冈山革命根据地》(上)，中共党史资料出版社1987年版，第142页。

② 《井冈山革命根据地》(上)，中共党史资料出版社1987年版，第267—268页。

大队，分别由谢华光、贺敏学、陈竞进、王次楱、谭家述、何国诚担任大队长。此外，各县的区、乡两级，都以乡为单位，建立了赤卫队、暴动队。根据地全盛时期，“各县枪数：宁冈百四十，永新二百二十，莲花四十三，茶陵五十，酃县九十，遂川百三十，万安十，共六百八十三。大部是红军发给的，小部是自己从敌人夺取的。各县赤卫队大都经常地和豪绅的保安队、挨户团作战，战斗力日益增强”[①]。

各县赤卫队、暴动队等地方武装是保卫根据地的一支重要武装力量，他们与正规红军紧密配合，共同担当起保卫红色根据地的重任。在保卫根据地过程中，几乎每一次大的战斗工农红军都得到了边界地方武装的有力配合。

革命军队的主要来源是农民，革命战争的战略基地在农村。中国革命的胜利，实质上是无产阶级领导下的农民战争的胜利。只有激发广大农民的革命热情，中国革命才能积聚强大的力量，取得最后胜利。相反，如果没有边界农民群众的参与和支持，在强敌围攻下则必定导致失败。毛泽东在总结红军出征湘南“八月兵败”时就认为，“湖南群众未起来，成了单纯的军事冒险”是主要原因之一[②]。正是在广大农民群众的积极参与和大力支持下，边界军民同仇敌忾，众志成城，才数次打破了赣敌的“进剿”和湘赣两省敌人的“会剿”，使得边界红色割据区域一天一天扩大，土地革命一天一天深入，民众政权组织一天一天推广，红军和赤

① 《毛泽东选集》第 1 卷，人民出版社 1991 年版，第 66 页。

② 同上，第 61 页。

卫队一天一天壮大。

其二，以土地革命为主要内容。

中国革命的中心问题是农民问题，而农民问题的根本是土地问题。大革命时期，毛泽东在引导农民革命斗争的实践中已经意识到解决农民土地问题的极端重要性，曾多次陈述关于解决农民土地问题的意见。1927 年 4 月 19 日，毛泽东在中央土地委员会扩大会议上发言又指出："要增加生力军保护革命，非解决土地问题不可。"①

在开创井冈山工农武装割据的斗争中，毛泽东通过调查发现，在湘赣边界，农民最大最迫切的问题是土地问题。深入农村，发动、组织和武装农民开展打土豪分田地的土地革命运动，解决农民的土地问题，是党在农村发动农民从而获得农民支持和拥护的有力保证。

毛泽东率领工农革命军来到井冈山地区后，就在宁冈、永新、茶陵、遂川四个县进行了多次打倒豪绅、发动群众的游击暴动。1928 年 1 月 5 日，毛泽东率领工农革命军攻占遂川县城后，即兵分三路，一路到雩田，一路到大坑，一路到草林，开展打土豪发动群众的活动。在草林，工农革命军清算了大土豪黄礼瑞、郭朝宗的不义之财，将大部分财产分给当地贫苦群众。1 月 24 日，遂川县工农兵政府成立，工农革命军又处决了大劣绅郭渭坚。工农革命军每到一地，便打开土豪的粮仓分给贫苦农民，烧

① 《毛泽东文集》第 1 卷，人民出版社 1993 年版，第 43 页。

毁田契，宣布废除贫苦农民的债务及取消各种苛捐杂税。群众很快被发动起来。1927 年 10 月至 1928 年 2 月，毛泽东领导工农革命军在边界各县进行的打土豪分浮财的游击暴动，为边界土地斗争奠定了坚实的基础。在打土豪的同时，工农革命军还注重动员和组织农民分田分地，满足边界群众的根本利益。2 月至 5 月，工农革命军在宁冈大陇、酃县中村、永新塘边等地进行了分田尝试，取得了初步的经验。

链接：中村分田

1928 年 3 月中旬，根据湘南特委指示，工农革命军兵分三路：毛泽东、何挺颖率第一团从砻市出发，袁文才、何长工率第二团第一营从大陇出发，王佐率第二团第二营从大井出发，前往湘南，策应湘南暴动。18 日，三路人马先后到达湖南酃县中村。工农革命军在中村集结期间，毛泽东布置部队以连为单位，深入农村，宣传、动员、组织和武装群众，开展打土豪分田地运动。分田前，工农革命军和酃县县委在中村圩头召开了一个有 3000 余人的军民诉苦大会。会上，毛泽东通俗地解释了穷人为何穷、富人为何富的道理，号召穷苦农民团结起来，开展打土豪分田地运动。酃县县委书记刘寅生等十几个贫苦农民在会上发了言、诉了苦。会后，处决了两个土豪劣绅。诉苦大会极大地动员和激发了农民的阶级觉悟和斗争热情。

为了保证分田工作的有序推进，毛泽东与酃县县委书记刘寅生在中村周南学校召开了一个中村区、乡农民协会骨干上百人参加的会议，专门研究土地革命问题，商讨插牌分田的相关事宜。会后，这批骨干被分派到中村各乡，领导插牌分田。随后，毛泽东还从工农革命军选派了一批干部到各地指导分田。毛泽东也像“普通战士一样，置身在群众斗争的行列里。他亲自为翻身农民丈量土地，为得到土地的群众书写和插下分田的牌子”[①]。中村最早分田的是道任乡。道任乡是一个土地高度集中于地主土豪的偏僻山村。全村43户179人，共有水田272亩7分，平均每人1亩5分2厘。劣绅钟伦元一户就占了250多亩，村民几乎都租种他的耕地度日，生活极端贫苦。工农革命军派谭希林和地方干部周介甫到该乡领导开展了土地革命工作。具体做法是，首先由农民协会将全村人口及土地占有情况造册登记；然后以乡为单位，以原耕地为基础，按人口平均数好坏搭配，出榜公布；最后由农会召开农民大会，在竹牌上写明户主、坐落、四界及面积，插到所得人的田地里，叫做“插牌分田”。道任乡插牌分田试点工作群众非常满意，也得到毛泽东的肯定与赞赏。其他各乡纷纷效仿其做法。关于中村插牌分田，毛泽东在井冈山斗争时期的挑夫龙开富回忆道：“1928年3月，毛委员率领部队到达中村。在中村，我们广泛深入群众打土豪分田地。当时主要是搞试点，摸出经验。中村是土地革命最早的地方，当时分配土地的办法是：按人口平均分配，自己插牌子，牌子有竹的也有木的，大部分是竹

① 赖春风：《唤起工农千百万》，转引自《井冈山革命根据地全史》，江西人民出版社2007年版，第132页。

牌子。”[①] 时任中共酃县特别区委宣传委员周里回忆：“毛泽东同志的部队在中村驻扎时，地方干部也在中村集合，部队和地方干部在一起发动群众，组织群众，进行打土豪、分田地的活动。”“当时分田地的办法是很简单的，口号是‘打土豪、分田地’，旗帜鲜明，口号响亮，很快就动员广大农民群众去土豪家挑谷子，开始有的群众不敢去，怕土豪劣绅报复，我们便宣传土豪少，工农群众多，力量大，我们又有部队，只要团结起来，一定能打倒他们，你不打倒他，他就会剥削压迫劳动人民，我们就永远不得翻身。土豪的谷子是我们辛辛苦苦种出来的，是我们劳动的果实，他们是不劳动的寄生虫。经我们宣传后，农民群众便纷纷起来去挑土豪地主的谷子。接着，我们又宣传，土豪的土地并不是他们的，也是我们祖辈辛苦劳动开垦起来的，他们买田买地的钱，也是收租放利雇工剥削或高利贷剥削而来的。地主的土地应归还劳动人民，并同时批判了‘富贵由天’‘生死由命’的天命论，破除迷信等等，于是农民又纷纷起来分田地。当时分田地是按人口平均分。”[②] 陈士榘将军也有回忆：“在中村期间……在那里还开了一次军民大会，到会的人很多，还枪毙了两个土豪，开展了土地分配工作，当时分田是插牌子，没收地主土地，分给无田和少田的农民，实行打土豪，分田地。”[③]

---

① 龙开富：《在毛委员身边的日子里》，转引自《井冈山革命根据地经济建设史》，江西人民出版社 2007 年版，第 56 页。

② 《井冈山革命根据地》（下），中央党史资料出版社 1987 年版，第 204 页。

③ 同上，第 212 页。

工农革命军在酃县中村发动群众打土豪分田地时，传来湘南起义部队处境危险的消息。为了策应湘南起义部队安全转移，毛泽东毅然率领工农革命军向湘南挺进。很快，国民党反动军队和地方挨户团又返了回来。“由于我们当时没有稳固的政权和坚强地方武装，只有当军队一来，我们的政权就有一阵子，军队一走，反动军队又来了，就实行白色恐怖，政权又没有了，所以分田地也就白分了，只有武装了农民，建立了地方游击队，又有相当的正式红军，建立了工农武装割据地，分田地才有保证。”① 酃县中村插牌分田尚未全面推开，分田的成果也没有得到很好的巩固，但狠狠打击了地主豪绅和封建势力，仍不失为边界土地斗争的一个成功试点，也为后来井冈山革命根据地普遍开展分田运动积累了经验。

链接：塘边村分田

1928 年 5 月初，工农革命军在五斗江设伏，击溃赣敌杨如轩部两个团，取得了五斗江战斗的胜利。工农革命军乘势攻占永新县城，打破了江西国民党军对井冈山革命根据地的第二次“进剿”。工农革命军攻占永新县城后，工农革命军便在永新县境内分兵发动群众。毛泽东则率领第三十一团一部来到永新西乡塘边一带做调查工作，开展土地革命试点。塘边村是永新县西部一个

① 《井冈山革命根据地》(下)，中央党史资料出版社 1987 年版，第 204 页。

偏僻的村庄。据徐正芝回忆：“当时的塘边村有 80 多户，300 多人口，村子周围有耕地 1300 多亩。但是，其中有三分之二的土地（900 余亩）被外村大土豪占有。一是南城石桥上大土豪外号叫美仔眼占有 700 余亩。另是南城洲头上土豪外号叫王里老二占有 200 多亩。他们采用：田由他们管业，归当地群众耕种，规定交租数量，不论丰收歉收，不管天灾人祸，规定的租利如数交清，一粒也不能少。这种剥削手段害得许多人家刚收割完毕就没有米下锅，不得不又借生谷。这样，租上加租，利上加利，背的租利就像大雨中背棉絮越背越重了。贫苦农民灾难重重，绝大多数人家靠砍柴茅卖过日子，穿得破破烂烂，喝稀粥烂菜，吃了上餐愁下餐。不仅如此，剥削阶级还规定了许多名目来剥削贫苦农民，什么人出生要缴人头税，卖烟酒要缴烟酒税，建房子要缴地租税，还经常要老百姓捐款。如今，毛司令领导红军在塘边，宣布了废除田契债务和各种税利。在长房祠门前晒地上烧毁了封建族谱和田契纸，又领导群众打了土豪徐美山，没收了其家产、田、地、牲畜，并把地分给贫苦农民，真是大快人心。”[①] 在贺子珍协助下，毛泽东在塘边调研访贫、召开座谈会。经过广泛调查研究，“毛司令在塘边亲手制订了分田临时纲领十七条，当时用油印翻印出来了，可惜这个文件已丢失。这个文件毛司令曾在党员大会上和群众大会上宣布后，就开始领导农民群众打土豪分田地”[②]。在十七条纲领指导下，分田运动不断展开。分田的原

---

① 《井冈山革命根据地》（下），中央党史资料出版社 1987 年版，第 511 页。

② 同上。

则是：没收地主的土地和祠堂等公有土地，对土地进行全面分配。具体分田办法是：成立土地委员会，土地委员会组织分田小组，将各村人口、土地统一登记造册，以原耕地为基础按人口平均分配，张榜公布，统一写好牌子，发给各家各户把牌子插到田边，乡苏政府分组检查、落实。徐正芝回忆："在分配土地之前，塘边组织了乡土地委员会。乡土地委员会由徐正芳、徐桂芳等同志负责。土地委员会要划分地段，造好表册，然后根据分田标准把田分下去。塘边乡的分田标准是：以乡为单位，按人口平均分配，人多多分，人少少分，军烈属和干属给了适当的照顾。分田原则是：贫苦农民分好田，土豪劣绅分坏田。分田时田里插上分田牌，分田牌上写着得到这丘田的户主的名字。当时禾苗刚成熟，分的是青苗。分完田之后，各家各户就到自家所分得的田里去割禾。那个时候毛司令带领贺子珍、贺敏学和红军三十一团团部的同志曾在泉水窝侧边帮助我们割禾，以后又在塘边村前的田陇里，帮助孤寡老人和劳力缺少的群众割禾。毛司令边割禾边向群众了解情况，问群众生活过得怎样。贫苦农民分得了田地，个个喜气洋洋，参加革命的多了，生产积极性也高了。"[①] 毛泽东亲自领导主持的塘边分田试点，是湘赣边界早期分田的成功范例，为湘赣边界土地革命运动深入开展积累了经验，打下了基础。

1928 年 5 月 20 日至 22 日，湘赣边界党的第一次代表大会

① 《井冈山革命根据地》（下），中央党史资料出版社 1987 年版，第 511 页。

在宁冈茅坪召开，大会认真讨论了深入边界土地革命的问题，提出“深入割据地区的土地革命”的方针后，开始掀起了湘赣边界土地革命的高潮。5月底，湘赣边界各县工农兵第一次代表大会在宁冈茅坪仓边村召开，选举产生苏维埃政府执行委员会，成立湘赣边界工农兵政府，专门设立土地部，谭震林担任土地部部长。随后，边界各县相继设立土地委员会，负责调查边界土地情况，制定土地分配方案，领导边界土地革命运动。考虑到边界土地分配工作人手不够，经验不足，为了帮助各地搞好分田运动，毛泽东和边界特委从工农革命军中抽调大批干部，深入宁冈、遂川、永新、莲花等县发动群众，指导分田分地。当年被派往宁冈葛田村帮助分田分地的王紫峰回忆说：“我任手枪队副班长不久，由于宁冈县要进行分配土地，地方缺干部，由军队调些干部交地方党委领导，深入到各区乡帮助分田工作。当时决定我从手枪队里调出来，去搞土地革命……1928年6月份，我到了宁冈葛田。住在村支部书记家里。……我去主要是帮助分配土地。当时有分配土地委员会，参加的人有农民、有教师，好几个人组成。”[①] 据苏兰春在《回顾宁冈的革命斗争》中的回忆：军队经常派干部深入农村，发动群众、打土豪，“余贲民、游雪程同志就分在古城一带，徐彦刚、何长工同志在东源大仓一带”[②]。6月中旬，湖南省委派代表杜修经来根据地巡视工作，目睹边界土地革命实际状况，他在给湖南省委的报告中汇报：“现在宁冈的土地已快分清

---

① 《井冈山革命根据地》(下)，中共党史资料出版社1987年版，第456页。

② 同上，第94页。

楚，永新也分了一部分。分配的方法，多以乡苏维埃为单位，由区苏维埃派人协同乡苏维埃将全乡每家土地、人口调查清楚（如少报土地的，查出后，即取消其分田的权利），再由乡苏维埃将人口、土地统计，看每家分多少，乃根据他原有的田数定其应出进多少。分定后出一榜，又依榜到各田去插一牌子，即归其正式营业。”“照他们这种方法，每人可分谷八担，大小人口一样的多。”[①] 经过 1928 年 5 月至 7 月的群众土地斗争，湘赣边界各县的土地革命基本完成。土地革命的不断深入，拥有边界土地总数 60% 以上的地主阶级被消灭，而过去没有或很少占有土地的贫农占有了土地总数的 28.26%，中农、贫农所占有的土地总数达到 85.34%[②]。

土地革命的深入开展，推翻了几千年来的封建土地所有制，使农民分得了祖祖辈辈梦寐以求的土地，获得了实际利益，极大地激发了广大农民的革命热情，解放了农村生产力，为井冈山革命根据地的存在和发展奠定了雄厚的物质和社会基础，促进了革命根据地的巩固和壮大。以宁冈县为例，井冈山斗争时期宁冈总人口仅 5 万余人，而参加红军和各种地方武装的就有 1 万余人，其中参加红军的 3596 人，暴动队 3804 人，赤卫队 1115 人，少先队 1625 人，儿童团 1348 人。[③]

---

① 《井冈山革命根据地》（下），中共党史资料出版社 1987 年版，第 130 页。

② 蒋晓传：《中国经济法制史》，知识出版社 1994 年版，第 344 页。

③ 刘孚威主编：《井冈山精神：中国革命精神之源》，江西人民出版社 1999 年版，第 155 页。

其三，以农村根据地为根本依托。

推进湘赣边界红色武装割据，武装斗争、土地革命、根据地建设三位一体，缺一不可。巩固的根据地是武装斗争和土地革命可靠的后方和依托，没有农村革命根据地，武装斗争就没有立足之地，土地革命的成果也难以巩固。没有真正建立起农民政权，形成巩固的革命根据地，就无法充分调动起广大农民的革命积极性，很难进行土地革命，即使进行了农民也不敢要地主的土地。在井冈山斗争初期的土地革命中，“贫农因长期地被摧残及感觉革命胜利无保障，往往接受中间阶级的意见，不敢积极行动。必待进至革命高涨，如得了全县甚至几县政权，反动军队几次战败，红军的威力几次表现之后，农村中才有对于中间阶级的积极行动”①。

井冈山斗争时期，毛泽东极为注重红色政权的建立。1927 年 11 月，工农革命军攻克茶陵县城，毛泽东就指导成立了湘赣边第一个红色革命政权——茶陵县工农兵政府。很快，湘赣边界六个县也相继成立红色政权。1928 年 5 月底，为了统一对边界各县苏维埃政府的领导，湘赣边界各县工农兵第一次代表大会在宁冈茅坪召开，大会选举产生了苏维埃政府执行委员会，成立湘赣边界工农兵苏维埃政府，袁文才任主席。边界政府下设军事、财政、土地、司法、青年、妇女部以及工农运动委员会，下辖茶陵、遂川、永新、宁冈、莲花、酃县等县工农兵苏维埃政府和新遂边陲

① 《毛泽东选集》第 1 卷，人民出版社 1991 年版，第 69 页。

特别区工农兵苏维埃政府。至此，边界各县、区、乡工农兵苏维埃政府相继建立。“工农兵政府成立的情况大致是这样的：各地派出一定数量的代表召开工农兵代表大会，然后在此基础上成立工农兵政府。”[①]边界工农兵政府的普遍成立，使边界农民群众从封建的枷锁下获得了历史上的第一次解放，获得了群众的广泛拥护和支持，边界“民众普遍知道了各级‘工农兵苏维埃政府’，宁冈民众简称为‘埃政府’的（客籍土话‘我们’称‘埃’，‘埃政府’就是‘我们的政府’），别的地方简称为‘苏政府’”[②]，也进一步激发了边界农民参加政权建设和保卫根据地的革命热情。

为了打破湘赣两省敌人对井冈山革命根据地的经济封锁，在边界党组织和红色政权动员、组织、领导下，边界群众倾力支持根据地经济建设，开展了一系列艰苦卓绝的反经济封锁斗争，如开办红色圩场，创办被服厂、军械厂等，开展群众性熬硝盐运动等，促进了根据地经济发展与物资交流，一定程度上缓解了因敌人经济封锁所造成的严重困难，有效打破了湘赣两省敌人妄图通过经济封锁困死根据地军民的阴谋企图，有力支援了根据地斗争，为建立、巩固井冈山革命根据地提供了物资基础。

井冈山革命根据地土地革命的经验表明，在四围白色政权的包围之中建立工农武装割据的红色政权，必须在党的领导下，把武装斗争、土地革命、根据地建设紧密结合起来，才能获得生存和发展。对此，谭震林曾回忆道：“4 月底，毛泽东同志和朱德

① 《井冈山革命根据地》（上），中共党史资料出版社 1987 年版，第 35 页。

② 同上，第 36 页。

同志在砻市会师，成立红四军，总结以往的经验教训，制定正确政策，这才把武装斗争、土地革命、根据地建设三者紧密结合起来”，此后，“很快就使边界红色区域发展到鼎盛的时候”①。

毛泽东下井冈山后，在《星星之火，可以燎原》一文总结：“红军、游击队和红色区域的建立和发展，是半殖民地中国在无产阶级领导之下的农民斗争的最高形式，和半殖民地农民斗争发展的必然结果；并且无疑义地是促进全国革命高潮的最重要因素。”②到延安后，毛泽东进一步总结：“根据地是什么呢？它是游击战争赖以执行自己的战略任务，达到保存和发展自己、消灭和驱逐敌人之目的的战略基地。没有这种战略基地，一切战略任务的执行和战争目的的实现就失去了依托。”③历史上许多流寇主义的农民战争都没有成功，重要原因之一就是没有确立根据地的思想。为此，“必须把落后的农村造成先进的巩固的根据地，造成军事上、政治上、经济上、文化上的伟大的革命阵地，借以反对利用城市进攻农村区域的凶恶敌人，借以在长期战斗中逐步地争取革命的全部胜利”④。中国革命的历史也证明，正是通过建立和巩固这样一小块或若干小块农村革命根据地，波浪式地向前推进，不断发展壮大，最后农村包围城市，武装夺取了全国政权。

以毛泽东为代表的中国共产党人在湘赣边界艰难探索，开辟

① 《井冈山革命根据地》(下)，中共党史资料出版社 1987 年版，第 13 页。

② 《毛泽东选集》第 1 卷，人民出版社 1991 年版，第 98 页。

③ 《毛泽东选集》第 2 卷，人民出版社 1991 年版，第 418 页。

④ 同上，第 635 页。

红色武装割据区域，创建了第一块农村革命根据地——井冈山革命根据地，它是中国共产党人工作重心战略转移的最早基地，是中国革命从失败走向复兴的大本营，也是中国革命走向胜利的伟大道路的光辉起点[①]。

四、下井冈山后：山路成通途

1929 年 1 月 14 日，根据柏路联席会议决议，毛泽东、朱德率领中国工农红军第四军主力 3600 余人冒雪离开井冈山，出击赣南闽西。

正如毛泽东被迫引兵井冈山一样，工农红军下井冈山也是为形势所逼。当时，湘赣两省敌军正调集 18 个团对井冈山革命根据地发动第三次“会剿”。面对强敌，1 月 4 日，前委召集红四、五军军委、湘赣边界特委及宁冈、永新、遂川、酃县、莲花县委、茶陵特别区委在宁冈柏路召开联席会议，决定：红四军和红五军混合编制，红五军第三纵队编为红四军第三十团，彭德怀任红四军副军长兼第三十团团长，滕代远任红四军副党代表兼第三十团党代表；彭德怀率领第三十团和第三十二团留守井冈山，毛泽东、朱德率领红四军主力转战赣南、闽西开展游击，采取“围魏救赵”策略，以打破井冈山之围。

但事物总是发展变化的，历史充满了转机，关键在于是否能够把握。在井冈山，毛泽东领导工农革命军艰难奋战，化危为

① 余伯流：《略论井冈山革命根据地的历史地位》，《中国井冈山干部学院学报》2005 年第 1 期。

机，找寻到了中国革命正确道路的方向，开启了中国革命走向胜利的光辉起点。上井冈山伟大。下井冈山后，工农红军在赣南闽西纵横驰骋，浴血转战，不仅打破了强敌的围追堵截，而且不断发展壮大，开辟了更大的红色武装割据区域，继续延伸和推进了在井冈山开启的中国革命道路。因此，下井冈山同样伟大，甚至可以说更加伟大。

1929 年 3 月，红四军挥师入闽，攻占长汀城。

这时井冈山根据地已经失守，红四军下一步该如何行动？向何方发展？

3 月 20 日，毛泽东在长汀辛耕别墅主持召开前委扩大会议，专门研究这个问题。“前敌委员会决定四军五军及江西红军第二第四两团之行动，在国民党有战的初期，以赣南闽西二十余县为范围从游击战术，从发动群众以至于公开苏维埃政权割据，由此割据区域，以与湘赣边界之割据区域相连接。”①

汀州前委扩大会议关于以赣南闽西二十余县为范围建立新的割据区域的决策，勾画了未来中央苏区“与湘赣边界之割据区域相连接”的发展趋势和蓝图。后来历史发展也证明，正是由于毛泽东领导红四军前委作出的这一战略决策，红军才得以开辟和创建了赣南、闽西根据地，工农武装割据才有了坚实前进的基础，以瑞金为中心的中央苏维埃区域乃至中华苏维埃共和国，才得以在这个坚实基础上构筑和建立。在赣南闽西建立新的割据区域，

① 《中央革命根据地史料选编》中册，江西人民出版社 1982 年版，第 67 页。

是毛泽东井冈山斗争时期工农武装割据和红色政权思想的深化、发展和升华。

从历史资料来看，出击赣南闽西初期，毛泽东并未打算在赣南闽西建立根据地。他认为，红军在赣南建立根据地，“只影响一省，且在一省的上游和僻地者”[①]，政治意义不大。但随着对赣南闽西甚至对中国实情的进一步了解，毛泽东很快改变了看法。其一，蒋桂军阀重开战，国内时局出现了对红军建立更大规模割据区域的有利条件。其二，在转战赣南闽西的过程中，毛泽东通过调查了解了情况，认识到赣南、闽西具备建立红色割据区域的地势、物产、民情、党政基础等良好条件。其三，在江西东固与红二、红四团会师后，毛泽东从东固红色割据的成功经验受到启发：在敌我力量悬殊，群众又没有完全发动的情况下，不能像井冈山根据地一样实行“固定区域的割据”，而应学习东固根据地，采取公开斗争与秘密割据相结合的方式进行工农武装割据，尤其是在大范围内进行灵活巧妙、飘忽不定的游击活动。

在赣南闽西建立新的割据区域，这个战略决策当年在红四军也有不同意见。1929 年末，当赣闽粤三省敌人“会剿”风声日紧，开始进逼连城、永定、上杭、龙岩等地时，红四军一纵队司令员林彪给前委书记毛泽东写了一封《新年贺信》，主张采取“比较轻便的流动游击方式”去走州过府“扩大政治影响”，对前委和毛泽东关于建立赣南闽西 20 余县根据地的战略计划感到疑虑重重。毛泽东感到有“对此问题加以解释的必要”。再三思考，

① 《毛泽东选集》第 1 卷，人民出版社 1991 年版，第 79 页。

1930年1月5日，毛泽东在闽西古田赖坊村协成店给林彪写了一封回信，答复林彪并借以引导全党、全军。

毛泽东指出："希望用比较轻便的流动游击方式去扩大政治影响，等到全国各地争取群众的工作做好了，或做到某个地步了，然后来一个全国武装起义，那时把红军的力量加上去，就成为全国范围的大革命。他们这种全国范围的、包括一切地方的、先争取群众后建立政权的理论，是于中国革命的实情不适合的。"[①]并从理论上精辟地阐述了"以乡村为中心"的中国革命正确道路。毛泽东强调："红军、游击队和红色区域的建立和发展，是半殖民地中国在无产阶级领导之下的农民斗争的最高形式，和半殖民地农民斗争发展的必然结果；并且无疑义地是促进全国革命高潮的最重要因素。""朱德毛泽东式、方志敏式之有根据地的，有计划地建设政权的，深入土地革命的，扩大人民武装的路线是经由乡赤卫队、区赤卫队、县赤卫总队、地方红军直至正规红军这样一套办法的，政权发展是波浪式地向前扩大的，等等的政策，无疑义地是正确的。"[②]

毛泽东还针对红四军存在的悲观情绪和不坚定信念，提出了"星星之火，可以燎原"的科学预见。毛泽东指出："这里用得着中国的一句老话：'星星之火，可以燎原。'这就是说，现在虽只有一点小小的力量，但是它的发展会很快的。"[③]"中国是全国都

① 《中共中央文件选集》第6册，中共中央党校出版社1987年版，第553页。

② 《毛泽东选集》第1卷，人民出版社1991年版，第98页。

③ 《毛泽东选集》第1卷，人民出版社1991年版，第99页。

布满了干柴，很快就会燃成烈火。‘星火燎原’的话，正是时局发展的适当的描写。”“这个‘星星之火’，距‘燎原’的时期，毫无疑义地是不远了。”[①]

信末，毛泽东更是以一个革命家的气魄和诗人豪情，描绘了中国革命“星火燎原”的发展前景：“马克思主义者不是算命先生，未来的发展和变化，只应该也只能说出个大的方向，不应该也不可能机械地规定时日。但我所说中国革命高潮快要到来，决不是如有些人所谓‘有到来之可能’那样完全没有行动意义的、可望而不可即的一种空的东西。它是站在海岸遥望海中已经看得见桅杆尖头了的一只航船，它是立于高山之巅远看东方已见光芒四射喷薄欲出的一轮朝日，它是躁动于母腹中的快要成熟了的一个婴儿。”[②]

《星星之火，可以燎原》充分地论证了建立红色政权和扩大红色武装对中国革命的极端重要性，明确提出了武装斗争、土地革命和根据地建设“三位一体”的红色政权理论的基本思想，深刻揭示了中国革命由小块红色政权到全国“星火燎原”的发展趋势和客观规律，是毛泽东继《中国的红色政权为什么能够存在？》和《井冈山的斗争》之后，将马克思主义与中国革命实际相结合，又一篇关于中国红色政权理论的光辉著作。在这篇著作中，毛泽东不仅总结了井冈山革命根据地红色区域斗争的经验，而且吸取了周恩来代表中央指示所提出的理论成果。在代表中央

---

① 同上，第102页。
② 同上，第106页。

给红四军的“九月来信”中，周恩来就提出了一个对中国革命运动发展具有重要意义的论断：“先有农村红军，后有城市政权，这是中国革命的特征，这是中国经济基础的产物。如果有人怀疑红军的存在，他就是不懂得中国革命的实际，这是一种取消观念。”①正是在中共中央和周恩来这一具有重大意义的论断的基础上，毛泽东进一步总结了井冈山红色区域斗争的经验，提出了中国革命以农村包围城市、武装夺取政权理论的基本思想，揭示了中国革命胜利发展的必然趋势和客观规律。正如周恩来后来所指出的，毛泽东“到给林彪的信中，才明确指出要创造红色区域，实行武装割据，认为这是促进全国革命高潮的最重要因素，也就是要以乡村为中心”②。毛泽东关于红色政权理论创新的不断完善，对于全党、全军和全国人民的坚定信念，从土地革命走向抗日战争、解放战争，直至建立新中国，都具有极其重大而深远的指导意义。

1931年1月，毛泽东指挥红军打破国民党军队第一次“围剿”，将赣南、闽西革命根据地连成一片，根据地扩展到30多个县，在24个县建立了县苏维埃政府。11月，中华苏维埃第一次全国代表大会在江西瑞金召开，成立了中华苏维埃共和国临时中央政府，毛泽东任主席，中央革命根据地正式形成。中华苏维埃共和国和临时中央政府的成立，开始了中国共产党夺取全国政权之前局部执掌政权的伟大实践，是中国共产党执掌全国政权的伟

---

① 黄少群：《周恩来化解“朱毛分歧”的杰出贡献》，《漳州职业大学学报》2004年第4期，第7页。

② 《周恩来选集》上卷，人民出版社1981年版，第179页。

大预演。

1933年秋，红军打破国民党军队对中央苏区第四次“围剿”，根据地区域迅速发展，建立了江西、福建、闽赣、粤赣4个省级苏维埃政权，拥有60个行政县，红军和根据地进入鼎盛时期，成为全国最大的革命根据地。

1934年10月，由于“左”倾错误的盲目指挥，中央苏区第五次反“围剿”失败，中央红军被迫实行战略大转移。经过艰难困苦的二万五千里长征，中共中央和中央红军艰难转战，1935年10月到达陕北吴起镇，1937年1月中共中央进驻延安。一直到1948年3月23日党中央、毛泽东东渡黄河，毛泽东和党中央在陕北生活战斗了13年。13年中，毛泽东和党中央在陕北运筹帷幄，决胜千里，中国共产党由小到大，中国革命力量由弱到强，领导全国人民夺取了抗日战争的伟大胜利，也为解放战争的最后胜利奠定了坚实基础，谱写了中国革命史上光辉灿烂的篇章。

1948年5月26日，毛泽东、朱德、刘少奇、周恩来、任弼时五大书记，经一年多的转战，齐聚西柏坡。西柏坡成为领导中国革命的指挥中心。在西柏坡，毛主席指挥了三大战役，歼灭和改编国民党军队154万余人，国民党赖以发动反革命内战的精锐部队基本被消灭，大大加速了全国解放战争胜利的到来。1949年3月5日至13日，中国共产党七届二中全会在中国河北平山县西柏坡举行。毛泽东主持会议并做了重要报告，指出：“从1927年到现在，我们的工作重点是在乡村，在乡村聚集力量，用乡村包围城市，然后夺取城市。采取这一工作方式的时期现在已经完结。从现在起，开始了由城市到乡村并由城市领导乡村的时期。”[①]

1949年3月23日，中共中央和解放军总部离开西柏坡北迁，25日进驻北平。10月1日，毛主席在北京天安门城楼上，庄严宣告中华人民共和国中央人民政府成立。

中国共产党在领导中国革命斗争的实践中，不断总结经验教训，创造性地把马列主义理论与中国革命的具体实践结合起来，开辟了农村包围城市、武装夺取政权的革命新道路，开拓了中国革命走向胜利的新航向。航向的起点就是90年前湘赣边界的井冈山。正是从湘赣边界开始，中国共产党人领导工农大众，沿着这条以毛泽东为主要代表的共产党人开辟的井冈山道路，从井冈山到瑞金，转战到延安，经西柏坡到北京，最后走向了全中国。

五、回顾历史：启迪现在

回顾历史，我们知道，井冈山斗争时期，当时我们党内不少人不认同毛泽东在井冈山探索这条道路，一些当时从苏联留学回来的中央领导人甚至讥讽道：“山沟里没有马克思主义。”

马克思主义产生于欧洲的城市，中国共产党人也是在城市最先接受了马克思主义作为自己的理论指导，但马克思主义的科学性和生命力不取决于它在城市还是在农村，在高楼大厦还是在山沟里，而是取决于它是否与实践紧密结合。大革命失败后，中国的实际情况迫使中国革命必须到农村去、到山沟里去发展。在当

---

① 《毛泽东选集》第4卷，人民出版社1991年版，第1426—1427页。

时的历史条件下，马克思主义要与中国革命实践相结合，正确指导中国革命，恰恰应当到农村、到山沟里去。对此，刘少奇曾精辟地阐述："马克思主义当然不能从山沟里产生。它是从近代无产阶级革命运动的基础上批判和改造近代资产阶级的理论成果而产生的，是在近代城市中产生的。从中国来说，它还是在外国产生的。外国传来的马克思主义，在中国首先也是在城市，在革命知识分子和革命工人中传播的。毛泽东同志同其他许多人一样，是在城市，在同外国传来的新思潮相接触中，了解和接受马克思主义的。但是，中国历史和中国社会的实际情况，中国革命发展的客观形势，决定了中国革命必须到农村中、到山沟里去发展。因此，马克思主义理论在中国，必须同农村中、山沟里的中国革命实践相结合。在山沟里研究马克思主义当然有许多困难。然而，否认农村中、山沟里的中国革命实践，拒绝研究中国革命实践的这些创造性的经验，只是从书本上和外国决议上去抄袭马克思主义的词句和教条，这样的'马克思主义理论'，不能引导中国革命走向胜利，只能使它遭到挫折。"①

历史也证明，以毛泽东为代表的中国共产党人，正是从湘赣边界的井冈山开始，将马克思主义与中国革命具体情况相结合，将马克思主义中国化，引导井冈山军民坚定信念，敢闯新路，探索出了一条中国革命走向胜利的井冈山道路。2007年7月26日，胡锦涛总书记在参加中央政治局第四十二次集体学习时发表重要

① 刘少奇：《关于学习态度和学习方法——在马列学院第二、第三班开学典礼上的讲话》（1950年9月10日），转引自《从陈独秀到毛泽东——中共六任领袖新视角》，中央文献出版社1998版，第239页。

讲话指出："南昌起义和井冈山革命根据地的建立，是我们党把马克思主义基本原理同中国革命具体实践相结合、创立中国化的马克思主义的伟大开篇。"2016 年 2 月 2 日，习近平总书记在井冈山视察时谈到：井冈山道路是马克思主义中国化的经典之作，从这里中国革命才走向成功。

究其原因，有这么几点极为明显：

一是反对本本主义，勇于创新。十月革命一声炮响，给我们送来了马克思主义，也送来了苏联的经验。但马克思主义和苏联经验不是"本本主义"，不是僵化的教条。如果把马克思主义和苏联经验当做"本本"、教条，墨守成规，不能随着社会实践的变化不断丰富、发展，就不仅不能成为中国共产党人走向胜利的正确指导，反而会变成阻碍。"左"倾错误思想给中国革命和建设带来的一次次危害就是很好的证明。井冈山斗争时期，如果没有毛泽东为代表的中国共产党人坚定信念、大胆探索、勇于创新，中国革命恐怕还要在死胡同纠缠很长一段时间。解放思想，与时俱进，不断丰富和发展，是马克思主义的理论品格，也是马克思主义中国化的必然要求。

二是坚持调查研究，熟悉中国国情。井冈山斗争时期，毛泽东正是通过大量调查研究，熟悉和了解中国国情，将马克思主义普遍原理与中国革命具体实际相结合，探索出了一条引导中国革命走向胜利的井冈山道路。毛泽东在《井冈山的斗争》中曾说过："整个罗霄山脉我们都走遍了；各部分比较起来，以宁冈为中心的罗霄山脉的中段，最有利于我们的军事割据。”[①]可见，建立以宁冈为中心的井冈山革命根据地也是经过毛泽东深入调查和深思熟虑的。1939 年 12 月，在延安，外国友人曾经问过毛泽东这样一个问题：在井冈山您为什么就能预见中国革命正确道路的基本方向？毛泽东回答：认清中国的国情，乃是认清中国一切革命问题的基本根据。实践性是马克思主义中国化经典之作的鲜明特色。

三是坚持理论大众化，善于引导。毛泽东一生注重运用马克思主义理论分析、指导中国革命实践，善于运用人民群众通俗易懂的语言、喜闻乐见的形式，生动形象地阐释和宣传马克思主义基本理论，引导中国革命的方向，如：“枪杆子里头出政权”的武装夺取政权思想、“没有调查，没有发言权”的认识论思想、“反对本本主义”的唯物辩证法思想、“不拿群众一个红薯”的群众路线思想、“星星之火可以燎原”的红色政权思想等等，使马克思主义大众化，从而转化为指导人民群众自觉对敌斗争的思想理论武器。善于通过理论从宏观上正确引导中国革命，毛泽东是这方面的典范。井冈山斗争时期是这样，抗日战争时期、解放战争时期也是如此。因此，国际友人曾如此评价：“毛主席是理论上的领袖，每当中国革命面临关键时刻，他就发表重要文章，给革命确定方向。”[②]

井冈山道路与中国特色社会主义道路，都是马列主义普遍原

① 《毛泽东选集》第 1 卷，人民出版社 1991 年版，第 79 页。

② 福原亨一：《毛泽东是代表二十世纪的英雄》，《中国出了个毛泽东——中外名人的评说》，解放军出版社 1997 年版，第 68 页。

理与中国具体实际相结合的结晶。前者是发生在 20 世纪 20 年代末期到 30 年代，以毛泽东为代表的中国共产党人，在对半殖民地半封建的中国国情进行充分分析的基础上，总结国际国内武装斗争经验教训，开创的一条武装斗争解放全中国的正确道路。后者是 20 世纪七八十年代，以邓小平为核心的中国共产党人，在毛泽东等老一辈无产阶级革命家对社会主义建设道路艰辛探索的基础上，认真总结了国际与国内社会主义建设的经验教训，创造性开拓的一条社会主义建设道路。

回顾历史，启迪现在。从井冈山道路，到中国特色社会主义道路，我们不难发现这样一个基本规律：在中国革命和建设的发展史上，要想取得成功，首先必须找到一条正确的道路；其次要能引导和凝聚人民大众坚定不移地走这条道路。

2012 年 11 月 29 日，习近平总书记在参观《复兴之路》展览时强调指出："审视现在，全党同志必须牢记，道路决定命运，找到一条正确的道路多么不容易，我们必须坚定不移走下去。展望未来，全党同志必须牢记，要把蓝图变为现实，还有很长的路要走，需要我们付出长期艰苦的努力。"

后　记

本书源起中国井冈山干部学院资助课题《感悟井冈山》。

所谓感悟，是指人们的感想和领悟。感想侧重于情感上的变化，而领悟侧重于明白道理。

井冈山是一个标志，因为它承载着一段艰难而又辉煌的历史。它是中国革命走向正确道路、走向胜利的光辉起点，是马克思主义中国化的伟大开篇，是中国共产党人优良革命精神传统的主要源头，是中国革命的摇篮，是“天下第一山”。

本书在回顾历史的基础上，感悟历史，借用艺术作品形象表述和情境交融再现的手法，从新的视角解读井冈山斗争、井冈山精神与井冈山道路，以启迪现在。

本书由中国井冈山干部学院副院长匡胜教授提出创意、选题立项、设计框架、审定书稿；教学科研部副主任、领导学教学研究中心主任王旭宽教授协调并参与统稿。全书各章撰稿作者为：第一章：杨少华教授；第二章：肖小明副教授；第三章：王舴副教授；第四章：贺平海副教授；第五章：王旭宽教授。

书稿完成时，适逢井冈山革命根据地创建 90 周年。特以此书，纪念创建井冈山革命根据地的先辈们。

由于书中史料引用繁多，加之部分资料年代久远，虽自始坚持多方求证，误处谬处恐仍难避免，故不当之处望不吝指教。

编　者

2018 年 4 月于中国井冈山干部学院